Sonja Cypra

Auswirkungen von Energieeffizienzzertifikaten
auf Investitionsentscheidungen im Wohnungsbau

Auswirkungen von Energieeffizienzzertifikaten auf Investitionsentscheidungen im Wohnungsbau

von
Sonja Cypra

Dissertation, Universität Karlsruhe (TH)
Fakultät für Wirtschaftswissenschaften
Tag der mündlichen Prüfung: 23. Juli 2009
Referenten: Prof. Dr. rer. nat. O. Rentz, Prof. Dr. Thomas Lützkendorf

Impressum

Karlsruher Institut für Technologie (KIT)
KIT Scientific Publishing
Straße am Forum 2
D-76131 Karlsruhe
www.uvka.de

KIT – Universität des Landes Baden-Württemberg und nationales
Forschungszentrum in der Helmholtz-Gemeinschaft

KIT Scientific Publishing 2010
Print on Demand

ISBN: 978-3-86644-424-9

Auswirkungen von Energieeffizienzzertifikaten auf Investitionsentscheidungen im Wohnungsbau

Zur Erlangung des akademischen Grades eines

Doktors der Wirtschaftswissenschaften

(Dr. rer. pol.)

von der Fakultät für

Wirtschaftswissenschaften

der Universität Fridericiana zu Karlsruhe

genehmigte

DISSERTATION

von

Dipl.-Wirtschaftsing. Sonja Cypra

aus Darmstadt

Tag der mündlichen Prüfung: 23. Juli 2009

Referent: Prof. Dr. rer. nat. O. Rentz

Korreferent: Prof. Dr.-Ing. T. Lützkendorf

2010 Karlsruhe

Vorwort

Die vorliegende Arbeit entstand während meiner Tätigkeit am Deutsch-Französischen Institut für Umweltforschung (DFIU) und Institut für Industriebetriebslehre und Industrielle Produktion (IIP) der Universität Karlsruhe (TH). Ausgangspunkte waren Arbeiten im Auftrag von European Institute for Energy Research (EIfER) der Universität Karlsruhe (TH).

Mit Freude nutze ich an dieser Stelle die Gelegenheit, all denen zu danken, die mich bei der Erstellung dieser Arbeit unterstützt haben. Besonderer Dank gilt meinem Doktorvater Prof. Dr. Otto Rentz für die Betreuung dieser Arbeit. Für die Übernahme des Korreferats und die prüfende Durchsicht der Arbeit danke ich Herrn Prof. Dr. Thomas Lützkendorf.

Des Weiteren möchte ich mich ganz herzlich bei dem ehemaligen Leiter der Arbeitsgruppe „Bauen Ökonomie Umwelt" Prof. Dr. Frank Schultmann für die Anregungen zu dieser Arbeit sowie die fachliche und persönliche Unterstützung bedanken. Darüber hinaus danke ich Dr. Bernd Calaminus, der die Arbeitsgruppe vorübergehend geleitet hat. Ferner gilt mein Dank Dr. Michael Hiete, der die Leitung der Arbeitsgruppe übernommen und mit der gleichzeitigen Leitung der Arbeitsgruppe „Technikbewertung und Risikomanagement" einen vertieften Austausch ermöglicht hat.

Für die zahlreichen Anregungen und Diskussionen sowie die gute Zusammenarbeit möchte ich allen Kolleginnen und Kollegen am DFIU/IIP im wissenschaftlichen und nicht-wissenschaftlichen Bereich danken. Besonderer Dank gilt dabei den Mitgliedern der Arbeitsgruppen „Bauen Ökonomie Umwelt" und „Technikbewertung und Risikomanagement" Ingénieur I.N.S.A. Christophe Raess, Dipl.-Wi.-Ing. Jens Ludwig, Dipl. Geoökolog. Mirjam Merz, Dipl.-Math. Tina Comes, Ingénieur (MATMECA) Sylvain Cail, Dipl.-Wi.-Ing. Julian Stengel und Dr. Valentin Bertsch. Für die Unterstützung bei der softwaretechnischen Umsetzung innerhalb des Planungsmodells möchte Vera Silinsh meinen besonderen Dank aussprechen.

Nicht zuletzt danke ich meiner Familie und meinen Freunden, die mich bei meiner Ausbildung und der Erstellung dieser Arbeit unterstützt haben. Besonderer Dank gebührt meinem Mann Thorsten, der mich stets mit persönlichem Engagement unterstützt hat und mich in den arbeitsreichsten Zeiten mit Verständnis und Liebe unterstützt hat.

Für

Thorsten und Julian

Inhaltsverzeichnis

Tabellenverzeichnis

Abbildungsverzeichnis

Abkürzungsverzeichnis

ADEME	Agence de l'environnement et de la maîtrise de l'énergie
AK	Altersklasse
A/V-Verhältnis	Oberflächen-Volumen-Verhältnis
cumac	Kumuliert und aktualisiert (cumulé et actualisé)
BimSchV	Bundes-Immissionsschutzverordnung
BR	Budgetristriktion
BS	Basisszenario
COP	Coefficient of Performance
DIDEME	Direction de la Demande et des Marchés Energétiques
DRIRE	Direction Régionale de l'Industrie, de la Recherche et de l'Environnement
EE	Erneuerbare Energien
EEAP	Energieeffizienz-Aktionsplan
EEC	Energy Efficiency Commitment
EEG	Erbeuerbare-Energien-Gesetz
EEWärmeG	Erneuerbare-Energien-Wärmegesetz
EM	Emissionsrestriktion
EnEG	Energieeinsparungsgesetz
EnEV	Energieeinsparverordnung
EWärmeG	Erneuerbare-Wärme-Gesetz
FS	Fuel –standardised Energy
HeizAnlV	Heizungsanlagenverordnung
HeizBetrV	Heizungsbetriebsverordnung
IEKP	Integriertes Energie- und Klimaschutzprogramm
JAZ	Jahresarbeitszahl
KMU	Kleine und mittlere Unternehmen
k-Wert	frühere Bezeichnung für den Wärmedurchgangskoeffizient (U-Wert)

MAP	Marktanreizprogramm
MtOE	Million tonnes of oil equivalent
NEH	Niedrigenergiehaus
NWA	Nutzwertanalyse
OFGEM	Office of Gas and Electricity Markets
PHH	Private Haushalte
U-Wert	Wärmedurchgangskoeffizient
WD	Wärmedämmung
WDVS	Wärmedämmverbundsystem
WSchVO	Wärmeschutzverordnung

1 Einleitung

1.1 Motivation und Problemstellung

Vor dem Hintergrund des hohen und weiterhin steigenden Energieverbrauchs und der begrenzten Reserven fossiler Energieträger haben Energieeinsparungen und der Einsatz regenerativer Energien in Gebäuden in den letzten Jahren erheblich an Bedeutung gewonnen. Daher sind in diesem Zeitraum ebenfalls die gesetzlichen Anforderungen im Hinblick auf Energieeinsparungen in Gebäuden in Deutschland gestiegen (vgl. [EnEV, 2007] und [EnEV, 2009]). Bereits die Wärmeschutzverordnung und die Heizungsanlagen-verordnung stellen Anforderungen an die Dämmung von Außenbauteilen und an die Heizungsanlage sowie Lüftungsanlagen, die mit der Energieeinsparverordnung [EnEV, 2004] zusammengefügt wurden. Mit den Novellierungen der Energieeinsparverordnung wurden diese Anforderungen aktualisiert und hinsichtlich der Einsparungen weiter verschärft. Mit der Verabschiedung der Energieeinsparverordnung im Jahr 2007 wurden wesentliche Elemente der EG-Richtlinie zur Gesamtenergieeffizienz von Gebäuden integriert. Eine wichtige Neuerung stellt die Verpflichtung zur Ausstellung von Gebäudeenergieausweisen für Bestandsgebäude bei Vermietung oder Verkauf dar. Der Gebäudeenergieausweis zeigt die energetische Qualität des jeweiligen Gebäudes auf und gibt durch mögliche Modernisierungsempfehlungen Aufschluss über kostengünstige Verbesserungen der energetischen Gebäudeeigenschaften.

Regelungen in der Umweltpolitik, insbesondere im Bereich der Energieeffizienz, erfolgten bisher im Wesentlichen über Auflagen. Zur Umsetzung innovativer Maßnahmen, insbesondere in Verbindung mit dem Einsatz regenerativer Energien, gibt es bereits eine Kombination von Lenkungsinstrumenten wie beispielsweise finanzielle Anreizsysteme bei der Umsetzung von Sanierungsmaßnahmen und die Einspeisevergütung für produzierte Elektrizität aus erneuerbaren Energien.

Obwohl zahlreiche Energieeffizienzmaßnahmen ökonomisch effizient realisiert werden könnten und bereits ein umfangreiches Lenkungsinstrumentarium besteht, werden vorhandene Einsparpotenziale nicht ausreichend genutzt [SRU, 2008]. Der Energieverbrauch des Gebäudebestands in Deutschland liegt bei 190 bis 250 kWh/m^2a. Extremfälle weisen einen Energieverbrauch von bis zu 500 kWh/m^2a auf [Schrameck et al., 2005]. Aufgrund der Altersstruktur des Gebäudebestands stehen in den nächsten 20 Jahren 50 % aller Gebäude zur Sanierung an [Kohler, 2006]. Bereits mit bestehenden Ansätzen energiesparender technischer Gebäudekonzepte kann daher der Primärenergiebedarf in Bestandsgebäuden erheblich gesenkt werden.

Das in der EG-Richtlinie zur Endenergieeffizienz und zu Energiedienstleistungen angeführte Vorhaben, mittelfristig ein unionsweites System handelbarer und gegenseitig anerkannter Energieeffizienzzertifikate („Weiße Zertifikate")[1] einzuführen [KOM, 2003, 739], stellt ebenfalls ein Instrument zur Umsetzung energiesparender Maßnahmen dar. Zertifikate

---

[1] Energieeffizienzzertifikate werden auch Weiße Zertifikate oder Energieeinsparzertifikate genannt. Das Weiße-Zertifikate-System wird häufig auch als Energieeinsparquote bezeichnet.

haben als umweltpolitisches Steuerungsinstrument in den letzten Jahren an Bedeutung gewonnen. Als Beispiele können Umweltzertifikate, CO_2-Zertifikate und Grüne Zertifikate genannt werden. Energieeffizienzzertifikate zielen auf Maßnahmen der nachfrageseitigen Energieeffizienz ab und sollen in diesem Bereich zur Umsetzung von kostengünstigen Effizienzmaßnahmen beitragen. Einige europäische Länder wie beispielsweise Frankreich haben bereits ein System Weißer Zertifikate eingeführt. In Deutschland wurde dieses Instrument bisher noch nicht in gesetzlichen Regelungen integriert, und es gibt nur wenige Beiträge, die ein Weiße-Zertifikate-System als mögliches Lenkungsinstrument zur nachfrageseitigen Energieeffizienzsteigerung in Deutschland diskutieren.[2]

Gebäude sind durch lange Lebensdauern und den dadurch bedingten Ersatz und die Anpassung von Bauteilen sowie der Anlagentechnikelemente kürzerer Lebensdauer charakterisiert. Die Nutzung des Gebäudes und die Anpassung an gesetzliche sowie marktwirtschaftliche Änderungen sind über die gesamte Lebensdauer zu betrachten. Daher haben die verschiedenen energetischen Sanierungsmaßnahmen und deren ökonomischen Auswirkung einen starken Einfluss auf Investitionsentscheidungen der Akteure. Hinzu kommt, dass Lenkungsinstrumente wie beispielsweise der Weiße Zertifikathandel in diesem Zusammenhang ebenfalls eine bedeutende Rolle spielen.

Bislang vorliegende Arbeiten zur Bewertung und Auswahl von Energieeffizienzmaßnahmen in und an Gebäuden befassen sich entweder mit der technischen Machbarkeit energieeffizienter Gebäudekonzepte oder beziehen sich auf angebotsorientierte Energieeffizienz aus großräumigen Einheiten. Aus Sicht der Investitionsplanung beschränken sich bisherige Veröffentlichungen entweder auf Einzelentscheidungen oder gehen von einem Neubau aus. Vielfach werden ökologische Auswirkungen sowie der Einfluss von staatlichen aber auch insbesondere von marktwirtschaftlichen Lenkungsinstrumenten nur unzureichend betrachtet. Arbeiten, die bereits Lebenszykluskosten berücksichtigen, stützen sich im Wesentlichen auf spezielle Bereiche, z. B. Außenbauteile oder Anlagentechnik (vgl. beispielsweise [Herzog, 2005]). Die aktuelle Gesetzgebung ermöglicht aber eine Reduzierung des Energiebedarfs durch verschiedene Kombinationen mit starkem Fokus auf Konzepte, die insbesondere regenerative Energieträger integrieren. Daher sind künftig verstärkt Planungsmodelle zu erstellen, die eine Optimierung hinsichtlich der unterschiedlichen Bereiche und insbesondere deren Kombinationen ermöglichen. Des Weiteren sind die ökonomischen und ökologischen Auswirkungen anvisierter Lenkungsinstrumente wie beispielsweise eines handelbaren Weiße-Zertifikate-Systems in die Investitionsplanung zu integrieren, damit deren Effekte bereits vorab abgeschätzt und die Wechselwirkungen mit bestehenden Lenkungsinstrumenten aufgezeigt werden können.

Aufgrund der aufgezeigten Problematik werden Investitionsentscheidungen der beteiligten Akteure erschwert. Zur Entscheidungsunterstützung bei der Ausgestaltung des Investitionsprogramms besteht damit Bedarf an einer Entscheidungsunterstützung, die die Auswirkungen verschiedener Investitionsprogramme analysiert und eine optimale Lösung unter gegebenen Randbedingungen generiert.

---

[2] Vgl. hierzu beispielsweise [Bürger / Wiegmann, 2007]

1.2 Zielsetzung und Vorgehensweise

Ziel der vorliegenden Arbeit ist die Entwicklung und exemplarische Anwendung eines modellbasierten methodischen Ansatzes für die Investitionsplanung in der energetischen Wohngebäudesanierung unter Einbeziehung von Energieeinsparzertifikaten sowie dessen Umsetzung in Form eines rechnergestützten Planungsinstrumentariums. Dabei sind sowohl energieeffiziente Maßnahmenkombinationen bezüglich der Gebäudeaußenteile als auch der Anlagentechnik unter Berücksichtigung verschiedener Randbedingungen einzubeziehen. Verschiedene Kombinationsmöglichkeiten gebäudetechnischer Energie- beziehungsweise Gebäudekonzepte, die einen geringeren Energieverbrauch erlauben, sind zu erarbeiten. Dabei ist der Stand der Technik, insbesondere im Hinblick auf energetische Sanierungs-maßnahmen am Gebäude und an der Anlagentechnik, zu integrieren. Diese Maßnahmen(-kombinationen) sind dann im Rahmen der entwickelten modellbasierten Methodik zur Investitionsplanung gegenüberzustellen und zu optimieren.

Im Rahmen der Zielerreichung ergeben sich in dieser Arbeit zwei Schwerpunkte. Der erste Schwerpunkt ist die Ausgestaltung eines handelbaren Weiße-Zertifikate-Systems und der zweite Schwerpunkt stellt die Entwicklung sowie Umsetzung eines formalen Modells zur energieeffizienten Investitionsprogrammplanung dar. Das Modell ist auf ausgewählte Gebäudeprototypen anzuwenden. Dabei sind Auswirkungen von Weißen Zertifikaten und ausgewählten bestehenden Lenkungsinstrumenten auf die Investitionsplanung gegenüber-zustellen.

Um diese Zielsetzung zu erreichen, wird der nachfolgend beschriebene Lösungsweg eingeschlagen:

In Kapitel 2 werden zunächst die Grundlagen der energieeffizienten Investitionsplanung im Gebäudebereich aufgezeigt. Hierzu wird der aktuelle Wohngebäudebestand in Deutschland analysiert und die Energieeinsparpotenziale skizziert. Des Weiteren werden bestehende Wohngebäudetypologien untersucht und für den weiteren Gang der Arbeit aufbereitet. In Abschnitt 2.2 werden ausgewählte für diese Arbeit relevante gesetzliche Regelungen für die Umsetzung von Energieeffizienzmaßnahmen und Weißen Zertifikaten auf europäischer und nationaler Ebene umrissen. Darüber hinaus werden ausgewählte bestehende und sich in Diskussion befindliche Lenkungsinstrumente betrachtet (Abschnitt 2.3).

In Kapitel 3 werden die Grundsätze sowie die Funktionsweise eines Weiße-Zertifikate-Systems dargelegt und Erfahrungen aus EU-Staaten, die bereits ein solches System eingeführt haben, untersucht, um Erfahrungen für ein mögliches Weiße-Zertifikate-System in Deutschland zu ermitteln.

Kapitel 4 beschäftigt sich mit der Darstellung des Lebenszyklusmodells und allgemeiner Maßnahmen zur energetischen Gebäudesanierung sowie der Diskussion verschiedener Ansätze zur Investitionsplanung. Das Lebenszyklusmodell bildet eine wesentliche Grundlage für die Ermittlung der Lebensdauern von Bau- und Anlagenteilen sowie deren Verlängerung durch Instandhaltung und das allgemeine Alterungsverläufe (Abschnitt 4.1). Im Rahmen der energetischen Gebäudesanierung werden mögliche Maßnahmen der energietechnischen Anlagen und der Gebäudehülle aufgezeigt und mögliche Kombinationen dargestellt (Abschnitt 4.2). In Abschnitt 4.3 werden die verschiedenen Ansätze zur Investitionsplanung diskutiert und auf die Übertragbarkeit zur Entwicklung einer Methodik für das Planungsmodell untersucht.

In Kapitel 5 wird ein mögliches Weiße-Zertifikate-System in Anlehnung an die in Kapitel 3 diskutierten bereits eingeführten Systeme ausgestaltet. Dabei werden Anforderungen an ein Weiße-Zertifikate-System aufgezeigt und die Kernelemente für die Einführung dieses Systems analysiert und bewertet, woraus konkrete Vorschläge für die Umsetzung resultieren (Abschnitt 5.1). Darauf aufbauend werden zertifikatberechtigte Maßnahmen für den Bereich der Raumwärme in Wohngebäuden aufgezeigt und konkrete Zertifikatwerte für Standardmaßnahmen entwickelt (Abschnitt 5.2). In Abschnitt 5.3 werden ergänzend handelsbezogene Kriterien eines Zertifikatmarktes dargelegt. Abschließend werden Wechselwirkungen mit ausgewählten Klimaschutz- und Energieeffizienzinstrumenten diskutiert und aufgezeigt (Abschnitt 5.4).

Kapitel 6 befasst sich mit der Entwicklung des methodischen Ansatzes zur Investitions-planung mit Integration des in Kapitel 5 entwickelten Systems Weißer Zertifikate. Auf Basis der diskutierten Ansätze zur Investitionsplanung in Kapitel 4 wird der methodische Ansatz in Form eines binären Optimierungsproblems formuliert (Abschnitt 6.1). Dieses Modell wird anschließend exemplarisch auf die energetische Wohngebäudesanierung angewandt. Diese Anwendung basiert auf einer Analyse von geeigneten Maßnahmen und der zugrundeliegenden Daten (Abschnitte 6.2 und 6.3). In Abschnitt 6.4 werden die Szenarien definiert und auf ausgewählte Gebäude angewandt, die auf einer Gebäudetypologie basieren und somit Prototypen für bestimmte Altersklassen darstellen. Abschließend werden in Abschnitt 6.6 die Ergebnisse zusammengefasst.

In Kapitel 7 werden die Ergebnisse zusammenfassend diskutiert und bewertet sowie ein kurzer Ausblick auf weitere Einsatzgebiete und Erweiterungen des Modells gegeben.

2 Grundlagen zur Energieeinsparung im Gebäudebereich

Das vorliegende Kapitel enthält eine grundlegende Einordnung der wesentlichen Rahmenbedingungen für eine energieeffiziente Investitionsplanung im Gebäudebestand und den Einsatz Weißer Zertifikate. Daher werden zunächst der Gebäudebestand und die damit verbundenen Energieeinsparpotenziale in Deutschland aufgezeigt (Abschnitt 2.1). In diesem Rahmen werden bestehende Gebäudetypologien vorgestellt und für den weiteren Gang der Arbeit angepasst. Das Aufzeigen der Entwicklung energiesparender Bauweisen soll die technischen Möglichkeiten zur Realisierung der Energieeinsparpotenziale aufzeigen. Des Weiteren wird der gesetzliche Rahmen der energetischen Gebäudesanierung im Wesentlichen durch ausgewählte gesetzliche Vorgaben auf europäischer und nationaler Ebene aufgezeigt (Abschnitt 2.2). Daran anschließend werden verschiedene Klimaschutz- und Energieeffizienzinstrumente im Gebäudebereich diskutiert (Abschnitt 2.2.2.6). Hiermit wird der Rahmen für die nachfolgenden Kapitel abgesteckt.

2.1 Gebäudebestand in Deutschland

In Deutschland existieren derzeit ca. 17,3 Millionen Wohnungsgebäude bzw. 38,7 Millionen Wohneinheiten und ca. 1,5 Millionen Nichtwohnungsgebäude [Tiefensee, 2006], [Statistisches Bundesamt, 2006]. 73 % der Wohngebäude sind vor 1978 entstanden (vgl. Tabelle 2-1) und erfüllen somit nicht die Anforderungen, die in der ersten Wärmeschutzverordnung gefordert werden (vgl. Abschnitt 2.2.2). Der dritte Bericht über Schäden an Gebäuden des Bundesministeriums für Raumordnung, Bauwesen und Städtebau geht von einem Instandsetzungsbedarf in Wohnungsgebäuden in den alten Bundesländern von 23,5 Mrd. Euro aus [BRBS, 1995]. Davon entfallen 43 % auf langfristigen und 31 % auf mittelfristigen Instandsetzungsbedarf.

Die große Bedeutung des Gebäudebestands im Hinblick auf mögliche Energieeinsparungen und den Beitrag zum Klimaschutz erfordert fundierte Kenntnisse und abgesicherte Daten in diesem Bereich. Detaillierte Daten als Voraussetzung für die Investitionsplanung sind allerdings in dem benötigten Maß nicht verfügbar. So beschränken sich die quantitativen Angaben im Wesentlichen auf den Wohnungsbau [Gänßmantel et al., 2006]. Des Weiteren herrscht in Ein- und Zweifamilienhäusern im Vergleich zu Mehrfamilienhäusern ein erheblich höherer Instandsetzungsbedarf [BRBS, 1995]. Da ca. 30 % aller Haushalte in Einfamilien- häusern leben, liegt das Augenmerk dieser Arbeit insbesondere auf technischen Energieein- sparmaßnahmen in Einfamilienhäusern.

2.1.1 Energieeinsparpotenziale im Wohngebäudebestand in Deutschland

Der Energieverbrauch des Wohngebäudebestands in Deutschland liegt bei 190 bis 250 kWh/m^2a, und in Extremfällen treten Energieverbräuche von bis zu 500 kWh/m^2a auf [Schrameck et al., 2005]. Dabei entfallen 86 % des Energieverbrauchs auf die Bereitstellung von Raumwärme und Warmwasser [RWE, 2004]. Strebt man in diesen Gebäuden eine Zielgröße unter 100 kWh/m^2a an, die derzeitige Neubauten unterschreiten, so wird das Energieeinsparpotenzial im Wohngebäudebestand deutlich. Tabelle 2-1 zeigt die Anzahl bestehender Wohneinheiten nach ihrem Errichtungszeitpunkt. Dabei fällt auf, dass die

5

überwiegende Zahl der Wohneinheiten im Zeitraum von 1949 bis 1978 entstanden ist. Eine Vielzahl dieser Gebäude steht in den nächsten Jahren zur Sanierung an, und aufgrund der zur Zeit der Entwicklung dieser Gebäude noch nicht existierenden gesetzlichen Vorgaben wurden keine wesentlichen Maßnahmen zum Wärmeschutz durchgeführt (vgl. Abschnitt 2.2.2.2 und 2.2.2.3).

Tabelle 2-1: Wohneinheiten nach Baujahr

Wohneinheiten in Gebäuden mit Wohnraum nach dem Baujahr * in 1.000			
	Deutschland	Alte Bundesländer	Neue Bundesländer
Wohneinheiten insgesamt	39.551	30.686	8.865
davon errichtet von ... bis ...			
bis 1918	5.673	3.515	2.157
1919 bis 1948	5.389	3.626	1.763
1949 bis 1978	18.301	15.680	2.621
1979 bis 1990	5.237	4.017	1.220
1961 bis 1995	1.630	1.312	318
1996 bis 2000	2.023	1.490	534
2001 bis 2004	1.061	840	221
2005 und später	237	206	31

* Ohne Wohnheime

Quelle: In Anlehnung an [Statistisches Bundesamt, 2006]

Zum Energieeinsparpotenzial in Gebäuden wurden in den letzten Jahren verschiedene Studien durchgeführt. Danach wird im Bereich der privaten Haushalte ein technisches Energieeinsparpotenzial von 440 PJ bis zum Jahr 2016 angegeben, wovon 345 PJ auf den Bereich der Raumwärme entfallen [Prognos, 2006]. Dabei wird im Gebäudebestand, resultierend aus Maßnahmen an der Gebäudehülle, ein technisches Energieeinsparpotenzial von 131 PJ angegeben, wovon 94 PJ im Bereich der Einfamilienhäuser eingespart werden kann. Einfamilienhäuser weisen durch eine größere Wohnfläche pro Wohneinheit und einen schlechteren energetischen Standard ein höheres spezifisches Einsparpotenzial auf als Mehrfamilienhäuser. Im Bereich der technischen Gebäudeausrüstung wird das Energieeinsparpotenzial, das auf Investitionen in neue Kesselanlagen bzw. auf die Umstellung auf energieeffizientere technische Systeme zurückzuführen ist, auf 146 PJ beziffert [Prognos, 2006]. Dabei wird die Raumwärme durch den Energieträger Erdgas zu 47,2 % und durch Heizöl zu 31,3 % bereitgestellt. Mit 12,4 % ist auch die Fernwärme nicht zu vernachlässigen. Kohle und Strom spielen mit insgesamt 9,1 % eine eher untergeordnete Rolle [ASUE, 2005].

Das wirtschaftlich erschließbare Potenzial[3] beträgt ca. 76 % des identifizierten technischen Potenzials, wobei 271 PJ im Raumwärmebereich umgesetzt werden können. Dies entspricht einem durchschnittlichen jährlichen Einsparpotenzial von ca. 39 PJ (11 TWh) im Sektor der privaten Haushalte und ca. 30 PJ (8,6 TWh) im Raumwärmebereich [Prognos, 2006].

---

[3] Das wirtschaftlich erschließbare Potenzial stellt den Anteil des wirtschaftlichen Potenzials dar, der unter realen Bedingungen erschlossen werden kann.

Auf Basis einer anderen Studie, die die Einsparpotenziale bis zum Jahr 2020 angibt, können im Sektor der privaten Haushalte 388 PJ (14,7 %), und davon 292 PJ im Raumwärmebereich eingespart werden [EWI / Prognos, 2007]. Somit stellen die privaten Haushalte einen wichtigen Sektor zur Energieeinsparung dar. Trotz einer Zunahme der Wohnfläche wird im Bereich der Raumwärme eine Reduzierung der Heizenergie von 17 % bis 2030 vermutet. Durch dieses Einsparpotenzial ließen sich die CO_2-Emissionen um 39,1 % bezogen auf das Jahr 1990 senken lassen. [EWI / Prognos, 2007]

Für Deutschland ist daher eine jährliche Einsparung von 8,6 TWh (30 PJ) über einen Zeitraum von neun Jahren im Bereich der Raumwärme ein realistisches Ziel, die als Grundlage für die Ausgestaltung eines Weiße-Zertifikate-Systems angenommen wird (vgl. Abschnitt 5.2.1.1).

2.1.2   Unterteilung des Wohngebäudebestands innerhalb einer Gebäudetypologie

Bestehende Wohngebäude in Deutschland werden in Anlehnung an die Angaben in den Quellen [IWU, 2003], [König / Mandl, 2005] und [dena, 2006] in Gebäudetypologien eingeteilt[4]. Dabei wurden bestehende Gebäudetypologien in verschiedenen Bundesländern (z. B. Schleswig-Holstein, Hessen, Bayern), Landkreisen (z. B. Schwalm-Eder-Kreis) und Städten (z. B. Mannheim, Hannover) einbezogen [IWU, 2003] und [König / Mandl, 2005]. Im Rahmen der Typologie spielen die Altersklasse und die Gebäudegröße eine wichtige Rolle. Die Baualtersklasse gibt Auskunft über wichtige historische Einschnitte sowie die Änderungen von wärmetechnisch relevanten Normen und Gesetzen, die in Abschnitt 2.2.2 ausgeführt werden. Energierelevante Eigenschaften lassen sich aus der üblichen Baukonstruktion und den eingesetzten Baustoffen der jeweiligen Bauepoche ableiten. Des Weiteren lassen sich für verschiedene Bauepochen typische Bauflächenaufteilungen feststellen, die den Heizwärmebedarf beeinflussen. Über die Gebäudegröße und die Geometrie lassen sich die thermische Hülle sowie ihre Aufteilung feststellen.

Aus den genannten Gebäudetypologien und weiteren Arbeiten, die bei einer mangelnden Datenlage Pauschalwerte zu den in der Gebäudetypologie angeführten Bauteilen und Anlagen liefern können, können Aussagen über typische Energiekennwerte und somit über das Energieeinsparpotenzial für Gebäude abgeleitet werden [Loga et al., 2005]. Die Gebäudetypologien variieren durch regionale und bautechnische Besonderheiten und lassen daher nur eine grobe Verallgemeinerung für Gebäude zu. Kapitel 6 enthält die Ergebnisse der Analyse verschiedener Gebäudetypologien und die dazugehörigen typischen Energiekennwerte, die als Basis für die Modellanwendung in dieser Arbeit dienen. Tabelle 2-2 zeigt typische U-Werte für Bestandsgebäude verschiedener Baualtersklassen.

---

[4] Weitere Gebäudetypologien sind in [Ranft / Haas-Arndt, 2004], [Rentz et al., 1994a] enthalten.

Tabelle 2-2: U-Werte und Jahresheizwärmebedarf von Außenbauteilen bestehender Gebäude

	Bestand (Ist-Situation)								
	bis 1900	1900 bis 1918	1919 bis 1945	1945 bis 1959	1960 bis 1969	1970 bis 1976	1977 bis 1984	1984 bis 1994	ab 1995
Außenwand U [W/m²K]	2,1-2,2	1,5-0,9	1,1-2,0	1,3-1,5	1,4-1,5	0,6-1,3	0,5-1,3	0,4-0,6	0,4-0,5
Fenster U [W/m²K]	2,7 5,2	2,7 5,2	2,7-5,2	2,7-5,2	2,7-5,2	2,7-5,2	2,7-4,3	2,7-3,2	1,6-1,9
Dach U [W/m²K]	1,8-2,9	2,9	1,4-2,9	1,4-2,1	1,2-2,1	0,6-0,8	0,5	0,4	0,3
Oberste Geschossdecke U [W/m²K]	1,5	1,0-2,1	0,8-2,1	3,0	0,8-2,1	0,6	0,5-0,6	0,3-0,4	0,3
Unterer Gebäudeabschluss U [W/m²K]	2,3	1,2	0,8-1,2	0,8-2,0	0,8-2,0	0,6-1,0	0,6-0,8	0,4-0,6	0,4-0,6
Jahresheiz-wärmebedarf [kWh/m²a]	230-425	200-350	200-375	150-320	180-275	150-200	k.A.	ca. 150	k.A.

Quelle: in Anlehnung an [IWU, 2003] und [Ranft / Haas-Arndt, 2004]

Für die vorliegende Arbeit sind Bestandsgebäude aus dem Zeitraum von 1949 bis 1978 von besonderem Interesse, da über 45 % der heute bewohnten Gebäude aus diesem Zeitraum stammen und dieser Bestand in den nächsten Jahren zur Sanierung ansteht [Statistisches Bundesamt, 2006]. Des Weiteren sind diese Gebäude vor Regelungen zum Wärmeschutz entstanden, was auf ein enormes Einsparpotenzial deutet. Zum Vergleich wurde ein Gebäude der Altersklasse AK8 (1984-1994) gewählt, um Unterschiede bezüglich der Gebäudestandards aufzeigen zu können.

2.1.3 Entwicklung energiesparender Bauweisen

Ein Gebäude, das den Vorgaben der Energieeinsparverordnung entspricht, weist einen Heizwärmebedarf von ca. 40 bis 100 kWh/m²a auf.[5] Im Gebäudeneubau existieren verschiedene Gebäude- bzw. Energiestandards, die mittlerweile auch in der Gebäude-sanierung erreicht werden können. Nachfolgend werden einige ausgewählte Konzepte kurz umrissen. Die Konzepte des Niedrigenergiehauses, des Passivhauses und des Nullenergie-hauses unterschreiten die Forderungen der aktuellen Gesetzgebung.[6] Die Anforderungen an U-Werte und Jahresheizwärmebedarf sind in Tabelle 2-2 aufgeführt.

---

[5] Die EnEV bezieht sich auf den Primärenergiebedarf. Der angegebene Heizenergiebedarf ist daher entsprechend umzurechnen.

[6] Dabei ist allerdings zu beachten, dass sich die Angaben in der Literatur teilweise unterscheiden.

Tabelle 2-3: Anforderungen an U-Werte und Jahresheizwärmebedarf bei Änderungen von Außenbauteilen bestehender Gebäude

	Regelwerte/Standards				
	Wärmeschutz-verordnung 1982	Wärmeschutz-verordnung 1994	Energieeinspar-verordnung	Niedrigenergie-haus	Passiv-haus
Außenwand U_{max} [W/m²K]	0,83	0,51	0,45 bzw. 0,35	0,25	0,15
Fenster U_{max} [W/m²K]	2,60	1,70	1,70	1,30	0,80
Dach U_{max} [W/m²K]	0,49	0,24	0,30	0,15	0,15
Oberste Geschossdecke U_{max} [W/m²K]	0,49	0,24	0,30	0,15	0,15
Unterer Gebäudeabschluss U_{max} [W/m²K]	0,68	0,38	0,40	0,30	0,15
Jahresheizwärmebedarf [kWh/m²a]	120-180	80-120	40-100	30-70	15

Quelle: In Anlehnung an [EnEV, 2007], [Ranft / Haas-Arndt, 2004], [Ebel et al., 2000] und [Loga et al., 2005]

Das Niedrigenergiehaus galt vor wenigen Jahren noch als ökologisch besonders fortschrittliches Gebäudekonzept, wird aber inzwischen als Stand der Technik für den Gebäudeneubau angesehen. Die Obergrenze des Heizenergiebedarfs eines Niedrigenergie-hauses liegt bei 55 kWh/m²a für ein Mehrfamilienhaus sowie bei 70 kWh/m²a für ein Einfamilienhaus und muss die vorgegebenen U-Werte ($U_{Fenster}$ < 1,3 W/m²K und U_{Wand} < 0,25 W/m²K) erfüllen [Usemann, 2005].

Ein Passivhaus ist so konzipiert, dass es kein aktives Heizungssystem benötigt, d. h. die Wärmeversorgung erfolgt durch innere Wärmequellen und die durch die Fenster einstrahlende Sonnenenergie. Daher verfügt ein Passivhaus über einen erhöhten Fensterflächenanteil an der Südfassade, eine Minimierung der Lüftungswärmeverluste und eine Lüftungsanlage mit Wärmerückgewinnung. Die Voraussetzungen sind eine verstärkte Wärmedämmung mit U_{Wand} < 0,15 W/m²K und der Einsatz hochwärmedämmender Fenster mit $U_{Fenster}$ < 0,8 W/(m²K) [Ranft / Haas-Arndt, 2004]. Das Passivhaus-Institut gibt einen Heizwärmebedarf von < 15 kWh/m²a an. Der gesamte Primärenergiebedarf inklusive des Energieverbrauchs für Haushaltsgeräte darf einen Wert von 120 kWh/m²a nicht über-schreiten [Ebel et al., 2000].

Das Null-Heizenergiehaus zeichnet sich dadurch aus, dass es keine Energie für die Bereitstellung von Raumwärme benötigt. Die insgesamt benötigte Energie wird von regenerativen Energieträgern bereitgestellt. Die Hilfsenergie darf einen Wert von 5 kWh/m²a nicht überschreiten [Usemann, 2005]. Wird mit einem Gebäude mehr Energie erzeugt als selbst verbraucht, spricht man von einem Pulsenergiehaus.

Die Anwendung dieser Konzepte kann im Gebäudebestand zu einer wesentlichen Reduzierung des Energieverbrauchs und der Emissionen beitragen. Die Voraussetzung ist dabei eine ganzheitliche Sanierung vorzunehmen und die Maßnahmen aufeinander abzu-stimmen. Daher sind bei der Realisierung der Standards mit sehr niedrigem Energie-verbrauch insbesondere Kombinationen von Maßnahmen notwendig.

2.2 Relevante gesetzliche Rahmenbedingungen

Dieses Kapitel gibt einen Überblick über die wesentlichen Gesetze, Verordnungen, Normen und Bestimmungen, die die Anforderungen an den Energieverbrauch von Gebäuden und die zu realisierenden Einsparungen sowie die Einführung Weißer Zertifikate als mögliches Lenkungsinstrument regeln. Des Weiteren werden Anreize aufgezeigt, die vom Gesetzgeber bereits initiiert wurden.

2.2.1 Gesetzlicher Rahmen zur Energieeffizienz und Energieeinsparungen in der Europäischen Union

2.2.1.1 Richtlinie 2002/91/EG zur Gesamtenergieeffizienz von Gebäuden

Ziel der am 04. Januar 2006 in Kraft getretenen Richtlinie ist es, „die Verbesserung der Gesamtenergieeffizienz von Gebäuden in der Gemeinschaft unter Berücksichtigung der jeweiligen äußeren klimatischen und lokalen Bedingungen sowie der Anforderungen an das Innenraumklima und der Kostenwirksamkeit zu unterstützen" [2002/91/EG]. Die Richtlinie knüpft an bestehende Initiativen zur Bekämpfung der Klimaänderung (z. B. Protokoll von Kyoto über Klimaänderungen)[7] und zur Verbesserung der Versorgungssicherheit (Grünbuch über Versorgungssicherheit) an. Die vorliegende Richtlinie schließt an bestehende Vorschriften, z. B. die Heizkesselrichtlinie (92/42/EWG), die Bauprodukte-Richtlinie (89/106/EWG) und die SAVE-Richtlinie (93/76/EWG) zur Begrenzung der Kohlendioxid-emissionen durch eine effizientere Energienutzung an. Die Richtlinie 2002/91/EG bezieht sich auf den Wohn- und Dienstleistungssektor (z. B. Büros, öffentliche Gebäude) und integriert alle Aspekte der Energieeffizienz von Gebäuden. Allerdings betrifft die Richtlinie ausschließlich fest installierte Einrichtungen und Anlagen. Daraus folgt, dass beispielsweise Haushaltsgeräte nicht berücksichtigt werden. Das Angebot an Energieträgern bzw. Energielieferungen aus Nicht-EU-Ländern kann von der EU nur gering beeinflusst werden. Die Senkung des Energieverbrauchs hingegen kann durch eine verbesserte Energieeffizienz beeinflusst werden.

Die Hauptelemente der Richtlinie sind die Schaffung einer gemeinsamen Berechnungsmethode der integrierten Energieprofile von Gebäuden sowie der Aufbau bzw. die Verschärfung der Mindestnormen für neue und bestehende Gebäude. Des Weiteren ist die Schaffung von Zertifizierungssystemen für neue und bestehende Gebäude gefordert, und regelmäßige Inspektionen von Kesseln und zentralen Klimaanlagen sind durchzuführen. Die integrierte Berechnungsmethode sollte neben der Qualität der Wärmedämmung auch Heizungs- und Klimaanlagen, Beleuchtungsanlagen, die Wärmerückgewinnung sowie die Lage und Ausrichtung des Gebäudes berücksichtigen. Die Mitgliedstaaten sind verpflichtet, auf Basis der Berechnungsmethode Mindestnormen für Energieprofile festzulegen. Die Markttransparenz im Gebäudebestand soll durch Zertifikate, die bei Bau, Verkauf oder Vermietung eines Gebäudes vorzulegen sind, gestärkt werden [2002/91/EG].

---

[7] Vgl. Abschnitt 2.2.1.2

2.2.1.2 Protokoll von Kyoto über Klimaänderungen

Im Rahmen des Protokolls von Kyoto verpflichteten sich die Industriestaaten, ihre Emissionen der Treibhausgase[8] zu senken. Im Zeitraum 2008 bis 2012 sind diese Emissionen um 5 % gegenüber dem Niveau von 1990 zu senken, wobei die EU (15 Mitgliedstaaten) sich verpflichtet hat, eine Verminderung von 8 % und Deutschland von 21 % zu erreichen. Das Protokoll sieht mehrere Maßnahmen zur Erreichung dieser Ziele vor. Danach können die Verpflichtungen über Verschärfung oder Aufstellung einer nationalen Strategie zur Verringerung der Emissionen erreicht werden. Hierzu zählen Maßnahmen wie z. B. Verbesserung der Energieeffizienz und verstärkte Nutzung regenerativer Energien. Des Weiteren gibt es die Möglichkeit, die Verpflichtungen in Zusammenarbeit mit anderen Vertragsparteien umzusetzen. Danach können Verpflichtungen zum Teil durch Klimaschutzprojekte im Ausland (Joint Implementation und Clean Development Mechanism) und den Emissionshandel erbracht werden. Das 1997 verabschiedete Protokoll trat am 16. Februar 2005 in Kraft. In Anlage A des Protokolls von Kyoto sind die betroffenen Treibhausgase sowie Sektoren aufgelistet, und Anlage B enthält die Vertragsparteien sowie deren mengenmäßigen Verpflichtungen [2002/358/EG].

2.2.1.3 Richtlinie über Endenergieeffizienz und Energiedienstleistungen

Die EG-Richtlinie 2006/32/EG über Endenergieeffizienz und Energiedienstleistungen soll dazu beitragen, die Energieeffizienz der Endenergienutzung kosteneffektiv zu steigern. Dies soll durch die Festlegung erforderlicher Richtziele und entsprechender Anreize sowie Rahmenbedingungen erreicht werden. Dazu sollen sämtliche Markthemmnisse beseitigt werden, die der energieeffizienten Endenergienutzung im Wege stehen. Ein möglicher Ansatz, bei dem die genannten Akteure auf lange Sicht nicht nur im Rahmen reiner Energiebereitstellung, sondern mit dem Angebot von Energiedienstleistungen in Konkurrenz treten sollen, ist prinzipiell auch durch die Einführung von Energieeinsparzertifikaten denkbar. Neben der Förderung der nachfrageseitigen Endenergieeffizienz verfolgt die Richtlinie zusätzlich das Ziel, einen Markt für Energiedienstleistungen zu schaffen. Sie verpflichtet alle EU Mitgliedstaaten, im Jahr 2017 einen Energieeinsparrichtwert von 9 % gegenüber dem Niveau von 2008 aufgrund von Energiedienstleistungen und Energie-effizienzmaßnahmen zu erreichen [2006/32/EG].

Die Wahl der Maßnahmen bleibt den Mitgliedsstaaten vorbehalten, wobei der Anhang der Richtlinie einige Beispiele für mögliche Energieeffizienzmaßnahmen enthält. Die Mitgliedstaaten sind verpflichtet, alle drei Jahre einen Energieeffizienz-Aktionsplan (EEAP) vorzulegen, der angibt, welche Maßnahmen zur Zielerreichung gewählt wurden. Auf Basis des ersten Energieeffizienz-Aktionsplans wird die Kommission prüfen, ob das Konzept der Energieeffizienzverbesserung durch Energieeinsparzertifikate weiter zu entwickeln ist. Daraus könnte dann ein Vorschlag für eine Richtlinie vorgelegt werden [2006/32/EG].

---

[8] Kohlendioxid (CO_2), Methan (CH_4), Distickstoffoxid (N_2O), teilhalogenierte Fluorkohlenwasserstoffe (H-FKW/HFC), Perfluorierte Kohlenwasserstoffe (FKW/PFC) und Schwefelhexafluorid (SF_6)

2.2.1.4 Aktionsplan für Energieeffizienz

Zusätzlich zur EG-Richtlinie 2006/32/EG über Endenergieeffizienz und Energiedienst-leistungen verabschiedete die Kommission im Oktober 2006 einen Aktionsplan für Energieeffizienz [KOM, 2006, 545]. Dieser Aktionsplan soll als strategischer Rahmen dienen, um die vorgesehenen Einsparziele zu erreichen. Dabei schätzt man das Gesamtpotenzial für Energieeinsparungen in Haushalten auf 27 %, in Geschäftsgebäuden (Tertiärsektor) auf 30 %, im Verkehr auf 26 % und in der verarbeitenden Industrie auf 25 % [KOM, 2006, 545]. Der Aktionsplan umfasst kostenwirksame Maßnahmen, wobei insbesondere zehn vorrangige Maßnahmen hervorgehoben werden. Darunter befinden sich verbrauchsseitige Maßnahmen wie beispielsweise Mindestnormen für die Energieeffizienz und Kennzeichnung von Geräten und Anlagen, Effizienzanforderungen an Gebäude (Niedrigstenergiehäuser/Passivhäuser) sowie Erleichterung der geeigneten Finanzierung der Energieeffizienz-Investitionen von kleinen und mittleren Unternehmen (KMU) sowie Energiedienstleistern.

Die Umsetzung dieser Maßnahmen soll schrittweise in sechs Jahren erfolgen und im Rahmen der regelmäßigen Überprüfungen der EU-Energiestrategie bewertet werden [KOM, 2006, 545].

2.2.2 Gesetzlicher Rahmen zur Energieeffizienz und Energieeinsparungen in Deutschland

Die derzeit gesetzliche Grundlage für energetische Sanierungen ist die Energie-einsparverordnung (Abschnitt 2.2.2.4). Sie fasst die Wärmeschutzverordnung (Abschnitt 2.2.2.2) und die Heizungsanlagenverordnung (Abschnitt 2.2.2.3) zusammen und stellt somit eine Fortführung des Energieeinspargesetzes (Abschnitt 2.2.2.1) dar.

2.2.2.1 Energieeinsparungsgesetz

Das Gesetz zur Einsparung von Energie in Gebäuden (Energieeinsparungsgesetz - EnEG) wurde 1976 erlassen und 1980 aktualisiert [EnEG, 1980]. Ziel des EnEG ist die Verhinderung vermeidbarer Energieverluste beim Heizen und Kühlen eines Gebäudes. Es ermöglicht die Erlassung konkreter Rechtsverordnungen zur Gewährleistung von Energieeinsparungen im Baubereich, wie Wärmeschutz, Anlagentechnik und notwendige Nachweise. Es wurden erstmalig Anforderungen an heizungs- und raumlufttechnische Anlagen und deren Betrieb gestellt. Um das Energieeinsparungsgesetz umzusetzen, wurden die Wärmeschutzverordnung (Abschnitt 2.2.2.2) und die Heizungsanlagenverordnung (Abschnitt 2.2.2.3) erlassen und 2002 in der Energieeinsparverordnung zusammengeführt (vgl. 2.2.2.4). Tabelle 2-4 zeigt die Umsetzungsverordnungen, die ergänzend zum EnEG entstanden sind. Im Hinblick auf die Umsetzung der EG-Richtlinie zur Gesamtenergie-effizienz von Gebäuden (vgl. Abschnitt 2.2.1.1) wurde das Energieeinsparungsgesetz 2005 novelliert. Im Dezember 2008 wurde das Gesetz erneut geändert und wird in 2009 in Kraft treten. Damit eröffnet es die Möglichkeit, eine verschärfte EnEV 2009 umzusetzen.

Tabelle 2-4: Überblick der Umsetzungsverordnungen zum EnEG

1. Wärmeschutzverordnung (1977)	1. Heizungsanlagenverordnung (1978)	Heizungsbetriebs-
2. Wärmeschutzverordnung (1982)	2. Heizungsanlagenverordnung (1982)	verordnung (1978)
	3. Heizungsanlagenverordnung (1989)	
3. Wärmeschutzverordnung (1994)	4. Heizungsanlagenverordnung (1994)	
	Neufassung der Heizungsanlagenverordnung (1998)	
1. EnEV (2002) 1. Neufassung (2004), 2. Neufassung (2007), 3.Neufassung - Entwurf (2009)		

Quelle: In Anlehnung an [Gänßmantel et al., 2006]

Die in Tabelle 2-4 genannten Verordnungen werden nachfolgend erläutert.

2.2.2.2 Wärmeschutzverordnung

Der Gesetzgeber hat mit den Fassungen der Wärmeschutzverordnung von 1977, 1982 und 1994 Anforderungen an die Begrenzung des Wärmedurchgangs von Bauteilen und somit des Heizenergiebedarfs gestellt (vgl. Tabelle 2-3). Die Wärmeschutzverordnung von 1977 bezieht sich ausschließlich auf den Wärmeschutz. Sie beschränkt sich auf Neubauten, und nur bei wesentlichen Änderungen findet sie bei bestehenden Gebäuden Anwendung. Sie beinhaltet Forderungen zur Begrenzung der Transmissionswärmeverluste und der Lüftungs-wärmeverluste sowie Verfahren zu deren Berechnung. Die zweite Wärmeschutzverordnung, die am 24. Februar 1982 in Kraft trat, kann als Antwort auf die Ölkrise angesehen werden. Sie verschärft die in der ersten Wärmeschutzverordnung formulierten Forderungen und enthält explizit zusätzliche Anforderungen bei baulichen Erweiterungen und Modernisierungsmaßnahmen an Außenbauteilen im Gebäudebestand. Mit der dritten Wärmeschutzverordnung von 1994 wurden die Vorgaben erneut verschärft. Diese Fassung der Wärmeschutzverordnung unterscheidet sich wesentlich von den vorangegangenen Fassungen. Während zuvor energiepolitische Motive im Vordergrund standen, sind bei der Wärmeschutzverordnung von 1994 die ökologischen Beweggründe ausschlaggebend. So wurden mit dieser Fassung nicht mehr nur die k-Wert-Anforderungen[9] verschärft, sondern es wurden Anforderungen an den Jahresheizwärmebedarf bezogen auf die Nutzfläche und das Gebäudevolumen formuliert. Danach dürfen Neubauten einen Heizwärmebedarf von 54 bis 100 kWh/(m²a), der von der Gebäudeart abhängt, nicht überschreiten [WSchVO, 1994].

2.2.2.3 Heizungsanlagenverordnung

Die Ergänzung zu den Vorschriften des Wärmeschutzes bildeten jeweils die Verordnungen über energiesparende Anforderungen an heizungstechnische Anlagen und Warm-wasseranlagen (Heizungsanlagenverordnungen - HeizAnlV), die sich auf die Beschaffenheit und Betrieb der Heizungs- und sonstiger Anlagen beziehen. Im Gegensatz zu den Fassungen der Wärmeschutzverordnung sind die Heizungsanlagenverordnungen auf alle Gebäude anzuwenden. Die erste HeizAnlV, die 1978 in Kraft trat, stellte Anforderungen an

---

[9] Im Zuge der Harmonisierung der europäischen Normen wurde der k-Wert durch den U-Wert ersetzt. Der U-Wert wird ähnlich berechnet wie der k-Wert. Er berücksichtigt allerdings ausdrücklich zusätzliche Wärmebrücken innerhalb der Konstruktion.

neu zu errichtende Anlagen. Anforderungen bei Erweiterungen oder Umrüstungen bezogen sich auf Einrichtungen zur Begrenzung von Bereitschaftsverlusten und zur Steuerung und Regelung. Durch die fortschreitende Entwicklung in der Heizungstechnik wurden bereits 1982 erste Verschärfungen der Anforderungen in einer weiteren Fassung der HeizAnlV formuliert. 1989 wurden die HeizAnlV und die Heizungsbetriebsverordnung (HeizBetrV) zusammengefasst (vgl. Tabelle 2-4). Damit wurde auch die Verpflichtung zur Wartung und Instandhaltung von heiztechnischen und Brauchwasseranlagen in die HeizAnlV aufgenommen. Da die Anforderungen an die Begrenzung der Abgasverluste und das entsprechende Überwachungsverfahren in der Verordnung über Kleinfeuerungsanlagen (1. BImSchV) geregelt waren, wurden sie aus der HeizAnlV herausgenommen. Analog zur Wärmeschutzverordnung änderte sich auch bei der HeizAnlV die Motivation, und ökologische Beweggründe bestimmten die Novellierung von 1994. Sie spielt im Rahmen der Energieeinsparungen und der Reduktion von Schadstoffemissionen eine wesentliche Rolle. Da sich die HeizAnlV auf wesentlich kurzlebigere Produkte bezieht als die Wärmeschutzverordnung, greifen die Maßnahmen wesentlich schneller und damit anfangs stärker im Gebäudebestand. Wärmeerzeuger bis 400 kW Nennwärmeleistung dürfen ab 1998 nur noch als Niedertemperaturheizkessel oder Brennwertkessel mit CE-Zeichen eingebaut werden. Ein- und Zweifamilienhäuser müssen mit einer Regelungs- und Steuerungstechnik ausgestattet werden. Mit der Fassung von 1994 wurden die Regelungen der EG-Heizkesselrichtlinie (92/42/EWG) umgesetzt, wobei Regelungen für die In-betriebnahme noch erforderlich waren, die in die Neufassung von 1998 integriert wurden. Des Weiteren wurden Begriffe der HeizAnlV den Begriffen des Bauproduktengesetzes angepasst [HeizAnlV, 1998].

2.2.2.4 Energieeinsparverordnung

Die zurzeit gültige Verordnung über energiesparenden Wärmeschutz und energiesparende Anlagentechnik bei Gebäuden (Energieeinsparverordnung - EnEV) ist die zweite Novellierung der in 2002 durch die Zusammenführung der Wärmeschutzverordnung und der Heizungsanlagenverordnung entstandene EnEV aus dem Jahr 2007 [EnEV, 2007]. Neben der Besonderheit, dass diese beiden Verordnungen zusammengefasst wurden, stellen die Berechnungsverfahren und Bewertungsgrößen eine Neuerung dar. Die im Februar 2002 in Kraft getretene Energieeinsparverordnung führt die bisherigen Regelungen zum baulichen Wärmeschutz (Wärmeschutzverordnung) (vgl. Abschnitt 2.2.2.2) und die Heizungs-anlagenverordnung (vgl. Abschnitt 2.2.2.3) zusammen und ermöglicht mit ihren Verschärfungen, dass Neubauten weitgehend dem Niedrigenergiehausstandard (vgl. Abschnitt 2.1.3) entsprechen. Das soll indirekt über die Begrenzung der rechnerischen Primärenergie für Heizung, Lüftung und Warmwasserversorgung erfolgen. Die Regelungen der EnEV stellen den gesetzlichen Mindeststandard für Neubauten und bestehende Gebäude dar. In Abschnitt 3 der EnEV finden sich Regelungen zur nachträglichen energetischen Verbesserung von Gebäuden. Teilweise finden diese Regelungen nur Anwendung, wenn größere Sanierungsmaßnahmen durchgeführt werden. So sind beispielsweise bei Gebäuden mit wesentlichen Änderungen, z. B. bei Erweiterung eines bestehenden Gebäudes um insgesamt mindestens 30 m³, die Werte der EnEV einzuhalten. Bei Gebäuden mit Änderungen an einzelnen Außenbauteilen, die mehr als 20 % der Bauteilfläche betragen, sind die in Tabelle 2-3 genannten Anforderungen zu erfüllen. Andere

Regelungen sind in jedem Fall auszuführen, auch wenn keine Sanierungsmaßnahmen vorgesehen sind (Ausnahmeregelungen für Wohngebäude mit nicht mehr als zwei Wohnungen, wobei einer der Eigentümer selbst bewohnt). Danach gilt, dass die oberste Geschossdecke bis zum 31.12.2006 so zu dämmen war, dass ein U-Wert von 0,3 W/m^2K nicht überschritten wird. Des Weiteren sind Heizkessel, die mit flüssigen oder gasförmigen Brennstoffen betrieben werden und vor Oktober 1978 installiert wurden, bis zum 31.12.2006 außer Betrieb zu nehmen (Verlängerung bis 31.12.2008 bei Austausch des Brenners nach 1996). Diese sind dann durch Brennwert-, Niedertemperatur-Heizkessel oder effizientere Technologien zu ersetzen. Diese Novelle von 2007 integriert bereits die Vorgaben der Richtlinie 2002/91/EG zur Gesamtenergieeffizienz von Gebäuden (vgl. Abschnitt 2.2.1.1), die damit in nationales Recht umgesetzt werden. Dabei stellt die Einführung des Energie-ausweises für den Neubau und den Gebäudebestand ein wesentliches Element dar [EnEV, 2007]. Der wesentliche Nachteil der EnEV ist, dass Einfamilien- und Zweifamilienhäuser, die vom Hauseigentümer selbst genutzt werden, in der EnEV nicht unter die Nachrüstungspflicht bei Anlagen und Gebäuden fallen (§ 10 [EnEV, 2007]).Voraussichtlich wird die derzeit gültige Energieeinsparverordnung in 2009 von einer Neufassung abgelöst. Wesentliche Änderungen werden die Steigerung der Anforderungen an Neubauten sowie an Bestandsgebäude bei wesentlichen Änderungen um durchschnittlich 30 % sein. Außerdem werden weitere Nachrüstverpflichtungen für Anlagen und Gebäude formuliert.

2.2.2.5 Erneuerbare-Energien-Wärmegesetz

Der Anteil erneuerbarer Energien an der Wärmeerzeugung muss in Deutschland bis spätestens zum Jahr 2020 auf 14 Prozent erhöht werden. Dies wird durch das Gesetz zur Förderung Erneuerbarer Energien im Wärmebereich (Erneuerbare-Energien-Wärmegesetz - EEWärmeG) gefordert, das im Januar 2009 in Kraft getreten ist [EEWärmeG, 2008]. Das wesentliche Ziel des Gesetzes ist, mehr Wärme aus erneuerbaren Energien wie Biomasse, solare Strahlungsenergie, Erd- und Umweltwärme zu erzeugen. Das EEWärmeG ist Bestandteil des Integrierten Energie- und Klimaprogramms (IEKP) der Bundesregierung, in dem ebenfalls die Novellierung verschiedener Gesetze (z. B. EnEG und EnEV) festgelegt wurde. Eigentümer von Bestandsgebäuden werden durch das bundesweit gültige EEWärmeG jedoch nicht verpflichtet, erneuerbare Energien zur Wärmeerzeugung einzu-setzen. Lediglich Neubauten finden hier Berücksichtigung. Effiziente Neubauten leisten in Zeiten geringer Neubaurate (1 %) allerdings nur einen geringen Beitrag zur Steigerung der Energieeffizienz. Die Sanierung von Altbauten kann dagegen einen wesentlichen größeren Beitrag leisten [BMU, 2008a]. Die Festlegung einer Nutzungspflicht von erneuerbaren Energien im Gebäudebestand überlässt der Gesetzgeber daher den Ländern.

In Baden-Württemberg wurde, bevor es ein bundesweites Gesetz gab, am 7. November 2007 durch den Landtag das Gesetz zur Nutzung erneuerbarer Wärmeenergie (Erneuerbare-Wärme-Gesetz - EWärmeG) Baden-Württemberg beschlossen und gilt seit dem 1. Januar 2008. Das vorrangige Ziel des EwärmeG ist die Einsparung von CO_2-Emisionen [EWärmeG, 2007]. Es sieht für Neubauten ab dem 01. April 2008 einen erneuerbare Energien Pflichtanteil von mindestens 20 % und für Bestandsgebäude privater Haushalte ab dem 1. Januar 2010 einen Anteil von 10 % des jährlichen Wärmebedarfs vor. Dabei sollen marktgängige, technisch ausgereifte Anlagen, z. B. Solarenergie, Holzpellets und Wärmepumpen, Anwendung finden. Zudem besteht die Möglichkeit der ersatzweisen Erfüllung durch Wärmeschutzmaßnahmen an Bauteilen oder durch eine Unterschreitung des Neubau-Niveaus im Sinne der EnEV. Somit können zu einem früheren Zeitpunkt durchgeführte Wärmeschutzmaßnahmen angerechnet werden.

2.2.2.6 Gesetz für den Vorrang Erneuerbarer Energien

Das Gesetz für den Vorrang Erneuerbarer Energien (Erneuerbare-Energien-Gesetz - EEG) trat am 01.04.2000 in Kraft und wurde 2004 novelliert. Es regelt die Abnahme sowie die Vergütung von durch erneuerbare Energieträger erzeugtem Strom und ist somit von zentraler Bedeutung für die Entwicklung erneuerbarer Energien im Stromsektor. Durch die Novellierung wurden einige wesentliche Neuerungen vorgenommen. Dazu gehören unter anderem die Fixierung eines weiteren Ausbauziels für den Beitrag erneuerbarer Energien in der Stromerzeugung von mindestens 20 % bis 2020 und die Einführung bzw. Erhöhung von Degressionssätzen für die Vergütung der Stromerzeugung aus Geothermie, Biomasse und Solarenergie. Im Jahr 2008 gab es eine weitere Novellierung, die 2009 in Kraft treten wird und im Wesentlichen Neuregelungen zu Vergütungen und Degressionen für Anlagen enthält.

2.3 Ausgewählte Klimaschutz- und Energieeffizienzinstrumente im Gebäudebereich

Im Bereich Energieeffizienz und Klimaschutz finden sich zahlreiche Instrumente, die auf hoheitlichen (z. B. Mengen- und Preisansätze) oder privatwirtschaftlichen Ansätzen (z. B. unternehmensinterner Umweltschutz und umweltgerechte Kundenangebote) basieren [Fichtner, 2005]. In Deutschland wurden daraus abgeleitet verschiedene Initiativen zur Steigerung der Energieeffizienz in Gebäuden auf den Weg gebracht. Ohne im Folgenden eine umfassende Darstellung der bestehenden und sich in Diskussion befindlichen Instrumente vornehmen zu wollen, sollen einige Instrumente vorgestellt und erörtert werden, um in dieser Arbeit auf das Zusammenwirken bzw. die Wechselwirkungen mit einem System Weißer Zertifikate eingehen zu können. Weiße Zertifikate werden in Kapitel 3 und 5 erläutert und diskutiert.

2.3.1 Einordnung der Förderinstrumente in die Umweltökonomie

Aufgrund der großen Bandbreite an verfügbarer Literatur im Bereich umweltpolitischer Instrumente (vgl. beispielsweise [Enzensberger / Wietschel, 2002], [Feess, 2007] und [Rogall, 2002]) wird zur Veranschaulichung der Zugehörigkeit des Systems Weißer Zertifikate und der Förderinstrumente auf ausgewählte Einteilungen eingegangen.

Im Rahmen der hoheitlichen Instrumente haben staatliche Gremien einen Einfluss auf die Gestaltung und die Abläufe. Privatwirtschaftliche Instrumente lassen sich hingegen auf die Initiative der Akteure zurückführen. Dazu gehören Maßnahmen im Rahmen von unternehmensinternem Umweltschutz (z. B. Audit und Zertifizierung) und umweltgerechten Kundenangeboten (z. B. Contracting).

Da das System Weißer Zertifikate und die staatlichen Förderinstrumente zu den hoheitlichen Instrumenten zählen, werden im Folgenden deren wesentlichen Charakteristika aufgezeigt. Diese unterteilen sich, wie aus Abbildung 2-1 hervorgeht, in ordnungsrechtliche, ökonomische, suasorische sowie organisatorisch-strukturelle und regulatorische Instrumente [Enzensberger / Wietschel, 2002].

Auf ordnungsrechtliche Instrumente, die auf Ge- und Verboten basieren, wurde bereits in Abschnitt 2.2 eingegangen. Die EnEV wie auch das EEWärmeG bzw. das EWärmeG Baden-Württemberg stellen Verordnungen bzw. Gesetze dar, mit denen eine direkte Verhaltenssteuerung bewirkt werden soll. Mithilfe suasorischer Instrumente versucht der Staat, auf das Verhalten der Akteure ohne einen direkten Zwang einzuwirken. Hierzu gehören informatorische Instrumente wie Aufklärungsarbeiten und administrative Maßnahmen wie Abbau von Hemmnissen sowie die Vereinfachung von Genehmigungsverfahren. Organisatorisch-strukturelle und regulatorische Instrumente basieren auf der Gestaltung sowohl der Marktstruktur als auch der Nutzungsrechte von bestehender Infrastruktur [Enzensberger / Wietschel, 2002].

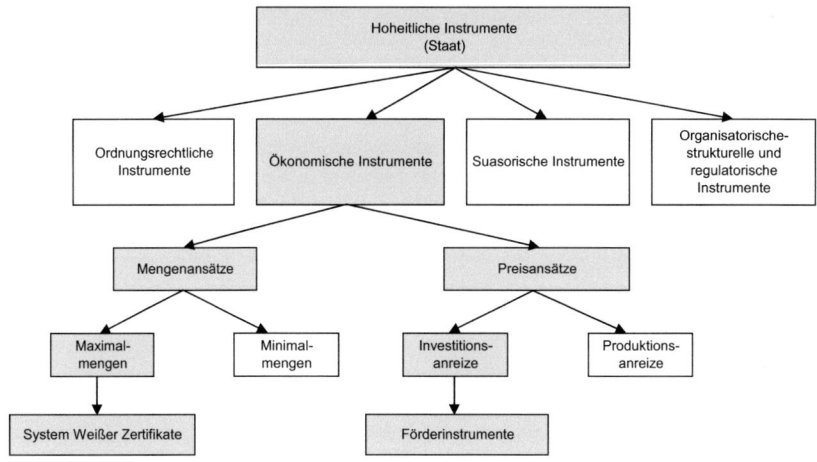

Quelle: In Anlehnung an [Enzensberger / Wietschel, 2002]

Abbildung 2-1: Einordnung der Förderinstrumente und des Systems Weißer Zertifikate in das Feld umweltpolitischer Instrumente

Eines der bekanntesten umweltpolitischen Instrumente im Rahmen der energetischen Gebäudesanierung sind die zu den Preisansätzen gehörenden Förderinstrumente. Der Staat verfolgt durch das Angebot an Förderprogrammen das Ziel, ein Anreizinstrumentarium aufzubauen, um Energieeinsparmaßnahmen verstärkt auf Seiten der Nachfrager zu fördern [RWI, 2006]. Ein marktorientiertes System Weißer Zertifikate zählt wie auch der CO_2-Emissionshandel zu den Maximalmengen und damit zu den Mengenansätzen. Dabei wird die Nutzung eines Umweltgutes beschränkt, wenn eine Übernutzung bzw. ein Güterverlust erwartet wird. Hierzu gehören beispielsweise Quotenmodelle für CO_2 und SO_2 sowie für

Energieeinsparungen. Ferner besteht theoretisch durch die Einführung eines Zertifikathandels ein Anreiz, höhere Energieeinsparungen zu erreichen, als die Verpflichtung vorschreibt, da nicht geltend gemachte Zertifikate am Markt veräußert werden können.

2.3.2 Bestehende Lenkungsinstrumente

2.3.2.1 Schaffung von Markttransparenz durch den Gebäudeenergieausweis

Für Neubauten oder Erweiterungen ist der Energieausweis seit 2002 vorgeschrieben. Mit der Novelle der Energieeinsparverordnung und somit der Umsetzung der EG-Richtlinie 2002/91/EG zur Gesamtenergieeffizienz von Gebäuden (vgl. Abschnitt 2.2.1.1) wird diese Regelung ab 2008 auf bestehende Gebäude bei Vermietung und Verkauf erweitert [EnEV, 2007]. Der Energieausweis soll einen Nachweis über die energetische Qualität des Gebäudes aufzeigen und weiterhin Empfehlungen zur Steigerung der Energieeffizienz enthalten. Damit kann er einen Beitrag zur Modernisierungsbereitschaft im Wohnungsbau leisten. Die Energieausweise behalten 10 Jahre ihre Gültigkeit. Die Energieausweise sollten ursprünglich im Januar 2006 eingeführt werden. Die erforderliche Novellierung der EnEV und somit die wesentlichen Bestimmungen zur Umsetzung der Energieausweiseinführung haben sich verzögert und erhielten am 27. Juni 2007 die Zustimmung der Bundesregierung (vgl. Abschnitt 2.2.1.1).

Grundsätzlich stehen zwei Methoden zur Erstellung der Energieausweise zur Verfügung. Die Verfahren (Kurzverfahren und ausführliches Verfahren), die auf Bedarfswerten basieren, ermöglichen eine Bewertung, die unabhängig von der Art der Nutzung und dem Standort ist. Die Erstellung der Energieausweise auf Basis von Verbrauchswerten berücksichtigt den witterungsbedingten Energieverbrauch und ist aus Werten der Heizkostenabrechnung zu erstellen. Bei Wohngebäuden mit weniger als fünf Wohneinheiten und die vor dem 1. November 1977 errichtet wurden, ist ein Energiebedarfsausweis auszustellen. Dies gilt nicht für Gebäude, die bei der Errichtung bereits den Werten der Wärmeschutzverordnung entsprachen oder durch nachträgliche Änderungen auf diesen Stand gebracht wurden. In allen anderen Fällen besteht Wahlfreiheit zwischen Energiebedarfs- und –verbrauchsausweis. Der Energieausweis findet auch für Nichtwohngebäude Anwendung. Dabei gilt, dass für Gebäude mit mehr als 1.000 m^2 Nutzfläche, in denen Behörden und andere Einrichtungen öffentliche Dienstleistungen erbringen und somit häufig aufgesucht werden, Energieausweise auszustellen und an gut sichtbarer Stelle auszuhängen sind [EnEV, 2007]. Damit soll der öffentliche Sektor seiner Vorbildfunktion als „Energiesparer" gerecht werden [Tiefensee, 2006].

2.3.2.2 Förderprogramme

In Deutschland stellen die folgenden monetären Anreizinstrumente im Wesentlichen die staatliche Förderung von Energiesparmaßnahmen dar [Staiß, 2007]:

- Zuschüsse zur Investition,
- vergünstigte Darlehen,
- Steuervergünstigungen und
- Betriebskostenzuschüsse bzw. Einspeisevergütungen.

Zuschüsse zu Investitionen im Bereich der energetischen Gebäudesanierung bieten einen unmittelbaren Investitionsanreiz und sind in der Regel nicht rückzahlbar. Es kann sich dabei entweder um einen festgelegten Betrag oder um einen vom Investitionsvolumen abhängigen Betrag handeln. Diese Form der finanziellen Förderung hat sich insbesondere bei privaten Haushalten bewährt. In der Regel werden zwischen 10 und 20 % der Investitionen einer förderfähigen Sanierungsmaßnahme mit Zuschüssen abgedeckt. Der Nachteil dieser Zuschüsse, im Gegensatz zur energiemengenorientierten Förderung, ist, dass es hierbei keinen wirkenden Anreiz für den energieeffizienten Betrieb von Anlagen gibt [Staiß, 2007].

Vergünstigte Darlehen können im Vergleich zu marktüblichen Bankdarlehen niedrigere Zinsen, längere Dauern der Zinsfestschreibung, günstigere Tilgungsmodalitäten oder einen Teilschulderlass enthalten. Bei dieser Art der Förderung ist zu beachten, dass sie von alternativen Kapitalbeschaffungsmöglichkeiten, von steuerlichen Aspekten, Liquiditäts-bedingungen und anderen Aspekten abhängt.

Auf die Erläuterungen zu Steuervergünstigungen und Betriebskostenzuschüsse bzw. Einspeisevergütungen wird nicht näher eingegangen. Letztgenannte beziehen sich insbesondere auf den Bereich der Stromerzeugung bzw. -einspeisung.

Für die Markteinführung umweltfreundlicher Energiekonzepte, insbesondere auf Basis erneuerbarer Energien, ist die finanzielle Förderung wichtig, mit der die Mehrkosten im Vergleich zu konventionellen Formen der Energiebereitstellung verringert werden. Daher gibt es zahlreiche Förderprogramme auf Bundes-, Landes- und Kommunalebene, die eine Markteinführung umweltfreundlicher und innovativer Energietechniken und eine Beratung bezüglich der energetischen Sanierungsmaßnahmen am Gebäudeeigentum ermöglichen. Die Ergebnisse der Förderprogramme werden regelmäßig evaluiert und den aktuellen Gegebenheiten angepasst.

Nachfolgend werden zwei bundesweite Förderprogramme als Beispiele aufgeführt, das „KfW-CO$_2$-Gebäudesanierungsprogramm" und das „Marktanreizprogramm (MAP)". Beide Förderprogramme werden in Kapitel 6 aufgegriffen und mit der Einführung eines Weiße-Zertifikate-Systems verglichen.

Das „KfW-CO$_2$-Gebäudesanierungsprogramm" zur Förderung von Energieeinspar-maßnahmen in Bestandsgebäuden entstand 2001 als Bestandteil des Nationalen Klimaschutzprogramms. Das Ziel dieses Förderprogramms ist, den Energieverbrauch in Wohngebäuden und die CO$_2$-Emissionen von 2005 bis 2010 um 1,3 Mio. Tonnen zu reduzieren [BMU, 2007a]. Man unterscheidet die Zuschuss- und Kreditvariante des KfW-CO$_2$-Gebäudesanierungsprogramms. Die Zuschussvariante wurde allerdings nachträglich im Jahr 2007 eingeführt, ebenso wie einige neue Fördertatbestände. Gleichzeitig wurde auch die Kreditvariante stark vereinfacht und sehr eng mit der EnEV verknüpft, so dass es auch hier zu einigen Änderungen gekommen ist [KfW, 2008b] und [KfW, 2008c]. Bei beiden Varianten sind zum einen Maßnahmen zur Erreichung des Neubau-Niveaus oder Neubau-Niveaus minus 30 % (Kategorie A) und zum anderen verschiedene Maßnahmenpakete, die Kombinationen von Maßnahmen an der Gebäudehülle und der Anlagentechnik beinhalten, (Kategorie B) durchführbar. Als Beispiel wird nur die Zuschussvariante untersucht, da diese in Kapitel 6 Eingang findet. Der Förderumfang und die Förderhöhe der Zuschussvariante wird im Folgenden aufgezeigt [KfW, 2008c]:

- Kategorie A fördert Maßnahmen, bei denen das Neubau-Niveau nach § 3 EnEV erreicht wird oder, wenn dieses Niveau noch weiter unterschritten wird (EnEV minus 30 Prozent). Voraussetzung für derartige Investitionen ist allerdings, dass das Wohngebäude zum 31.12.1983 fertig gestellt worden ist. Die Förderhöhe beträgt 10 %, wenn das Gebäude Neubau-Niveau erreicht, höchstens jedoch 5.000 Euro je Wohneinheit, und 17,5 %, wenn das Gebäude 30 % weniger Energie verbraucht, als ein Neubau, höchstens jedoch 8.750 Euro je Wohneinheit.

- Kategorie B fördert die Durchführung verschiedener Maßnahmenpakete in Wohngebäuden, die unterschiedliche energetische Sanierungsvorhaben beinhalten (vgl. Tabelle 2-5). Voraussetzung für die Bewilligung des Zuschusses ist, dass das Wohngebäude zum 31.12.1994 fertig gestellt worden ist. Außerdem müssen die Bauteile bzw. Maßnahmen den technischen Mindestanforderungen der EnEV entsprechen. Der Zuschuss beträgt 5 % bei Durchführung eines Maßnahmenpakets, höchstens allerdings 2.500 Euro je Wohneinheit.

Für die Zuschussvariante sind bei Kategorie B die in Tabelle 2-5 dargestellten Maßnahmenpakete möglich.

Tabelle 2-5: Maßnahmenpakete 0 bis 4 für Wohngebäude zur Förderung nach Kategorie B. der Zuschussvariante

Maßnahmen\Maßnahmenpaket	Zuschussvariante				
	0	1	2	3	4
Wärmedämmung					
der Außenwände	x	x		x	x
des Daches oder der obersten Geschossdecke	x	x	x		x
der Kellerdecke, von erdberührten Außenflächen beheizter Räume oder von	x		x		x
Erneuerung der Fenster	x		x	x	x
Austausch der Heizung		x	x	x	x
Einbau einer Lüftungsanlage					x

Quelle: In Anlehnung an [KfW, 2008c]

Zum anderen sei an dieser Stelle das bundesweite „Marktanreizprogramm (MAP)" zur Förderung von Maßnahmen zur Nutzung erneuerbarer Energien im Wärmemarkt genannt. Die Basisförderung wird evtl. durch einen regenerativen Kombinationsbonus, den Kesselbonus oder die Effizienzboni ergänzt. Die Basisförderung sowie die Effizienzboni beziehen sich auf die Leistung der Wärmeerzeuger. Der Effizienzbonus (Stufe 1) kann nur dann gewährt werden, wenn entweder die Baugenehmigung vor 1995 erteilt wurde und die Maßnahmen zur Erfüllung des EnEV-Standard führen, oder, wenn die Baugenehmigung nach 1994 erteilt wurde und der Standard 30 % unter EnEV erreicht wird. Der Effizienzbonus (Stufe 2) fordert bei einer Baugenehmigung vor 1995 zusätzlich einen Standard von 30 % unter EnEV und bei einer Baugenehmigung nach 1994 eine 45 %ige Unterschreitung des EnEV-Standards. Zu weiteren Förderbedingungen sowie dem Förderumfang und der Förderhöhe vgl. Tabelle 2-6. Der Austausch alter Kessel durch Kessel mit Brennwerttechnik (Öl oder Gas) wird gefördert, wenn dieser mit einer thermischen Solaranlage kombiniert wird.

Beide Förderprogramme werden in der Modellanwendung in Kapitel 6 berücksichtigt und der Förderumfang bzw. -höhe für die untersuchten Sanierungsmaßnahmen ermittelt.

Tabelle 2-6: Zuschussförderung nach dem Marktanreizprogramm

Maßnahme \ Förderung	Basisförderung	Regenerativer Kombinations-bonus	Effizienzbonus Stufe 1 [*]	Effizienzbonus Stufe 2 [**]	Innovations-förderung
Förderung im Marktanreizprogramm 2008 des Bundesumweltministeriums (Richtlinie zur Förderung von Maßnahmen zur Nutzung erneuerbarer Energien im Wärmemarkt)					
Pelletöfen luftgeführt 8 kW bis 100 kW oder Pelletofen mit Wassertasche 5 kW bis 100 kW	36 Euro je kW, mind. 1.000 Euro		54 Euro je kW, mind. 1.500 Euro	72 Euro je kW, mind. 2.000 Euro	
Pelletkessel 5 kW bis 100 kW	36 Euro je kW, mind. 2.000 Euro		54 Euro je kW, mind. 3.000 Euro	72 Euro je kW, mind. 4.000 Euro	
Pelletkessel 5 kW bis 100 kW mit neuem Speicher ab 30 l je kW	36 Euro je kW, mind. 2.500 Euro	750 Euro	54 Euro je kW, mind. 3.750 Euro	72 Euro je kW, mind. 5.000 Euro	500 Euro bei Emissions-minderung und Effizienz-steigerung
Anlage zur Verfeuerung von Holzhackschnitzeln 5 kW bis 100 kW mit Speicher mind. 30 l je kW	1.000 Euro		1.500 Euro	2.000 Euro	
Scheitholzvergaserkessel 15 kW bis 50 kW mit Speicher mind. 55 l kW	1.125 Euro		1.687 Euro	225 Euro	
Luft/Wasser-Wärmepumpe Bestand (Arbeitszahl mind. 3,3)	Bestand: 10 Euro je m², max. 1.500 Euro	750 Euro	--		Erhöhung Fördersatz und -grenze um 50 % bei hohem JAZ
Sole/Wasser- oder Wasser/Wasser-Wärmepumpe Bestand (Arbeitszahl mind. 3,7)	Bestand: 20 Euro je m², max. 3.000 Euro				Bestand mind. 4,5

Bonusförderung kann zusätzlich zur Basisförderung gewährt werden, wenn die Voraussetzung für die Gewährung des Bonusses erfüllt sind. Regenerativer Kombinationsbonus und Effizienzbonus sind **nicht miteinander kombinierbar**. Der regenerative Kombinationsbonus wird nur einmal gewährt.
[*] Effizienzbonus Stufe 1: bei Baugenehmigung vor 1995 und EnEV-Standard oder Baugenehmigung nach 1994 und 30 % unter EnEV.
[**] Effizienzbonus Stufe 2: bei Baugenehmigung vor 1995 und 30 % unter EnEV oder Baugenehmigung nach 1994 und 45 % unter EnEV.
Wärmepumpe: Zuschuss und Maximalförderung werden pro Wohneinheit gewährt.
Die Bonusförderung umfasst unter Umständen auch einen Umwälzpumpenbonus (200 Euro je Heizungsanlage, außer bei Wärmepumpen)

Quelle: In Anlehnung an [BMU, 2008b]

2.3.2.3 CO₂-Zertifikate

Die EG-Richtlinie über ein System für den Handel mit Treibhausgasemissionszertifikaten in der Gemeinschaft fordert, dass die Bereiche der Energiewirtschaft und energieintensive Unternehmen in Europa ihre Emissionen mit handelbaren Zertifikaten abdecken müssen [2003/87/EG]. Ziel des zunächst auf zwei Perioden (von 2005 bis 2007 und 2008 bis 2012) ausgerichteten Handelssystems ist die flexible und kosteneffiziente Erfüllung der durch das Kyoto-Protokoll (vgl. Abschnitt 2.2.1.2) vorgegebenen Emissionsminderungsziele und die Verteilung der Reduktionsverpflichtungen auf die beteiligten Akteure. Durch die festgelegte Gesamtemissionsmenge und deren Aufteilung ist gewährleistet, dass die Emissions-reduktionsziele im Gegensatz zu Umweltsteuern oder gesetzlichen Auflagen erreicht werden (ökologische Zielsicherheit). Das angestrebte Minderungsziel soll dadurch erreicht werden, dass die Staaten bzw. Unternehmen für jede ausgestoßene Einheit eines klimaschädlichen Gases ein Zertifikat nachweisen müssen. Dieses Instrument des CO_2-Zertifikate-Handels basiert auf dem „cap and trade"-Prinzip [Schafhausen, 2004]. Danach wird in einem ersten Schritt eine insgesamt zulässige Emissionsmenge für die Emittenten festgelegt. In einem zweiten Schritt wird die Emissionsmenge auf die einzelnen Emittenten aufgeteilt. Hierfür können die Zuteilungsmechanismen der kostenlosen Emissionsvergabe auf Basis bisheriger Emissionsmengen (Grandfathering), der Verteilung der Emissionsrechte bezogen auf einen einheitlichen Emissionswert (Benchmark) und der Versteigerung von Emissionsrechten (Auktion) angewandt werden [Fichtner, 2007]. Zu Beginn der Handelsperiode 2005 bis 2007 erhielt jeder Akteur Emissionsrechte für Bestandsanlagen, deren Höhe sich nach den Emissionsmengen in der Periode 2000 bis 2002 richtete. Werden von einem Akteur mehr Emissionen ausgestoßen, als dessen Berechtigungen zulassen, so ist dieser verpflichtet, seine Emissionen zu senken bzw. weitere Zertifikate zu erwerben. Als Nachfrager der Zertifikate treten zum einen Staaten auf, die ihr Reduktionsziel nicht erreichen und zum anderen, deren Vermeidungskosten pro Tonne CO_2-Äquivalent zu hoch sind. Der Preis der Zertifikate wird auf dem Markt durch Angebot und Nachfrage sowie durch die Kosten der entsprechenden Vermeidungstechnologie bestimmt. Dies führt zu einer höheren ökonomischen Effizienz, da Maßnahmen realisiert werden, die zu geringsten Kosten umgesetzt werden können. Da aus ökologischer Sicht bei Treibhausgasen nicht der geographische Ort der Entstehung der Emissionen sondern die Konzentration dieser Gase in der Erdatmosphäre relevant ist, können Zertifikate durch flexible Mechanismen und somit mit Hilfe von Projekten in anderen Industrie- oder Entwicklungsländern (Joint Implementation und Clean Development Mechanism) generiert werden [2003/87/EG].

2.3.3 Lenkungsinstrumente in Diskussion

2.3.3.1 Energieeffizienz- oder -einsparfonds

Im Rahmen eines Energieeffizienz- oder -einsparfonds werden konkrete sowie zielorientierte auf bestimmte Gruppen ausgerichtete Energieeinsparprogramme ausgeschrieben. Ein erster Vorschlag für ein Portfolio von zwölf Programmen liegt bereits vor. Darunter sind Programme wie Ersatz elektrischer Speicherheizungen durch effiziente Gas- und Öl-Brennwerttechnik oder Pelletheizungen und energieeffiziente Kühl- und Gefriergeräte sowie Wäschetrockner zu finden. Der Fonds übernimmt dann die Anschubfinanzierung, die Koordination und die Steuerung der Aktivitäten. Des Weiteren werden die Aktivitäten mit bestehenden Programmen und Maßnahmen verknüpft. Ziel des Fonds ist es, einen jährlich festgelegten Prozentsatz des Endenergieverbrauchs zusätzlich einzusparen [Irrek / Thomas, 2006].

2.3.3.2 Grüne Zertifikate

Ein weiteres Instrument zur Förderung der erneuerbaren Energien stellt das Grüne-Zertifikate-System dar, welches bereits in einigen europäischen Ländern wie beispielsweise Niederlande und Großbritannien angewandt wird. Beim Grüne-Zertifikate-System bzw. Quotenmodell für Strom aus erneuerbaren Energien wird eine Mindestmenge (Quote) der Stromproduktion aus regenerativen Energien innerhalb einer bestimmten Periode festgelegt, die auf die verpflichteten Akteure aufgeteilt wird. Dabei ist es auch möglich, Teilquoten für unterschiedliche regenerative Erzeugungstechnologien festzulegen. Ist es aus technologischen oder ökonomischen Gründen nicht sinnvoll, diese Quote selbständig zu erbringen, kann der fehlende Anteil an Zertifikaten analog des CO_2-Emissionshandels am Markt erworben werden (vgl. Abschnitt 2.3.2.3). Der Nachweis der eingehaltenen Mengenverpflichtung ist an einem bestimmten Stichtag mit Hilfe von Zertifikaten nachzuweisen. Bei Nichterfüllung der vorgegebenen Quote sind entsprechende Sanktionen zu entrichten [Drillisch, 1999].

2.4 Bedeutung für die Zielsetzung

Im Rahmen der erläuterten gesetzlichen Vorgaben wird deutlich, dass sowohl auf nationaler als auch auf internationaler Ebene steigende Anforderungen an die Reduzierung des Energieverbrauchs und der Emissionen formuliert werden. Da dieses Thema gerade in den letzten Jahrzehnten in die Gesetzgebung integriert wurde, wird eine Vielzahl von Gebäuden genutzt, wobei der Energieaspekt in der Konstruktionsphase nicht berücksichtigt wurde.

Mit den bestehenden und sich in Diskussion befindlichen Lenkungsinstrumenten existiert bereits ein umfassendes Instrumentarium zur finanziellen Umsetzung von Energieein-sparungen. Allerdings wird deutlich, dass insbesondere durch marktwirtschaftliche Instrumente wie beispielsweise Zertifikatsysteme ungenutzte Potenziale erschlossen werden können.

3 Weiße Zertifikate als neues Instrument für Energieeinsparungen

Trotz der bisherigen Energieeffizienzinstrumente werden Energieeinsparpotenziale, insbesondere auch im Gebäudebereich, nicht ausreichend realisiert [SRU, 2008]. Zertifikatsysteme werden seit einigen Jahren verstärkt als Lenkungsinstrument eingesetzt, z. B. in Form des CO_2-Emissionsrechtehandels. Aus diesen Handelssystemen und bestehenden Quotenregelungen in verschiedenen anderen Staaten resultieren umfangreiche Erfahrungen bezüglich der allgemeinen Funktionsweise sowie der verschiedenen Ausgestaltungskriterien und möglichen Hindernissen von Zertifikatsystemen. Um weitere Energieeinsparungen im Gebäudebereich umzusetzen, wird das Weiße-Zertifikate-System als neues mögliches Instrument herangezogen und in der Investitionsplanung Eingang finden. In diesem Kapitel wird daher die allgemeine Funktionsweise eines Weiße-Zertifikate-Systems erläutert und die Rolle beteiligter Akteure aufgezeigt (Abschnitt 3.1). Des Weiteren werden Grundsätze und Rahmenbedingungen eines Weiße-Zertifikate-Systems dargestellt (Abschnitt 3.2) und der Marktmechanismus eines Zertifikatsystems aufgezeigt (Abschnitt 3.3). Ausgewählte Systeme Weißer Zertifikate in Europa werden in Abschnitt 3.4 diskutiert und gegenübergestellt. Abschließend wird die Bedeutung der Weißen Zertifikate in der Gebäudesanierung in Abschnitt 3.5 verdeutlicht. Eine mögliche Ausgestaltung eines Weiße-Zertifikate-Systems für Deutschland wird in Kapitel 5 diskutiert.

3.1 Funktionsweise Weißer Zertifikate und beteiligte Akteure

Im Rahmen eines Weiße-Zertifikate-Systems wird eine bestimmte Akteursgruppe (in der Regel Energielieferanten und Netzbetreiber) dazu verpflichtet, in einem festgelegten Zeitraum (Verpflichtungsperiode) durch geeignete Maßnahmen eine bestimmte Energiemenge einzusparen. Hierfür wird zunächst ein verbindliches quantitatives Einsparziel politisch beschlossen und anschließend auf die verpflichteten Parteien (z. B. in Anknüpfung an die jeweiligen Marktanteile) umgelegt (vgl. auch Abschnitt 3.3). Darüber hinaus wird festgelegt, welche Einsparmaßnahmen im Rahmen eines Weiße-Zertifikate-Systems zulässig sind. Man unterscheidet dabei standardisierte Maßnahmen, die in einem Katalog bereits mit einem definierten Energiegegenwert aufgelistet sind, und individuell beantragte Maßnahmen, die jeweils evaluiert werden. Somit können die Maßnahmen auf bestimmte Bereiche, z. B. Gebäudebestand, gebündelt werden. Die betroffenen Akteure können ihrer Einsparverpflichtung entweder durch die Initiierung von nachfrageseitigen Maßnahmen nachkommen (z. B. durch Veranlassung von Wärmedämmmaßnahmen bei Endverbrauchern) und sich dafür Zertifikate ausstellen lassen oder durch den Zukauf von Weißen Zertifikaten, die von anderen Akteuren ins Handelssystem eingebracht wurden [RWI, 2006]. Die Zertifikate werden für Maßnahmen ausgestellt, die zu einer zusätzlichen Energieeinsparung gegenüber einem festgelegten Referenzszenario (in der Regel gesetzliche Vorgaben oder technische Standards) führen. Verpflichtete Akteure, die mehr Energie einsparen, als deren Verpflichtung im Rahmen des Weiße-Zertifikate-Systems fordert, können die „überzähligen" Zertifikate an andere Akteure verkaufen bzw. ins Handelssystem einbringen. Akteure, die keiner Einsparverpflichtung unterliegen, können ebenfalls Zertifikate durch die Umsetzung von Energieeffizienzmaßnahmen erhalten und somit am Handel teilnehmen. Überzählige Zertifikate müssen nicht zwangsweise verkauft werden, sondern können teilweise in die nächste Verpflichtungsperiode übertragen und dort geltend gemacht werden. [Bürger / Wiegmann, 2007]

Im Folgenden werden die wesentlichen Akteure und ihre wechselseitigen Beziehungen in einem Weiße-Zertifikate-System darstellen (vgl. Abbildung 3-1).

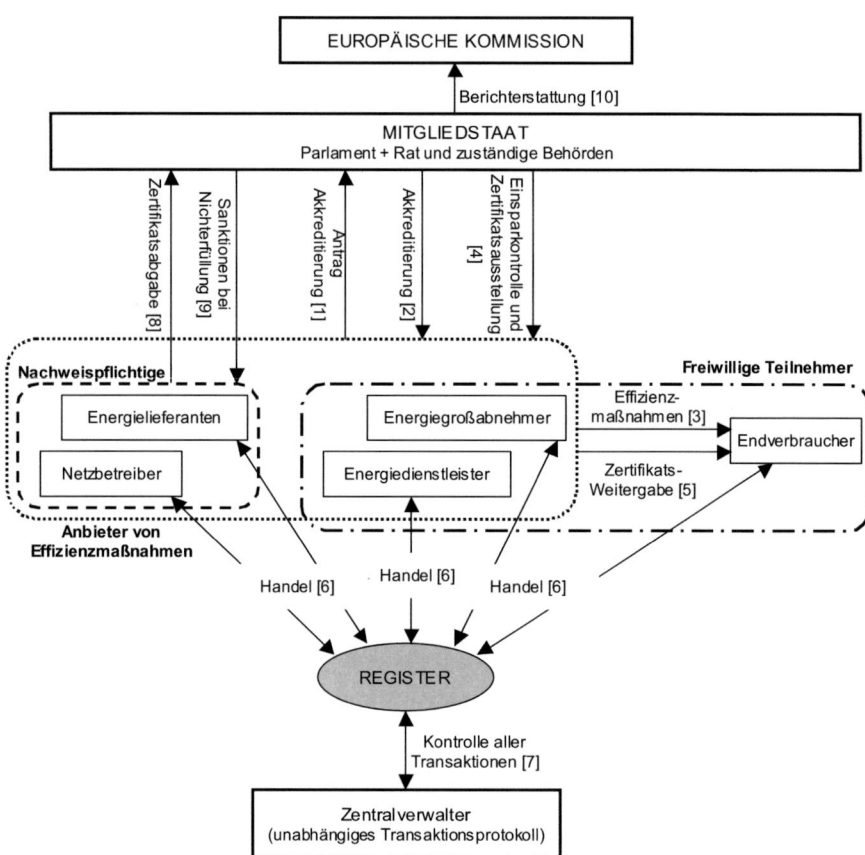

Quelle: In Anlehnung an [Langniss / Praetorius, 2004]

Abbildung 3-1: Schema eines Weiße-Zertifikate-Systems

Zentrale Akteure bilden die Regierungen und Behörden der jeweiligen Mitgliedstaaten der Europäischen Union. Deren Aufgabe ist es, die in der EG-Richtlinie beschlossenen Bestimmungen in konkretisierter Form in den Mitgliedstaaten umzusetzen [2006/32/EG]. Dazu zählen die Unterstützung von Energieanbietern und Netzbetreibern in ihrer Entwicklung zu Energiedienstleistungsanbietern, die Ausgestaltung weiterer Finanzierungsinstrumente für Energieeffizienzprojekte und die Schaffung eines verlässlichen Akkreditierungssystems.

Zudem müssen die zu erreichenden Einsparziele berechnet und als Energievolumen angegeben werden. Damit ist ebenfalls die Festlegung der für die Zieleinhaltung genehmigten Effizienzmaßnahmen sowie die Kontrolle der realisierten Energieeinsparungen verbunden. Diese Aufgaben sowie die Gesamtverantwortung über das System obliegt den Behörden. Schließlich bestimmen die Regierungen, welche Akteure verpflichtet sind, Zertifikate vorzuweisen, und wie hoch die im Falle eines Verstoßes zu entrichtenden Sanktionen ausfallen. Das Strafmaß sollte dabei so gestaltet sein, dass Marktteilnehmer nicht von der Erfüllung ihrer zu erbringenden Einsparung bzw. der Beschaffung einer äquivalenten Menge an Weißen Zertifikaten absehen [Oikonomou et al., 2004]. Des Weiteren stellen die nachweisverpflichteten Akteure eine wichtige Teilnehmergruppe dar. Grundsätzlich kommen alle Parteien als nachweisverpflichteten Akteure in Frage, die entlang der Wertschöpfungskette für netzgebundene Energie auftreten. Diese sind hauptsächlich Energieproduzenten, Übertragungs- und Verteilungsnetzbetreiber, Endenergielieferanten und Endverbraucher [Langniss / Praetorius, 2004]. Energielieferanten sowie Übertragungs- und Verteilungsnetzbetreiber sollten aus verschiedenen Gründen zu den verpflichteten Akteuren zählen und sich ggf. auf diese Akteursgruppe beschränken: Würde man diese Akteure von einer Verpflichtung ausnehmen, könnte es zu einem höheren Energieabsatz und somit entgegen der geplanten Einsparung im Nachfragesektor führen. Stattdessen könnte eine Verpflichtung dieser Akteure zu einem verstärkten Angebot von Energie- dienstleistungen führen. Außerdem besitzt diese Akteursgruppe aufgrund bestehender Kundenbeziehungen Kenntnisse über die Konsummuster ihrer Endkunden. Dieses Expertenwissen über Energieeffizienz ermöglicht eine problemlose Weitergabe an den Endkunden und somit die Initiierung von Energieeffizienzmaßnahmen. Würden hingegen die Energieerzeuger verpflichtet werden, so könnte dieser Informationsvorteil aufgrund der mangelnden Kenntnis über die Konsumgewohnheiten auf der Nachfrageseite nicht genutzt werden. Die Verpflichtung der Endverbraucher könnte dazu führen, dass keine baulichen Maßnahmen durchgeführt werden, sondern die Einsparungen durch angepasstes Verbrauchsverhalten erzielt wird [Langniss / Praetorius, 2004]. Werden die verpflichteten Akteure zur Ausführung der geforderten Energieeinsparungen mit hohen Erfüllungskosten, d. h. hohen Gesamtkosten, konfrontiert, so treten sie hauptsächlich als Nachfrager von Zertifikaten auf. Sind ihre Kosten dagegen verhältnismäßig niedrig, so werden sie eher Maßnahmen durchführen und „überzählige" Zertifikate anbieten oder teilweise in die nächste Verpflichtungsperiode übertragen (vgl. Abschnitt 5). Weitere Akteure des Weiße-Zertifikate- Systems sind freiwillige Teilnehmer, wie beispielsweise Energiedienstleistungsunternehmen oder Kommunen. Erstere bieten Energiedienstleistungen oder Energieeffizienzaktivitäten in den Einrichtungen der Endverbraucher an. Deren Motivation liegt ausschließlich in der Sicherung eines zusätzlichen Profits, den sie durch den Verkauf von Zertifikaten erwirtschaften. Die Kommunen sind einerseits selbst Endverbraucher und somit auch an Energieeffizienzmaßnahmen interessiert. Andererseits treten sie auch als verteilende bzw. weiterleitende Institution von Energiedienstleistungen auf. Aus der Sicht der Energie- endverbraucher nehmen sie dieselbe Position wie nachweispflichtige Akteure ein. Es ist allerdings zu beachten, dass Maßnahmen der Akteure geltend gemacht werden können, die nicht in den Hauptgeschäftsbereich eines Akteurs fallen. Die Konsequenz wäre, dass Zertifikate für gewinnorientierte Maßnahmen erteilt würden, die auch ohne ein Weiße- Zertifikate-System realisiert worden wären.

Alle Marktteilnehmer, die Energieeffizienzmaßnahmen mit dem Ziel, dafür Zertifikate zu erhalten, erbringen wollen, benötigen zunächst eine Bewilligung. Sie stellen dazu bei den Behörden einen Antrag auf Akkreditierung (vgl. Abbildung 3-1, [1]), die ihnen erteilt wird, falls die geplanten Effizienzprojekte einer vordefinierten Standardmaßnahme genügen oder nach entsprechender Bewertung die geforderten Qualitätsstandard erfüllen (vgl. Abbildung 3-1, [2]). Nach Erhalt der Genehmigung sind die Akteure berechtigt, Energieeffizienzmaßnahmen bei den Endverbrauchern[10] durchzuführen (vgl. Abbildung 3-1, [3]). Anschließend wird der Umfang der erzielten Energieeinsparungen durch die Behörden kontrolliert und Zertifikate mit entsprechendem Energiegegenwert werden ausgestellt (vgl. Abbildung 3-1, [4]). Die Endverbraucher, bei denen die Energieeffizienzmaßnahmen durchgeführt werden, besitzen die Möglichkeit, sich an den Maßnahmen finanziell zu beteiligen, womit sie auch einen Teil der Zertifikate erhalten können (vgl. Abbildung 3-1, [5]) [Oikonomou et al., 2004]. Der eigentliche Zertifikathandel (vgl. Abbildung 3-1, [6]) findet über ein in Konten aufgegliedertes Verzeichnis (Register) statt, das alle Transaktionen aufzeichnet [MacGill / Outhred, 2003]. Außerdem wird es einen Zentralverwalter (oder eine ähnliche Institution) geben, der alle Kontenbewegungen mit Hilfe eines unabhängigen Transaktionsprotokolls überprüft (vgl. Abbildung 3-1, [7]) [Langniss / Praetorius, 2004]. Zu einem bestimmten Stichtag (in der Regel am Ende der Verpflichtungsperiode) sind die Zertifikate von den verpflichteten Akteuren bei den Behörden einzureichen (vgl. Abbildung 3-1, [8]), die daraufhin die Einhaltung ihrer Energiereduktionsverpflichtung überprüfen. Werden die Verpflichtungen nicht oder nicht vollständig erfüllt, werden die Behörden die Sanktionszahlungen einfordern. (vgl. Abbildung 3-1, [9]). Die Europäische Kommission beaufsichtigt die Zertifikatesysteme der einzelnen Mitgliedstaaten und erhält von ihnen in regelmäßigen Abständen eine Berichterstattung (vgl. Abbildung 3-1, [10]). Daraus können ggf. Änderungen des Einsparziels oder eine Verlängerung des Geltungszeitraumes resultieren [2006/32/EG].

3.2 Grundsätze und Rahmenbedingungen Weißer Zertifikate

Gemäß der EG-Richtlinie über Energieeffizienz und Energiedienstleistungen (vgl. Abschnitt 2.2.1.3) wird die EU-Kommission nach Ablauf von drei Jahren die EU-weite Einführung von Weißen Zertifikaten prüfen [2006/32/EG]. Verschiedene Mitgliedstaaten haben bereits ein Weiße-Zertifikate-System eingeführt (vgl. Abschnitt 3.3). Des Weiteren werden im Rahmen eines EU-Projekts „EuroWhiteCert" bereits Untersuchungen zur Einführung eines Systems handelbarer Weißer Zertifikate auf EU-Ebene durchgeführt. Dabei werden die Vor- und Nachteile eines solchen Systems sowie die Interaktion mit anderen Zertifikatesystemen analysiert. Über Pilotvorhaben wird das System in der Praxis getestet, um Empfehlungen zur Einführung und zur Ausgestaltung sowie zur Integration in bestehende Konzepte abzuleiten [EuroWhiteCert, 2006].

Mit einem Weiße-Zertifikate-System sollen einzelne Energieeinsparmöglichkeiten, die sich auf verschiedene Gebiete verteilen, identifiziert und realisiert werden. Der Handelsaspekt begünstigt eine kosteneffiziente Umsetzung der Energieeinsparmaßnahmen. Ein System handelbarer Weißer Zertifikate befindet sich daher in der Diskussion als ein marktbasiertes, kosteneffizientes Instrument zur Erreichung von Energieeffizienz- und Klimaschutzzielen.

---

[10] In [KOM, 2003, 739] werden hierzu der Haushaltssektor, der gewerbliche und der öffentliche Bereich angeführt.

Als wesentliche Vorteile Weißer Zertifikate werden die Garantie der Erreichung eines festgelegten Ziels durch die Zertifizierung sowie die Zielerreichung zu niedrigen Kosten auf Basis der Handelbarkeit der Zertifikate genannt. Des Weiteren werden Energie-einsparpotenziale aktiviert und Akteure einbezogen, die durch andere Instrumente bisher noch nicht erreicht werden. Öffentliche Haushalte werden entlastet, da die verpflichteten Akteure großes Interesse an kostengünstig zu realisierenden Energieeinsparmaßnahmen haben. Als Nachteile werden hingegen angeführt, dass die einseitige Konzentration auf Steigerung der Energieeffizienz[11] die Reduktion des Energieverbrauchs vernachlässigt und bestimmte Maßnahmen, insbesondere einfach umsetzbare und messbare Maßnahmen, bevorzugt werden. Des Weiteren entstehen hohe Transaktionskosten durch die Zertifizierung der Energieeinsparungen, und die Einführung eines europäischen Systems würde beträchtliche Anstrengungen bei der Harmonisierung der nationalen Energiepolitiken erfordern [EuroWhiteCert, 2006].

3.3 Marktmechanismus eines Zertifikatsystems

Da die Akteure neben der Durchführung von eigenen Maßnahmen zusätzlich am Zertifikat-markt teilnehmen können, wird nachfolgend der Marktmechanismus aufgezeigt.

Sind bei einem Akteur die Grenzkosten zur Energieeinsparung niedriger als der am Markt erzielbare Preis für Zertifikate, so wird dieser Akteur Energieeinsparungen generieren und seine Zertifikate solange am Markt verkaufen, bis ein Niveau erreicht ist, bei dem die Grenzkosten zur Energieeinsparung gleich dem Marktpreis der Zertifikate sind. Durch diese Aktivitäten steigt die Angebotsmenge an Zertifikaten und der Zertifikatpreis fällt. Ein langfristiges Marktgleichgewicht wird dann erreicht, wenn sich die Grenzkosten der Energieeinsparung aller Akteure angeglichen haben und der Gleichgewichtspreis gerade diesen Grenzkosten entspricht. Durch einen Marktprozess werden also diejenigen Maßnahmen identifiziert, die am günstigsten sind.

Der entscheidende Punkt ist, dass die Zertifikate unter den Akteuren gehandelt werden können. Ein Akteur kann z. B. seine Verpflichtung „übererfüllen" und diese Zertifikate am Markt anbieten. Auf diese Weise entsteht ein Markt für „Energieeinsparungen", auf dem der Preis endogen bestimmt wird.[12] Anhand Abbildung 3-2 wird die Funktionsweise eines solchen Marktes und die damit verbundene Preisbildung aufgezeigt.

---

[11] Energieeffizienz stellt das Verhältnis zwischen genutzter und eingesetzter Energie dar.
[12] Im Gegensatz z. B. zu einer vom Staat festgelegten Steuer. Hier wird der Preis exogen bestimmt.

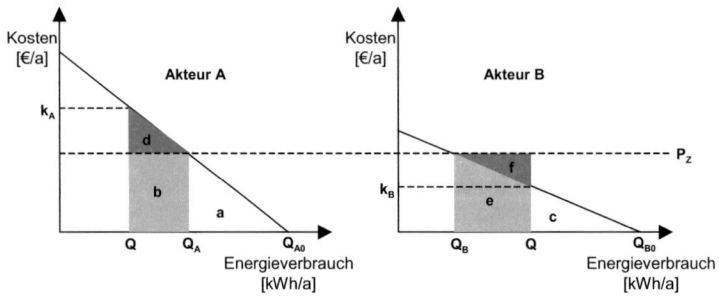

Quelle: in Anlehnung an [Guardiola et. al. 2004]

Abbildung 3-2: Marktmechanismus der Weißen Zertifikate

Angenommen seien zwei Marktakteure (A und B) mit unterschiedlichen Grenzkosten zur Durchführung von Effizienzmaßnahmen, die durch unterschiedliche Steigungen der Grenzkostenkurven entstehen. Daraus folgt, dass Akteur B die Maßnahmen vergleichsweise günstiger durchführen kann als Akteur A. Beide Akteure müssen ihren aktuellen Energieverbrauch (Q_{A0} und Q_{B0}) auf die Menge Q reduzieren. Zur Erfüllung ihrer Verpflichtung haben diese zunächst die Möglichkeit, Effizienzmaßnahmen selbst durchzuführen. Bei der vorgeschriebenen Menge Q (z. B. resultierend aus gesetzlichen Vorgaben) würden die Grenzkosten von Akteur A somit bis auf k_A, die von Akteur B bis auf k_B ansteigen, so dass ihnen zur Einhaltung ihrer Verpflichtung Gesamtkosten in Höhe der Flächen a+b+d (Akteur A) bzw. c (Akteur B) entstünden. Anderseits können sie sich entscheiden, die Erfüllung ihrer Verpflichtung mittels des Kaufs von Weißen Zertifikaten zu erfüllen, die andere Marktteilnehmer für die Umsetzung von Energieeffizienzaktivitäten erhalten haben.

Geht man davon aus, dass sich am Markt aus dem Verhältnis von Angebot und Nachfrage ein Preis von P_Z für ein Zertifikat einstellt, so werden sich die Akteure wie folgt verhalten. Akteur A wird nicht die gesamte Menge Q mittels eigener Durchführung einsparen, sondern sich auf die Menge Q_A beschränken. Dabei entstehen ihm Kosten in Höhe der Fläche a. Die übrige Menge (Q_A - Q) wird er durch Zukauf von Zertifikaten am Zertifikatmarkt realisieren. Dafür entstehen ihm Kosten in Höhe der Fläche b. Akteur B hat einen Anreiz mehr Zertifikate (Q_B) zu generieren, als seine Verpflichtung ihm auferlegt. Dadurch entstehen bei ihm Kosten in Höhe der Fläche e, die er durch den Verkauf des Mehrbestandes an Zertifikaten (Q - Q_B) an Akteur A kompensieren kann. Zusätzlich erzielt er einen Gewinn in Höhe der Fläche f.

Es zeigt sich, dass der Marktmechanismus das Angleichen anfangs unterschiedlicher Grenzkosten für Effizienzaktivitäten aller Verpflichteten auf das Niveau des sich am Markt bildenden Zertifikatpreises zur Folge hat. Das resultiert daraus, dass die Akteure eigene Maßnahmen nur bis zu dem Punkt verwirklichen, an dem sie für die damit verbundenen Kosten noch eine entsprechende Vergütung am Markt erhalten. Auf diese Weise sind alle beteiligten Akteure gegenüber der Situation ohne handelbare Zertifikate besser gestellt.

Diese sehr vereinfachte neoklassische Darstellung des Marktmechanismus weist wesentliche Schwächen auf. Insbesondere soll hier die Linearisierung der Kostenfunktionen angeführt werden, da die Verläufe der Kostenkurven der Realität keinesfalls entsprechen. Daher soll diese Veranschaulichung durch die Formulierung eines Optimierungsproblems ergänzt werden. Die Gleichungen (3.2) und (3.3) stellen die Kostenfunktionen der beiden Akteure dar, deren Summe zu minimieren ist.

Zielfunktion

$$Minimiere \quad K_{A,ges} + K_{B,ges} \tag{3.1}$$

mit

$$K_{A,ges} = K_A(x_A) + Zert_A(x_A) \tag{3.2}$$

$$K_{B,ges} = K_B(x_B) + Zert_B(x_B) \tag{3.3}$$

u.d.N.:

$$x_A + x_B = 2Q \tag{3.4}$$

Wenn p_Z exogen vorgegeben ist, kann dieses Optimierungsproblem mittels des Lagrange-Ansatzes gelöst werden. Dabei ist anzumerken, dass dieser Ansatz wesentliche Schwächen der neoklassischen Darstellung behebt, allerdings auch keine detailgetreue Abbildung der Realität darstellt.

3.4 Umsetzung in ausgewählten europäischen Mitgliedstaaten

Einige europäische Länder wie Großbritannien, Frankreich und Italien haben bereits ein System Weißer Zertifikate eingeführt. In Belgien wurden Energiesparverpflichtungen ohne handelbare Zertifikate eingeführt. Weitere Staaten, wie beispielsweise Dänemark und die Niederlande, haben Energiesparverpflichtungen mit handelbaren Zertifikaten in Erwägung gezogen. Die Systeme Weißer Zertifikate in Großbritannien, Italien und Frankreich werden in den folgenden Abschnitten dargestellt. Ihre Charakteristika sind in Tabelle 3-1 aufgeführt.

Tabelle 3-1: Charakteristika ausgewählter Weiße-Zertifikate-Systeme in europäischen Mitgliedstaaten

	Großbritannien		Italien	Frankreich
	EEC 1	EEC 2		
Verpflichtete Akteure	Strom- und Gasversorger mit mehr als 15.000 Kunden		Strom- und Gasnetzbetreiber mit mehr als 100.000 Kunden	Alle Energieversorger einschl. Brennstoffhändler ab jährlichem Verkaufsvolumen von 40 TWh
Einsparziel	62 TWh	130 TWh	2,9 Mtoe/a (36 TWh)	54 TWh
Bezugsgröße	Endenergie		Primärenergie	Endenergie
Periode	2002-2005	2005-2008	2005-2009	2006-2009
Zeitliche Zurechnung der Einsparungen	Einmalig für die gesamte Lebensdauer einer Maßnahme (ex-ante)		Für Standardmaßnahmen einmalig (ex-ante), sonst periodisch (ex-post)	Einmalig für die gesamte Lebensdauer einer Maßnahme (ex-ante)
Maßnahmenempfänger bzw. Anspruchsberechtigte	Nur Haushalte		Alle	Alle (inkl. Transportsektor) außer Anlagen im Wirkungsbereich des Emissionshandels
Bezugsberechtigte Akteure (Zertifikate)	Verpflichtete Akteure		Verpflichtete Akteure	Verpflichtete Akteure + juristische Personen
Gültigkeit der Zertifikate	3 Jahre		5 Jahre	10 Jahre
Sanktionen (optional Buy-Out) bei Nichterfüllung	Abhängig von der Größe der Zielverfehlung (bis zu 10% des Unternehmensumsatz) Buy-Out: nein		Abhängig von dem Grad der Zielverfehlung und dem aktuellen Zertifikatpreis Buy-Out: nein	Buy-Out: 2 ct/kWh
Abzinsungsfaktor	6%	3,50%	-	4%
Zertifikathandel	Ja, aber nur bilateraler Handel mit behördlicher Genehmigung		Ja	Ja
Sonstiges	50% der Einsparungen sind im sozialen Wohnungsbau zu erzielen		Nachweis der Energieeinsparung ist jedes Jahr vorzubringen	Unterstützung erneuerbarer Energien ist erwünscht

Quelle: In Anlehnung an [Guyonnet, 2005] und [Oikonomou et al., 2007]

3.4.1 Das Energieeinsparsystem in Großbritannien

Großbritannien hat 2002 ein Energieeinsparsystem, das so genannte „Energy Efficiency Commitment" (EEC), eingeführt, das sich auf zwei Verpflichtungsperioden aufteilt (EEC1 von 2002 bis 2005 und EEC2 von 2005 bis 2008). Das EEC1 verpflichtet alle Strom- und Gasversorger mit mehr als 15.000 Kunden, das vom Umweltministerium festgesetzte Einsparziel zu realisieren. Das Einsparziel bezieht sich auf Strom, Gas, Kohle und Öl. Die

Versorger müssen die vorgeschriebenen Ziele zur Förderung der Energieeffizienz im Bereich privater Haushalte erreichen. Zusätzlich beinhaltet das EEC eine Klausel, die besagt, dass mindestens 50 % der Maßnahmen in Haushalten mit geringem Einkommen umzusetzen sind. Die Allokation der Einsparverpflichtungen richtet sich nach dem Energieabsatz der einzelnen Versorger. Die Vorgaben nehmen progressiv mit der abgesetzten Energiemenge zu, so dass ein Versorger mit mehr Kunden ein höheres Einsparziel pro Kunde zu erreichen hat. Die Energieeinsparungen beziehen sich auf die Endenergie und werden in Fuel-standardised Energy (kWh FS) angegeben. Diese Zielgröße berücksichtigt ebenfalls die spezifischen CO_2-Emissionen der verschiedenen Energieträger [Bürger / Wiegmann, 2007]. [13]

Ziel der ersten Phase des EEC war es, Energieeinsparungen in Höhe von 62 TWh zu erreichen, das entspricht ca. 1 % der jährlichen Energienachfrage. Damit wurden etwa 0,32 Mio. t CO_2-Emissionen eingespart. In der zweiten Phase des EEC, das von April 2005 bis März 2008 dauerte, sollen die Energieanbieter weitere 130 TWh mit Hilfe von Energieeffizienzmaßnahmen einsparen. Für die zweite Phase wird erwartet, dass sich stromsparende Maßnahmen vermehrt durch wärmeseitige Maßnahmen ersetzen. Die entsprechenden Kosten der Maßnahmen werden auf die Kunden der Versorger umgelegt [Bürger / Wiegmann, 2007].

Es existieren definierte Standardmaßnahmen, die korrespondierende Werte für spezifische Einsparungen enthalten. Die Einsparungen der gesamten Lebensdauer werden zu deren Beginn im zentralen Register vermerkt und können in der entsprechenden Verpflichtungsperiode geltend gemacht werden. Bestimmte Maßnahmen werden mit einem Faktor > 1 multipliziert (Uplift Faktor) und somit ein zusätzlicher Anreiz geschaffen. Beispielsweise handelt es sich dabei um Maßnahmen mit dem vom Gesetzgeber initiierten Ziel einer schnellen Marktdurchdringung von spezifischen Technologien. Die Aufsichts-behörde (OFGEM - Office of Gas and Electricity Markets) entscheidet, ob die von den verpflichteten Akteuren vorgeschlagenen Maßnahmen bewilligt werden und welchen spezifische Einsparung geltend gemacht werden kann. Im Rahmen des EEC1 entfielen ca. 98,7 % der gesamten Einsparungen auf 17 verschiedene Maßnahmen [Lees, 2006]. Dabei handelt es sich um Wärmedämmmaßnahmen (insbesondere Wände und Dächer) mit 56 % und Modernisierung des Heizungssystems mit 9 % der gesamten Energieeinsparungen. Der Einsatz von effizienter Beleuchtung belief sich auf 24 % der gesamten Energieeinsparungen und die Einführung energieeffizienter Haushaltsgeräte sorgt für 11 % der Einsparungen. Die Umsetzung der Maßnahmen kann auf unterschiedliche Weise erfolgen. Hausbesitzer können beispielsweise Energieeffizienzmaßnahmen bei ihrem Energieversorger geltend machen, oder Einzelhändler gewähren den Kunden eine Teilkostenerstattung, die sie bei den Energieversorgern geltend machen. Auch Wohnbaugesellschaften führen in Kooperation mit dem Energieversorger energetische Modernisierungen durch.

Das EEC unterscheidet sich von den anderen europäischen Systemen dadurch, dass es keinen Zertifikathandel im eigentlichen Sinne gibt. Allerdings ist ein bilateraler Handel mit Zustimmung der OFGEM zwischen verpflichteten Parteien möglich. Bisher wurde diese

---

[13] Die eingesparte Energie wird mit brennstoffspezifischen Faktoren multipliziert (0,557 für Kohle; 0,801 für Strom; 0,353 für Gas; 0,398 für Flüssigpetroleum und 0,464 für Öl).

Möglichkeit kaum genutzt, da die verpflichteten Akteure in der nächsten Periode eine Verschärfung der Einsparziele vermuten und somit ihre „überzähligen" Zertifikate in die nächste Verpflichtungsperiode übertragen. Dies ist unbegrenzt möglich, sobald die Ziele für die laufende Periode erfüllt sind [Lees, 2006].

In der Verpflichtungsperiode EEC1 haben bis auf zwei alle verpflichteten Akteure ihre Einsparziele erreicht. Insgesamt wurden Einsparungen von 61,2 TWh realisiert. Bereinigt man dieses Einsparergebnis um den Uplift-Faktor erhält man die tatsächlichen Einsparungen von 56,7 TWh. Integriert man zusätzlich die Einsparungen, die die verpflichteten Akteure in die Verpflichtungsperiode EEC2 übertragen haben, erhält man deutlich höhere Einsparungen [OFGEM, 2005].

3.4.2 Das Energieeinsparsystem in Italien

Italien hat eine erste Verpflichtungsperiode von 2005 bis 2009 eingeführt, in der Energieeinsparungen bezogen auf sämtliche Endenergienutzungen in Höhe von 2,9 Mtoe/a[14] Primärenergie gegenüber einem Referenzszenario von den verpflichteten Akteuren zu erfüllen sind. Die Einsparverpflichtungen gelten für alle Gas- und Stromnetzbetreiber, die am 31.12.2001 mehr als 100.000 Endkunden belieferten [Bertoldi / Rezessi 2006]. Die Einsparverpflichtungen werden proportional zur verkauften Menge Gas und Strom auf die verpflichteten Akteure verteilt, wobei energieträgerspezifische Minderungsvorgaben für die beiden Energieträger zu erfüllen sind. 50 % der Einsparungen sind über direkte Einsparungen der genannten Energieträger zu realisieren, und die anderen 50 % können unter der Voraussetzung einer Primärenergieeinsparung durch die Substitution von Energieträgern (z. B. erneuerbare Energien) erreicht werden. In der ersten Periode werden Maßnahmen aus allen Endenergiebereichen und Projekte aus dem Zeitraum von 2001 bis 2004, so genannte frühzeitige Maßnahmen, die die italienische Regulierungsbehörde Autorità per l'Energia Elettrica e il Gas (AEEG) akkreditiert hat, anerkannt [Pavan, 2004]. Weiterhin gibt es eine Reihe Standardmaßnahmen, die von der Regulierungsbehörde akzeptiert und während der Periode nicht verändert werden. Pro Zertifizierungsprojekt ist eine Mindesteinsparung von 25 toe/a zu erreichen, damit der Aufwand für Validierung und Zertifizierung der Einsparungen nicht zu groß wird.

Die Ermittlung der eingesparten Energie kann durch drei verschiedene Validierungsmethoden erfolgen. Erstens können generische maßnahmenbezogene Werte (also keine direkten Messungen) herangezogen werden (Default Approach), zweitens können projektbezogene Algorithmen entwickelt werden und somit auf spezifische Nutzungsdaten zurückgegriffen werden (Engineering Approach) und drittens kann ein maßnahmenbezogener Monitoringplan verfolgt werden, der zuvor von der italienischen Regulierungsbehörde genehmigt wurde [Bürger / Wiegmann, 2007].

Der Zertifikathandel kann sowohl über eine Börse als auch bilateral erfolgen [Bertoldi / Rezessi 2006]. Am Handel können sowohl die verpflichteten Akteure als auch Dritte teilnehmen. Zur Flexibilisierung der Verpflichtung ist außerdem eine begrenzte Übertragung von Zertifikaten in weitere Verpflichtungsperioden möglich. Bei Nichterfüllung

---

[14] Um einen direkten Vergleich mit den Einsparzielen anderer Systeme durchführen zu können, kann durch Umrechnung 36 TWh angegeben werden.

der Verpflichtung können Sanktionen auferlegt werden, die die Höhe der Investitionen von Standardmaßnahmen zur Erfüllung der Energieeinsparung überschreiten. Detaillierte Regelungen bezüglich der Sanktionen werden künftig erst noch festgelegt. Die Mittel, die aus den Sanktionen resultieren, werden zur Finanzierung von Informations- und Trainingsprogrammen zur Förderung von Energieeffizienz auf der Nachfrageseite verwendet [Capozza et al., 2006].

3.4.3 Das Energieeinsparsystem in Frankreich

In Frankreich wurde das System Weißer Zertifikate im Juli 2006 eingeführt. Das System soll in drei aufeinanderfolgende Verpflichtungsperioden aufgeteilt werden. In der ersten Verpflichtungsperiode von 2006 bis 2009 sind Einsparungen in Höhe von 54 TWh[15] zu erzielen. Die Aufteilung erfolgt gemäß der Marktanteile im tertiären Sektor und im Haushaltssektor und wird jährlich angepasst. Dabei sollen in der ersten Verpflichtungsperiode energieträgerspezifische Minderungsvorgaben von 31 TWh Elektrizität, 14 TWh Erdgas, 6,8 TWh Heizöl, 1,5 TWh Flüssiggas sowie 0,7 TWh Wärme und Kälte erfüllt werden [Arrêté, 2006b]. Verpflichtete Akteure sind alle Energieanbieter in den Bereichen Strom, Gas, Heizöl und Wärme- und Kälteeinrichtungen. Bezüglich der Energieträger sind alle juristischen Personen verpflichtet, Weiße Zertifikate nachzuweisen, deren Energielieferung 400 GWh/a Elektrizität, 400 GWh/a Erdgas, 100 GWh/a Flüssiggas oder 400 GWh/a Kälte und Wärme überschreitet. Energieanbieter von Heizöl sind unabhängig von einer Mindestmenge zum Nachweis Weißer Zertifikate verpflichtet. Alle anderen juristischen Personen (z. B. Kommunen, Wohnungsgesellschaften oder kleinere Energieanbieter) haben ebenfalls die Möglichkeit, Energieeffizienzmaßnahmen zu realisieren und können auf diese Weise ebenfalls Weiße Zertifikate erhalten. Dabei ist bei einem Zertifizierungsprojekt eine Mindesteinsparmenge von 1 GWh cumac[16] zu erreichen [Arrêté, 2006a], damit der Aufwand für die Validierung und Zertifizierung sich in Grenzen hält. Dabei ist es auch möglich, dass sich verschiedene Akteure zusammenschließen und die erworbenen Zertifikate unter sich aufteilen. Der Antragsteller kann einer der zusammengeschlossenen Akteure oder ein Dritter sein [AMORCE, 2007]. Die umgesetzten Maßnahmen müssen einen Zusätzlichkeitsaspekt, d. h. über die in den gesetzlichen Regelungen festgehaltenen Werte hinausgehende Einsparungen, aufweisen. Die Energieeinsparungen beziehen sich auf die Endenergie und werden in kumulierten und abgezinsten kWh (kWh cumac) angegeben. Es wurden standardisierte Maßnahmen in den Bereichen Wohngebäude sowie tertiäre und industrielle Gebäude, Netzwerke (Wärme-Kälte, Beleuchtung) und Transport festgelegt und veröffentlicht [Arrêté, 2006c] und [Arrêté, 2006d]. Diese standardisierten Maßnahmen erleichtern die Energieeinsparberechnungen und deren Überprüfung durch die betroffen öffentlichen Behörden.

Die Weißen Zertifikate werden von der DRIRE (Direction Régionale de l'Industrie, de la Recherche et de l'Environnement)[17] evaluiert und ausgestellt. Dabei ist sie sowohl für die standardisierten als auch für die individuell beantragten Maßnahmen zuständig. Sie wird dabei von der ADEME (Agence de l'Environnement et de la Maîtrise de l'Energie) und der

---

[15] Dies entspricht etwa 1% der jährlichen Endenergienachfrage.
[16] Cumac bedeutet, dass die Einsparungen über die Lebensdauer kumuliert und diskontiert sind (cumulé et actualisé).
[17] Die DRIRE ist eine Regionaldirektion, die dem Wirtschaftsministerium sowie dem Umweltministerium unterstellt ist.

DIDEME (DIrection de la DEmande et des Marchés Energétiques) unterstützt. Die ausgestellten Zertifikate werden der Locasystem International (registre national des certificats d'économies d'énergies), die das Register der Weißen Zertifikate verwaltet, übertragen. Diese ist dann für die jeweiligen Transaktionen der Zertifikate zuständig.

Abbildung 3-3 zeigt die Preisentwicklung der Zertifikate und die registrierte Menge an Zertifikaten.

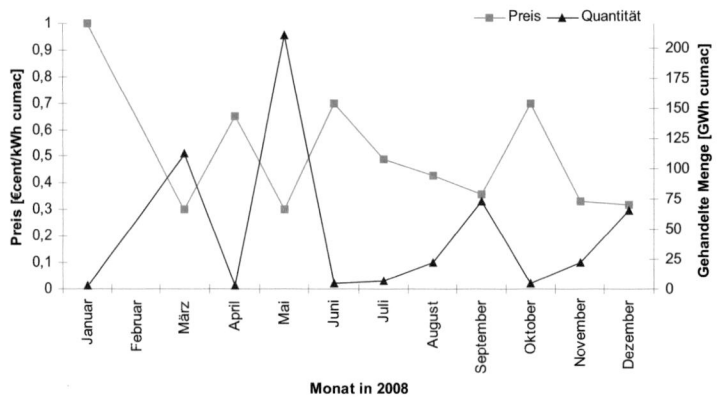

Quelle: In Anlehnung an [Locasystem, 2008]

Abbildung 3-3: Preis und Mengenentwicklung im Zertifikathandel in Frankreich

Die in Abbildung 3-3 angegebenen Preise resultieren aus bilateralen Transaktion und stellen den Mittelwert der in der betrachteten Periode gehandelten Menge dar. Daraus wird deutlich, dass sich der Preis für Weiße Zertifikate im französischen System bisher zwischen ca. 0,3 und 1 €cent/kWh cumac bewegt hat.

Durch das System der Weißen Zertifikate in Frankreich wurden Energieeinsparmaßnahmen in Höhe von 28,6 TWh cumac zertifiziert, also 53 % des in der ersten Periode zu erreichenden Ziels. 28,2 TWh wurden durch Standardmaßnahmen und lediglich 403 GWh wurden durch spezielle Maßnahmen erwirtschaftet. Die überwiegende Anzahl an Maßnahmen konzentriert sich auf den Wohngebäudebereich (91,1 %), gefolgt vom Nichtwohngebäudebereich (3 %), dem Industriesektor (4,4 %), dem Verteilernetz (0,8 %) und dem Verkehrssektor (0,8 %) [MEDAD, 2008]. Mehr als 75 % der durchgeführten Maßnahmen betreffen die Beheizungssysteme (Einsatz von Niedertemperatur bzw. – Brennwerttechnik, Wärmepumpen, solare Wassererwärmung, etc.) in Gebäuden. Der zweitgrößte Bereich mit ca. 18 % wird durch Dämmmaßnahmen an Gebäuden angegeben. Lediglich 5 % der Maßnahmen wurden in anderen Bereichen, wie z. B. Beleuchtung, durchgeführt [ADEME, 2008].

3.5 Weiße Zertifikate in der Gebäudemodernisierung

Da im Rahmen der Weißen Zertifikate die nachfrageseitige Energieeffizienz im Mittelpunkt steht, stellt der Gebäudebestand mit seinem hohen Einsparpotenzial einen prädestinierten Einsatzbereich für eine Zertifikatlösung dar. Daher ergibt sich die Möglichkeit, dass Maßnahmen der energetischen Gebäudesanierung bezüglich Art und Bereich vorab festgelegt werden. Im Rahmen der Definition standardisierter Maßnahmen können beispielsweise politisch gewünschte Aktivitäten forciert werden, indem konkrete Maßnahmen wie Einbau einer Wärmepumpe, Ersatz eines Heizöl- oder Gasheizkessels durch einen Pelletkessel, Wärmedämmung verschiedener Außenbauteile usw. integriert und ggf. mit einem höher angesetzten Energiegegenwert versehen werden. Dies erlaubt zusätzlich einen stärkeren Einsatz erneuerbarer Energien im Gebäudebestand, wenn Maßnahmen, die lediglich eine Substitution fossiler Energieträger untereinander darstellen, mit einen geringeren Energiegegenwert versehen sind. Eine Beschränkung auf bestimmte Gebäude-typen oder Maßnahmen würde hingegen dazu führen, dass die Maßnahmen ggf. nicht mehr zu geringsten Kosten umzusetzen sind [RWI, 2006]. Daher ist eine ausreichend große Bandbreite an zulässigen und standardisierten Maßnahmen zu integrieren.

In der Regel ist es auch möglich, das Instrument der Weißen Zertifikate im Neubau anzuwenden. Hierbei ergeben sich allerdings Probleme, da für den Neubau sehr effiziente Energiekonzepte existieren (z. B. Niedrigenergie- und Passivhaus) und diese ebenfalls gesetzlich als anzuwendender Standard gefordert sind. Daher ergeben sich beim Neubau verglichen mit einem Referenzszenario, das diesen effizienten Energiekonzepten entspricht, kaum zusätzliche Energieeinsparungen. Des Weiteren werden Energieeffizienzmaßnahmen im Neubau durch den gesetzlichen Rahmen und bestehende Lenkungsinstrumente bereits überwiegend abgedeckt und umgesetzt.

4 Entwicklung einer Methodik zur Investitionsplanung in der energetischen Gebäudesanierung

Für die energetische Gebäudesanierung sind die Kenntnis der Einzelaspekte verschiedener Lebenszyklusphasen eines Gebäudes (Errichtung, Betrieb und Nutzung sowie des Rückbaus) sowie der anfallenden Investitionen und laufenden Ausgaben notwendig. In diesem Rahmen spielen die verschiedenen Definitionen des Lebenszyklus und der Lebensdauer sowie die Alterung von Bau- und Anlagenteilen eine wesentliche Rolle. Die Gewährleistung der Funktionalität verschiedener Elemente über einen langen Nutzungszeitraum, wie er bei Gebäuden vorliegt, bedingt die Notwendigkeit der Durchführung von lebensdauerverlängernden Maßnahmen, wie beispielsweise der Instandhaltung, Instandsetzung und Modernisierung. Daher werden in Abschnitt 4.1 zunächst der Lebenszyklus von Gebäuden sowie verschiedene Definitionen der Lebensdauer und Möglichkeiten zur Durchführung lebensdauerverlängernder Maßnahmen erläutert. In Abschnitt 4.2 werden ausgewählte technische Maßnahmen zur energetischen Sanierung sowie deren Begründung für mögliche Kombinierbarkeit aufgezeigt, die im Rahmen der Modellanwendung (Abschnitt 6.4) aufgegriffen werden. In Abschnitt 4.3 werden Charakteristika der Investitionsplanung aufgezeigt und Verfahren der Investitionsrechnung hinsichtlich ihrer Eignung für die Bewertung der energetischen Gebäudesanierung bewertet.

4.1 Lebenszyklusbetrachtung von Gebäuden

Als Lebenszyklus eines Gebäudes wird die zeitliche Abfolge von Prozessen von der Entstehung über verschiedene Nutzungen bis zum Rückbau bezeichnet [Rottke / Wernecke, 2008]. Die an dem zeitlichen Verlauf orientierten Abschnitte des Lebenszyklus werden im Allgemeinen als Phasen des Immobilien-Lebenszyklus bezeichnet. Der Lebenszyklus eines Gebäudes ist prinzipiell mit anderen „Lebenszyklusmodellen" aus den Wirtschaftswissenschaften[18], wie beispielsweise dem Produktlebenszyklus, vergleichbar. Er unterscheidet sich jedoch durch verschiedene Besonderheiten erheblich. Beispielhaft kann die sehr lange Nutzungsdauer genannt werden, die 50 Jahre und mehr betragen kann [Lochmann, 2000]. Weitere besondere Merkmale sind die Immobilität eines Gebäudes und die Erfordernis eines hohen Kapitaleinsatzes sowie in der Regel ebenfalls eine langfristige Kapitalbindung.

4.1.1 Lebenszyklusmodell

In den bislang vorliegenden wissenschaftlichen Untersuchungen gibt es keine vollständige Übereinstimmung über die Gliederung und Strukturierung des Lebenszyklus in Lebensphasen und deren zeitliche Abgrenzung. Vielmehr sind Unterschiede in Form und Detaillierungstiefe festzustellen (vgl. Abbildung 4-1).

---

[18] Vgl. beispielsweise [Homann, 1998], [Lochmann, 2000] und [Troßmann, 1998]

Allgemeine Lebenszyklusphasen

Entstehungsphase			Nutzungsphase			Verwertungsphase		
Projekt-konzeption	Planung	Realisierung	Nutzungs-phase	Instand-haltung	Moderni-sierung	Verkauf	Vermie-tung	Rückbau

Detaillierte Lebenszyklusphasen

Entwicklungs-phase		Realisierungs-phase		Nutzungsphase			Verwertungsphase		
Projekt-initi-ierung	Projekt-konzep-tion	Projekt-manage-ment	Projekt-ver-marktung	Nutzungs-phase	Instand-haltung	Moderni-sierung	Moderni-sierung	Rückbau	Neue Projekt-entwick-lung

Lebenszyklusphasen aus Sicht der Projektentwicklung

Projekt-entwicklung i.e.S.		Bauphase		Nutzungsphase		Repositionierung		
Projekt-idee	Planung	Realisierung		Nutzungsphase	Instandhaltung	Moderni-sierung	Um-widmung	Rückbau

Lebenszyklusphasen aus Sicht des Facility Management

Bedarfermittlung/ Beschaffung	Entwurfs- und Genehmigungs-planung	Realisierung / Herstellung	Inbetrieb-nahme	Nutzung	Verwertung
Projektidee / Nutzungs-konzepte	Planung / Immobilienkosten-reduzierung	Bauerstellung / Projekt-steuerung	Gebäude-übernahme / Umzugs-management	infrastruk., techn. und kaufm. Gebäude-management	Modernisierung bzw. Rückbau

Quelle: in Anlehnung an [Mehlis, 2005] und [Bruhnke / Kübler, 2002]

Abbildung 4-1: Darstellung verschiedener Betrachtungen des Lebenszyklus von Gebäuden

Zusammenfassend kann der Lebenszyklus eines Gebäudes in die Entstehungs-, Nutzungs- und Verwertungsphase unterteilt werden. Die Entstehungsphase bildet die Basis für die weiteren Phasen des Lebenszyklus. Hier können Gestaltung und Kosten der Immobilie gesteuert werden, was in den nachfolgenden Phasen nur noch in einem geringeren Maß möglich ist. In dieser Phase wird aufgrund von Wirtschaftlichkeitsbetrachtungen eine Entscheidung für die Realisierung gefällt. Häufig wird dabei sehr einseitig zu Gunsten der Anfangsinvestitionen beurteilt [Bruhnke / Kübler, 2002]. Dies führt häufig dazu, dass die weitaus höheren Baunutzungskosten[19] nicht in die Entscheidungsfindung eingehen (vgl. Abbildung 4-2). Die Realisierung, deren Ende den Übergang zur Nutzungsphase darstellt, beinhaltet die bauliche Umsetzung und vereinigt die Teilprozesse der Planung und Ausführung zu einem Gesamtprozess [Homann, 1998].

Die Nutzungsphase stellt die längste und energieintensivste Phase im Lebenszyklus eines Gebäudes dar, in welcher der Betrieb eines Gebäudes aufrechtzuerhalten ist. Hierzu gehört

---

[19] Baunutzungskosten setzen sich aus Betrieb und Instandhaltung zusammen.

die Versorgung des Gebäudes mit Wasser, Elektrizität, Kälte und Wärme sowie weitere Dienstleistungen, wodurch der Betrieb des Gebäudes und das Wohlbefinden der Nutzer sichergestellt werden. Außerdem sind Baukonstruktionen und die technische Gebäudeausrüstung durch Instandhaltungsmaßnahmen funktionsfähig zu halten und mit Erreichen ihrer technischen Lebensdauer auszutauschen. Instandhaltungsmaßnahmen sind „Maßnahmen (...) zur Erhaltung des funktionsfähigen Zustands oder der Rückführung in diesen, so dass sie die geforderte Funktion erfüllen" [DIN V 31051, 2003]. Sie lassen sich nach DIN V 31051 in folgende Teilbereiche unterteilen:

- Maßnahmen zur Verzögerung des Abbaus des vorhandenen Abnutzungsvorrats (Wartung)
- Maßnahmen zur Feststellung und Beurteilung des Ist-Zustands einer Betrachtungseinheit (Inspektion)
- Maßnahmen zur Erstellung der geforderten Abnutzungsvorräte einer Betrachtungseinheit ohne technische Verbesserung (Instandsetzung)
- Kombination aller Maßnahmen zur Steigerung der Funktionssicherheit einer Betrachtungseinheit, ohne die von ihr geforderte Funktion zu ändern (Verbesserung)

Während der Nutzungsphase können neben Umbau-, Umnutzung-, und Revitalisierungsmaßnahmen auch Sanierungs- oder Modernisierungsmaßnahmen[20] anfallen, die sich aus technischen Erfordernissen oder aus wandelnden Anforderungen ergeben [DIN V 32736, 2000]. Die genannten Maßnahmen resultieren aus gesetzlichen oder nutzerspezifischen Änderungswünschen. Unter einer Sanierung werden Leistungen zur Wiederherstellung des Sollzustandes von baulichen und technischen Anlagen verstanden, die nicht mehr den technischen, ökologischen und / oder gesetzlichen Anforderungen entsprechen. Modernisierungsmaßnahmen sind Leistungen, die zu einer Verbesserung des Ist-Zustands baulicher und technischer Anlagen beitragen und somit das Ziel verfolgen, diese an den Stand der Technik und darüber hinaus anzupassen sowie deren Wirtschaftlichkeit zu erhöhen [DIN V 32736, 2000].

Die Nutzungsphase einer Immobilie nimmt im gesamten Lebenszyklus den längsten Zeitraum ein. Die eigentliche Entwicklung und Erstellung eines Gebäudes beansprucht ca. 0,5 bis 10 Jahre, die Nutzung des Gebäudes hingegen in der Regel mehrere Jahrzehnte. Mit der Fertigstellung eines Gebäudes (d. h. Übergang in die Nutzungsphase) wurden erst ca. 20 - 25 % der gesamten Lebenszykluskosten einer Immobilie getätigt [Bruhnke / Kübler, 2002]. In dieser Phase können die Kosten im stärksten Maße beeinflusst werden. Mit Baubeginn ist diese Einflussnahme bereits stark reduziert und erreicht in der Nutzungsphase den geringsten Stand der Einflussnahme. Ab diesem Zeitpunkt können die Kosten nur durch weitere Investitionen (z. B. Sanierung, Modernisierung und Umbau) erheblich beeinflusst werden (vgl. Abbildung 4-2).

---

[20] Im folgenden soll aufgrund der Relevanz für diese Arbeit nur auf die Sanierungs- oder Modernisierungsmaßnahmen eingegangen werden.

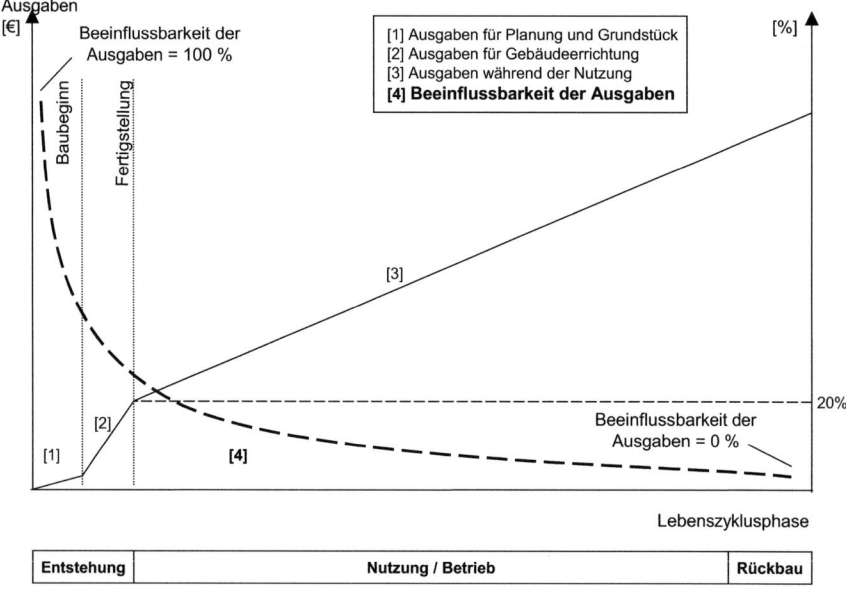

Quelle: in Anlehnung an [Mehlis, 2005], [Bruhnke / Kübler, 2002] und [Pfeiffer, 2008][21]

Abbildung 4-2: Anfall und Beeinflussbarkeit der Kosten während des Lebenszyklus eines Gebäudes

Gebäude bzw. technische und bauliche Anlagen werden am Ende der Lebensdauer rückgebaut, wenn eine bauliche Veränderung die aktuell bestehenden Bedürfnisse nicht mehr mit vertretbarem Aufwand decken kann. Dieser kann mittels verschiedener Varianten, als konventioneller Abbruch, teilselektiver oder selektiver Rückbau durchgeführt werden. Beim konventionellen Abbruch wird die Bausubstanz, ohne zwingende Anforderungen an die Getrennthaltung und Sortenreinheit der anfallenden Baurestmassen (z. B. Entkernung und Entrümpelung des Gebäudes) abgerissen und in transportierbare Bestandteile zerlegt. Der teilselektive Rückbau umfasst eine teilweise Entkernung und Entrümpelung des Gebäudes, um den Anfall von Schad- und Störstoffen zu reduzieren [Rentz et al., 1997]. Der selektive oder kontrollierte Rückbau ermöglicht eine geordnete Trennung von Bau-, Konstruktions- und Ausrüstungsteilen durch geeignete Demontagemaßnahmen[22] und somit auch eine sorten- bzw. materialspezifische Erfassung und Getrennthaltung der rückgebauten Teile, so dass diese einer gezielten Verwendung, Verwertung oder Beseitigung zugeführt werden können [Schultmann, 1998].

In dieser Arbeit liegt das Augenmerk auf der Nutzungsphase einer Immobilie, da sie die ausgedehnteste und energieintensivste Phase im Lebenszyklus eines Gebäudes darstellt und häufig bei der Planung unterschätzt wird. In dieser Phase ist es durch Sanierungs- und

---

[21] Bei dieser Abbildung handelt es sich um eine schematische Darstellung der Kostenverläufe. Daher sind sowohl die Stetigkeit als auch die Linearität nicht als notwendige Voraussetzung anzunehmen und ebenfalls nicht zwingend gegeben.

[22] Vgl. hierzu [Spengler, 1994] und [Rentz et al., 1994b]

Modernisierungsmaßnahmen möglich, die betriebs- und verbrauchsbedingten Ausgaben mit Hilfe von zusätzlichen Investitionen zu reduzieren.

4.1.2 Lebensdauer und deren Verlängerung durch Instandhaltung

Für die Beschreibung des Lebenszyklus eines Gebäudes sind Informationen zu der Gesamtlebensdauer und der Lebensdauer einzelner Bau- und Anlagenteile unabdingbar. Darüber hinaus sind Angaben zur Lebenserwartung und Alterung der Bau- und Anlagenteile von Nöten, um das zeitliche Auftreten baulicher Maßnahmen im Bestand (z. B. Instandsetzung) bestimmen und die Auswahl geeigneter bzw. innovativer Ersatzbau- und Anlagenteile rechtzeitig treffen zu können. Es wird zwischen der technischen und der wirtschaftlichen Lebensdauer eines Gebäudes bzw. von Gebäudeteilen unterschieden. Die tatsächliche Lebensdauer eines Gebäudes stellt dem gegenüber den Zeitraum von der Entstehung bis zur Kernsanierung oder dem Rückbau dar [Rottke / Wernecke, 2008].

Die Lebensdauer eines Gebäudes ist von verschiedenen Einflüssen abhängig, woraus auch verschiedene Lebensdauerbegriffe resultieren. Die technische Lebensdauer kennzeichnet die Dauer, in der das Gebäude, das Bauteil oder die Anlage seine Funktion erfüllt. Sie hängt von den physischen Eigenschaften der Baustoffe, dem Verhalten der Nutzer, der Umwelteinflüsse sowie der Art und des Umfangs der Instandhaltung ab [Schub / Stark, 1985]. Die technische Nutzungsdauer einer Immobilie kann durch verschiedene Instand-haltungsmaßnahmen beziehungsweise durch die Erneuerung von Bauteilen und Anlagen verlängert werden. Das Ende der technischen Lebensdauer ist erreicht, wenn die Funktion auch durch Reparaturen und Sanierungen nicht mehr erreicht werden kann. Dieser Zeitpunkt kann in Abhängigkeit von Instandhaltung und Qualität der Bausubstanz über 100 Jahre betragen [Rottke / Wernecke, 2008]. Diese sehr unterschiedlichen Lebensdauern der Materialien, Bau- und Anlagenteile führen zu konstruktiven Abhängigkeiten, die bei der Analyse des Lebenszyklus zu berücksichtigen sind. Diese Abhängigkeiten sollen an dieser Stelle nicht näher spezifiziert werden.[23] Angaben zu durchschnittlichen bzw. minimalen und maximalen Lebensdauern von Bau- und Anlagenteilen in Gebäuden sind in Richtlinien, Arbeitshilfen und verschiedenen Forschungsprojekten enthalten.[24]

Die wirtschaftliche Lebensdauer, die auch als wirtschaftliche Nutzungsdauer bezeichnet wird, ist unabhängig von der technischen Lebensdauer. Sie ist i.d.R. kürzer als die technische Lebensdauer und um so größer, je anpassbarer das Gebäude und seine Anlagentechnik an geänderte Ansprüche sind. Sie unterliegt gesetzlichen, wirtschaftlichen und gesell-schaftlichen Einflüssen und wird im Wesentlichen von der Qualität des Gebäudes (z. B. flexible Grundrissgestaltung bei Nutzungsänderung), der Art der Nutzung (z. B. Einfamilienhaus, Einkaufsmarkt), dem baulichen Zustand und technischen Standards, der Lage des Grundstücks und der Infrastruktur sowie den nutzerspezifischen Ansprüchen an die Qualität und das optische Erscheinungsbild beeinflusst [Schub / Stark, 1985]. Die wirtschaftliche Lebensdauer kann von der technischen aufgrund wandelnder und differenzierteren Nutzeranforderungen deutlich abweichen. Ein Beispiel hierfür ist bei Wohnimmobilien der Trend zu kleineren Wohneinheiten aufgrund des soziodemo-

---

[23] Vgl. hierzu beispielweise [Herzog, 2005]
[24] Vgl. hierzu beispielweise [Christen / Meyer-Meierling, 1999], [VDI 2067, 2000], [IP BAU, 1994] und [BMVBW, 2001]

graphischen Wandels, wodurch der Bedarf an auf Großfamilien zugeschnittenen Wohnobjekten sinkt [Rottke / Wernecke, 2008]. Die wirtschaftliche Lebensdauer endet mit einer alternativen Nutzung des Gebäudes bzw. des Grundstücks, die unter Berücksichtigung aller Kosten eine höhere Rentabilität erwirtschaftet. Die tatsächliche Nutzungsdauer kann die wirtschaftliche Lebensdauer über- oder unterschreiten, da die Akteure aus verschiedenen Gründen nicht zwangsläufig ökonomisch handeln. Ein Beispiel hierfür ist der Erhalt eines Kulturdenkmals.

Während mit dem Erreichen der technischen Lebensdauer die Funktionsfähigkeit des Gebäudes, der Gebäudeteile und/oder der Anlagentechnik nicht mehr gewährleistet ist, genügt am Ende der wirtschaftlichen Lebensdauer die Qualität nicht mehr den nutzerspezifischen Ansprüchen bzw. dem Stand der Technik. In beiden Fällen führt dies in der Regel zu einem Austausch oder Rückbau von Bau- bzw. Anlagenteilen oder des gesamten Gebäudes.

Das Gebäude bzw. die Bau- und Anlagenteile unterliegen einem natürlichen sowie kontinuierlichen Alterungsprozess, der je nach Nutzung, Beanspruchungsintensität und Umwelteinflüssen zeitlich unterschiedlich voranschreitet. Dieser Alterungsprozess lässt sich in so genannten Alterungskurven abbilden, die die technische Lebensdauer als funktionale Systemgrenze beschreiben. Prinzipiell ist der Verlauf für alle Bauteile ähnlich und unterscheidet sich nur in der Steigung. In [IP BAU, 1994] sind die Alterungskurven in Abhängigkeit unterschiedlicher Beanspruchungsintensitäten (Mindest- (L_{min}) und Maximal-lebensdauerkurve (L_{max})) für verschiedene Bauteile dargestellt (vgl. Abbildung 4-3). Die Maximallebensdauerkurve kann für Bau- und Anlagenteile angesetzt werden, die eine besonders hohe Qualität aufweisen und/oder keinen extremen Umwelteinflüssen und einem angebrachten Nutzerverhalten unterliegen.

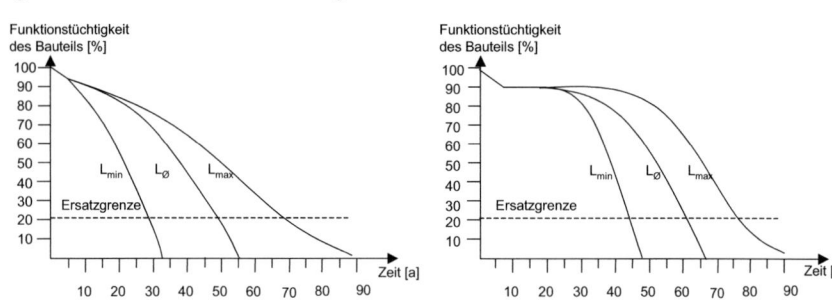

Quelle: in Anlehnung an [IP BAU, 1994]

Abbildung 4-3: Unterschiedliche Alterungsverläufe der Bauteile Fenster (links) und geneigte Dächer (rechts)

Kennt man das Alter und den Zustand des Gebäudes bzw. der Bau- und Anlagenteile, so ist man in der Lage, den künftigen Alterungsverlauf zu antizipieren und auf diese Weise nutzwerterhaltende bzw. wertsteigernde Maßnahmen am Gebäude zu initiieren (vgl. Abbildung 4-4). Dabei ist jedoch anzumerken, dass es sich hierbei um vereinfachte

Abbildungen handelt und diese Kurven in der Realität nicht auf alle Bauteile gleichermaßen zu übertragen sind.

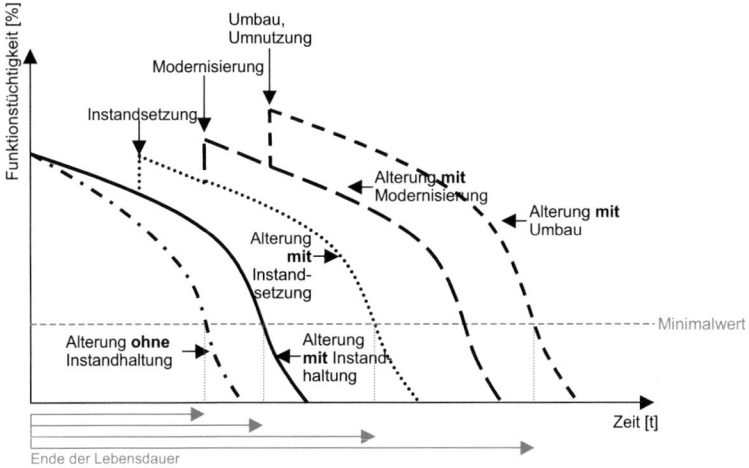

Quelle: in Anlehnung an [Christen / Meyer-Meierling, 1999] und [Kohler et al., 1999]

Abbildung 4-4: Vereinfachte Darstellung der Lebensdauerveränderung durch Instandhaltung, Instandsetzung, Modernisierung und Umbau

Ohne jegliche Maßnahme zur Verlängerung der Lebensdauer sinkt der Nutzwert des Gebäudes bzw. der Bau- und Anlagenteile nach einer langsamen Anfangsalterung rapide. Dieser Alterungsprozess kann durch verschiedene Maßnahmen verlängert werden. Bereits der laufende Unterhalt bzw. die Instandhaltung (z. B. regelmäßige Wartung der Heizungsanlage) kann die Gebrauchstauglichkeit sichern, führt jedoch nicht zu einer Verlängerung der Gesamtlebensdauer. Durch zusätzliche Instandhaltungsmaßnahmen (z. B. Ersatz schadhafter Fenster oder Austausch einer schadhaften Fassadendämmung) wird die Gesamtlebensdauer verlängert und die Alterung verzögert. Durch die Instandhaltungs-maßnahmen wird der Ausgangszustand des Gebäudes bzw. der Bau- und Anlagenteile wieder erreicht. Die Häufigkeit der Maßnahmen hängt im Wesentlichen von der baulichen Qualität und vom zugelassenen Nutzwertverfall ab [Kohler et al., 1999]. Zusätzlich zu den Maßnahmen, mit denen der Ausgangszustand wieder erreicht wird, können Maßnahmen zur Erreichung gestiegener gesellschaftlicher Anforderungen (Modernisierung) und werterhöhende Maßnahmen (Umbau bzw. Umnutzung) umgesetzt werden. Solche Maßnahmen sind beispielsweise Grundrissverbesserung, Erneuerung der Heizungsanlage und zusätzliche Wärmeschutzmaßnahmen [Kohler et al., 1999].

Aus den Zusammenhängen zwischen Alterung der Gebäude bzw. der Bau- und Anlagenteile und nutzwerterhaltenden bzw. wertsteigernden Maßnahmen kombiniert mit Anpassungs-möglichkeiten an steigende energetische Anforderungen werden die Bedeutung und

Dringlichkeit von Investitionen in diesem Bereich deutlich. Daher sollen zunächst ausgewählte technische energetische Modernisierungsmaßnahmen dargestellt werden.

4.2 Ausgewählte technische Maßnahmen im Rahmen der energetischen Gebäudesanierung

Im Hinblick auf eine Realisierung von technischen Energieeinsparmaßnahmen in bestehenden Gebäuden sind die unterschiedlichen Elemente eines Gebäudes getrennt sowie deren gegenseitigen Auswirkungen zu unterscheiden. Zum einen können Einsparungen durch bautechnische Modernisierungsmaßnahmen, die u.a. die Außenwand-, Decken- und Dachkonstruktionen sowie die begrenzenden Bauteile zum Erdreich beinhalten, realisiert werden. Der zweite Bereich, der eine wesentliche Rolle beim Energieverbrauch eines Gebäudes spielt, enthält energietechnische Anlagen. In diesen Bereich fallen unter anderem Heizung, Wohnraumlüftung und die Bereitstellung des Warmwassers. Ausgewählte Maßnahmen an den das Gebäude begrenzenden Konstruktionen und den energie-technischen Anlagen werden daher nachfolgend dargestellt und erläutert.

4.2.1 Bauteilbezogene Maßnahmen

Bei der Beheizung von Gebäuden ist es wichtig, die eingesetzte Energie im Gebäude zu speichern und die Energieverluste über die Außenbauteile zu minimieren. Somit ist der Wärmedämmstandard der Gebäudehülle in erster Linie eine Begrenzung des Energieverbrauchs. Durch die Verwendung geeigneter Materialien und Konstruktionen können die Transmissionswärmeverluste gemindert und Wärmebrücken verhindert werden. Folglich führen Wärmedämmmaßnahmen an der Gebäudehülle und der Austausch der Fenster auch zu einer Energie- und Emissionseinsparung. Die EnEV setzt maximale Wärmedurchgangskoeffizienten für die jeweiligen Bauteile fest (vgl. Abschnitt 2.2.2.4 und 2.1.3).

Wärmedämmstoffe sind Baustoffe, die eine spezifische Wärmeleitfähigkeit λ von kleiner 0,1 W/(m K) besitzen. Ausgehend von den Rohstoffen lassen sie sich in anorganische und organische sowie weiterhin in synthetische und natürliche Dämmstoffe unterteilen (vgl. Abbildung 4-5). In Abhängigkeit des Einbauortes, der vorhandenen Konstruktion, der bauphysikalischen Anforderungen und anderer Rahmenbedingungen kann nur eine eingeschränkte Auswahl von Dämmstoffen eingesetzt werden. Es werden schüttfähige Materialien, die insbesondere bei senkrechten Bauteilen Anwendung finden, sowie Matten und Platten, die mit geeigneten Verbindungen an der Konstruktion befestigt werden, unterschieden [Joos, 2004].

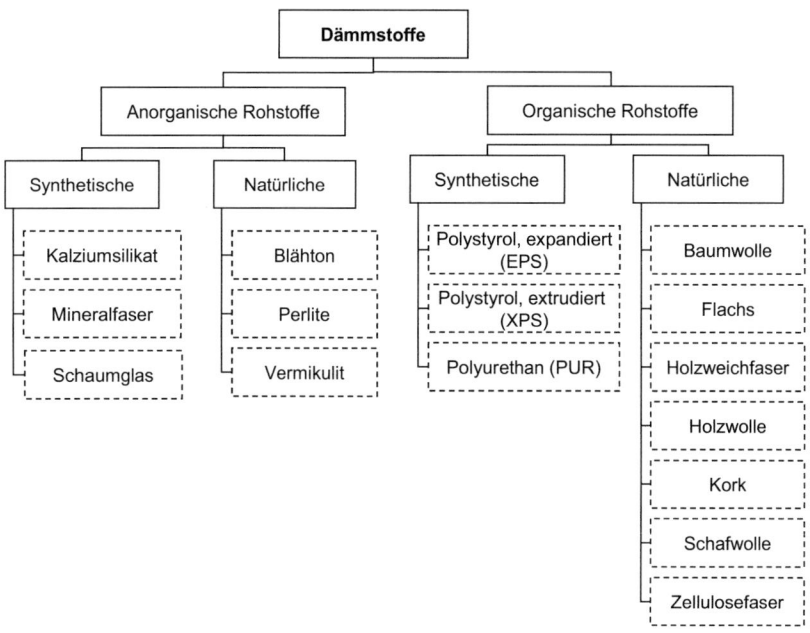

Quelle: in Anlehnung an [RWE, 2004]

Abbildung 4-5: Untergliederung der Wärmedämmstoffe nach Rohstoffen

Außenwände stellen den größten Teil der Gebäudehülle eines Gebäudes dar und lassen sich vergleichsweise leicht energetisch verbessern. Nach der EnEV ist bei Maßnahmen an der Außenwand von mehr als 20 % der Fläche ein maximaler Wärmedurchgangskoeffizient von 0,45 W/(m²K) einzuhalten [EnEV, 2007]. In dieser Arbeit werden insbesondere Wärmedämmverbundsysteme (WDVS) betrachtet. Wärmedämmverbundsysteme stellen die kostengünstigste Lösung einer Außenwanddämmung dar. Sie bestehen aus der Dämm-platte, einer Armierungsschicht, die aus schiebefestem Glasfaser- oder Kunststoffgewebe besteht, und einer Schutzbeschichtung, die als Oberputz ausgeführt wird [Joos, 2004]. Übliche Dämmstoffe für WDVS sind Polystyrol- oder Polyurethan-Hartschaum, Mineralfasern, Mehrschichtplatten und Kork.

Kellerwände bzw. abgrenzende Bauteile gegen das Erdreich können zum einen von außen und zum anderen von innen gedämmt werden. Eine Außendämmung ist insbesondere bei bestehenden Gebäuden sehr aufwendig, da die Bauteile freigelegt werden müssen. Die Dämmung sollte eine Dicke von mindestens 13 cm aufweisen, die bis zur Oberkante der Fundamente reicht [Ranft / Haas-Arndt, 2004]. Da die Dämmung die Bodenfeuchte abhalten und dem Erddruck widerstehen muss, ist eine Perimeterdämmung aus Polystyrol, Polyurethan oder Schaumglasplatten zu verwenden. Die Innendämmung sollte eine Dämmdicke von 8 bis 13 cm umfassen.

Für die Dämmung geneigter **Dächer** stehen die Zwischensparrendämmung, Untersparrendämmung und Aufdachdämmung zur Verfügung [Joos, 2004]. Die Systeme können auch miteinander kombiniert werden. Die winddichte Ausführung und der Einbau einer Dampfsperre, die eine Feuchteinwirkung verhindern soll, sind die wichtigsten Konstruktionskriterien. Die Dämmstoffdicke ist so zu bemessen, dass der maximale Wärmedurchgangskoeffizient von 0,3 W/(m^{2}K) eingehalten wird. Eine Flachdachdämmung kann durch ein Umkehrdach wärmetechnisch verbessert werden. Dabei werden Dämmplatten auf die Dachhaut aufgelegt und anschießend mit Dachpappe abgedeckt. Die EnEV fordert einen maximalen Wärmedurchgangskoeffizienten von 0,25 W/(m^{2}K) [EnEV, 2007].

Der Wärmeschutz eines **Fensters** hängt von den Dämmeigenschaften der Verglasung, des Rahmenmaterials sowie des Randverbunds der Glasscheiben ab und wird durch den Scheibenabstand und eine Edelgasfüllung im Scheibenzwischenraum beeinflusst. Bei der Wahl des Fensterrahmens unterscheidet man zwischen Holz-, Kunststoff- und Metallrahmen oder einer Kombination dieser Materialien [Ranft / Haas-Arndt, 2004]. Aufgrund besserer Wärmedämmung werden überwiegend Mehrscheiben-Isoliergläser eingesetzt. Die EnEV setzt einen maximalen U-Wert von 1,7 W/(m^{2}K) fest [EnEV, 2007]. Bei Passivhäusern liegt dieser Grenzwert bei $U_w = 0,8$ W/(m^{2}K).

4.2.2 Anlagentechnikbezogene Maßnahmen

Im Rahmen der anlagentechnikbezogenen Maßnahmen wird im Wesentlichen auf die Wärmeerzeugung und Warmwasserbereitung sowie auf die Wohnraumlüftung eingegangen, da diese Bereiche bei der Sanierung von Wohngebäuden eine wichtige Rolle spielen.

Wärmeerzeugungs- und Warmwasserbereitungsgeräte

Maßnahmen an der Anlagentechnik, z. B. Austausch des Wärmeerzeugers, führen zur Senkung des Energiebedarfs und somit auch zu Emissionsminderungen, wobei Kombinationen mit energetischen Sanierungsmaßnahmen an der Gebäudehülle zu beachten sind (vgl. Abschnitt 4.2.3). Bei Heizungsanlagen ist es teilweise sinnvoll, einen Austausch vor Ablauf der vorgesehenen technischen Nutzungsdauer, die zwischen 15 und 20 Jahren liegt [VDI 2067, 2000], vorzunehmen und somit höhere Wirkungsgrade und niedrigere Verluste zu erreichen. Während in der Vergangenheit Heizungsanlagen häufig überdimensioniert wurden und somit im Teillastbetrieb und bei mangelnder Auslastung nur ein geringer Nutzungsgrad erreicht werden konnte, sind neue Wärmeerzeuger im Stande, ihre Leistung dem Bedarf anzupassen. Zusätzlich stellt sich die Frage nach dem geeigneten Energieträger, der nicht nur hinsichtlich der Versorgungssicherheit, sondern auch bzgl. der ökologischen Konsequenzen auszuwählen ist. In den betrachteten Altersklassen (vgl. Abschnitt 2.1.2) findet man insbesondere fossil betriebene Heizungsanlagen (Gas, Heizöl, Strom). Mittlerweile haben sich Wärmeerzeuger auf Basis erneuerbarer Energien wie Holzpellets, Solarenergie und geothermische Energie etabliert. Daher sind sowohl fossile als auch erneuerbare Energieträger entweder in monovalenter oder bivalenter Betriebsweise in Betracht zu ziehen.

Wärmeerzeuger auf Basis fossiler Energieträger werden in der Regel mit Heizöl oder Gas betrieben. Bekannte Bauformen, auf die in dieser Arbeit eingegangen wird, sind der

Niedertemperaturkessel und der Brennwertkessel, die im Folgenden kurz erläutert werden. Im Anschluss werden Wärmeerzeuger auf Basis von erneuerbaren Energien (Wärmepumpen, biogen befeuerte Heizungsanlagen und solarthermische Wärmeversorgung) behandelt.

Der **Niedertemperaturkessel** ist eine Weiterentwicklung des Standard-Heizkessels.[25] Die ehemals konstant gehaltene Kesselwassertemperatur wird beim Niedertemperaturkessel gleitend in Abhängigkeit von der Außentemperatur eingestellt, d. h. die Kesseltemperatur wird bei der Niedertemperaturtechnik bei steigenden Außentemperaturen abgesenkt. Die gleitende Kesseltemperatur liegt bei einem Niedertemperaturkessel zwischen 40° und 80°C. Der Kessel ist gut wärmegedämmt und kompakt gebaut, wodurch weniger Verluste auftreten. Zusätzlich wird der Wirkungsgrad durch die Nutzung der Abwärme in den heißen Rauchgasen gesteigert. Allerdings ist es technisch nicht möglich, den Rauchgasen die fühlbare Wärme vollständig zu entziehen [Joos, 2004]. Niedertemperaturkessel sind mit großen Wärmeüberträgerflächen sowie zusätzlichen Rippen auf der Heizgasseite ausgestattet. Dadurch werden die Abgasverluste reduziert und die Gefahr einer Unterschreitung der Taupunkttemperatur und somit die Bildung von Kondensat, welches ein Auslöser für Korrosion ist, vermieden. Die ölbefeuerten Kessel verfügen über Öl-Zerstäubungsbrenner oder Öl-Druckluftzerstäubungsbrenner. Mit Gas betriebene Kessel verfügen über atmosphärische Gasbrenner oder Gas-Gebläsebrenner. Obwohl der Niedertemperaturkessel die Restenergie des Abgases durch die vergrößerten Wärmeüberträgerflächen bereits gut ausnutzt, betragen die Abgastemperaturen immer noch bis zu 160°C [Joos, 2004]. Insgesamt weist der Niedertemperaturkessel geringere spezifische CO_2-Emissionen auf. Als technische Lebensdauer kann eine Zeitspanne von 20 Jahren angenommen werden [VDI 2067, 2000].

Im Vergleich zu einem Standardkessel hat der Niedertemperaturkessel über seine gesamte Leistungsbandbreite deutlich höhere Nutzungsgrade[26]. Niedertemperaturkessel erreichen Jahresnutzungsgrade[27] von ηa=92 % (Erdgas) und ηa=90 % (Heizöl) [Schrameck et al., 2005].

Brennwertkessel verbessern die Jahresnutzungsgrade bei Gasfeuerung im Vergleich zum Niedertemperaturkessel um weitere 10 bis 14 %.[28] Bei Ölfeuerungen ist aufgrund des geringeren Wasserstoffgehalts des Brennstoffs eine Verbesserung der Jahresnutzungsgrade um ca. 5 bis 7 % zu erreichen [Schrameck et al., 2005]. Brennwertkessel werden bei niedrigen Vor- und Rücklauftemperaturen (Vorlauftemperatur < 60°C) betrieben. Der Unterschied zu konventionellen Kesseln besteht darin, dass der im Abgas enthaltene Wasserdampf kondensiert (Brennwerttechnik). Dadurch wird die Verdampfungsenthalpie

---

[25] Standard-Heizkessel entsprechen nicht mehr dem Stand der Technik. Ihr Betrieb erfolgt unter Aufrechterhaltung einer konstanten Temperatur im Kessel. Diese Betriebsweise verursacht hohe Abgasverluste, Brennstoffverbräuche und Bereitschaftsverluste.

[26] Der Nutzungsgrad ist das Verhältnis von abgegebener Energie zur zugeführten Energie in einem bestimmten Zeitraum [Schrameck et al., 2005].

[27] Der Jahresnutzungsgrad ist der jahresdurchschnittliche Anlagenwirkungsgrad eines Wärmeerzeugers, der die Stillstands- und Bereitschaftsverluste ebenfalls einbezieht [VDI 2067, 2000]. Sie werden durch die unterschiedlichen kesselspezifischen Größen bestimmt.

[28] Bei Brennwertkesseln ergeben sich Wirkungsgrade über 100% bezogen auf den unteren Heizwert, da zusätzlich der Energieanteil aus der Kondensationswärme von Wasser genutzt wird.

weitgehend genutzt und nicht an die Umwelt abgegeben [Schrameck et al., 2005], zusätzlich zur weiter genutzten fühlbaren Wärme des Abgases. Die Kesseltemperatur liegt zwischen 30° und 80° C, wobei die Abgastemperatur 40° bis 110° C beträgt [Joos, 2004]. Zum Schutz vor Korrosion durch Kondensation werden Kessel aus Edelstahl- oder Aluminiumlegierungen und Abgasrohre aus Edelstahl, Aluminiumlegierungen, Keramik, Glas oder Kunststoff sowie Kondenswasserrohre verwendet. Beim Brennwertkessel werden die gleichen Brennertypen wie beim Niedertemperaturkessel verwendet. Eine begrenzte Überdimensionierung des Brennwertkessels führt nicht mehr zu einem starken Anstieg der Verluste, da im Teillastbetrieb ein höherer Wirkungsgrad als im Volllastbetrieb erzielt wird [Usemann, 2005]. Seine Nutzungsdauer wird laut [VDI 2067, 2000] mit 20 Jahren angegeben. Durch die geringere Belastung des Kessels aufgrund des dominierenden Teillastbetriebs bei gleichzeitig hohem Wirkungsgrad ist mit einer geringeren Abnutzung des Kessels zu rechnen.

Wärmepumpen können auch als Heizungssystem in sanierten Gebäuden mit einem geringen Heizwärmebedarf eingesetzt werden [Muhmann 2007]. Sie werden bisher hauptsächlich im Neubaubereich eingesetzt. Der Anteil der Wärmepumpen im Sanierungsbereich liegt bei derzeit etwa 1 % [Muhmann 2007]. Sie nutzen die Energie, die bei Änderungen der Aggregatzustände freigesetzt wird. Wärmepumpen werden in erster Linie nach ihrer Funktionsweise (Kompressions- und Absorptionswärmepumpe) und in zweiter Linie nach ihren Wärmequellen (Umweltwärme, Geothermie und Wasser sowie Abwärme) unterschieden [Usemann, 2005]. Eine Wärmepumpe transformiert mit Hilfe von Antriebsenergie Wärme einer der genannten Wärmequellen auf ein höheres, nutzbares Wärmeniveau. Dabei wird ein Kältemittel verdichtet, verdampft und anschließend wieder verflüssigt, wodurch die Energie freigesetzt wird. Je nach Typ werden Wärmepumpen mit Strom oder Gas angetrieben. Die Leistungsfähigkeit einer Wärmepumpe kann anhand der Leistungszahl bzw. der Jahresarbeitszahl[29] ermittelt werden. Die Jahresarbeitszahl beträgt bei Luft-Wasser-Wärmepumpen 2,5 bis 3 und bei Sole-Wasser-Wärmepumpen mit Erdkollektoren oder Erdwärmesonden 3,5 bis 5 [Usemann, 2005].

Die Nutzung oberflächennaher Geothermie in Form von Erdreichkollektoren erfordert weitläufige Flächen rund um ein Gebäude (Sole-/Wasser-Wärmepumpen[30]). Der Wärmeentzug und Transport erfolgt über ein Wärmeträgermedium, auch als Sole bezeichnet, welches sich aus Wasser und einem Frostschutzmittel zusammensetzt, um ein Einfrieren zu verhindern. Wärme wird über ein Rohrsystem mit Sole aufgenommen. Zunehmend werden auch Gründungspfähle als Energiesammler genutzt. Dabei befinden sich die Erdwärmeüberträger in einer Tiefe von ca. 2 m [Usemann, 2005]. Ist das Flächenangebot für einen Erdwärmekollektor zu gering, was im Gebäudebestand in Ballungsgebieten häufig der Fall ist, können Erdwärmesonden (Erdspieße) in vertikaler oder schräger Anordnung verwendet werden. Sie reichen in Tiefen von 10 m bis 100 m und verfügen über einen Durchmesser von 15 bis 20 cm. Ab 15 m Tiefe kann von einer jahreszeitlich unabhängigen konstanten Temperatur von 10°C ausgegangen werden [Usemann, 2005]. Diese gleichmäßige, sich nicht ändernde, Temperaturverteilung stellt

---

[29] Die Leistungszahl beschreibt das Verhältnis der an das Heiznetz abgegebenen Wärmeleistung zur aufgenommenen elektrischen Leistung der Wärmepumpe. Die Jahresarbeitszahl zeigt das Verhältnis der über ein Jahr an das Heiznetz abgegebenen Energie zur in diesem Zeitraum aufgenommenen elektrischen Energie.

[30] Die Bezeichnung der Wärmepumpen richtet sich nach dem Medium, das zum Betrieb der Wärmepumpe primär- und sekundärseitig verwendet wird. Hier ist die Sole der im Erdboden zirkulierende Wärmeträger und Wasser das im Heizkreis des Gebäudes verwendete Medium.

einen wesentlichen Vorteil der Erdwärmenutzung gegenüber der Nutzung von Umgebungsluft als Wärmequelle dar. Die Anlage kann auf diese Weise monovalent betrieben werden.

Die Nutzung von Umgebungsluft sowie Abwärme von Haushalten und Industrie erfordert nur einfache Installationen, und die Wärmequelle ist leicht zu erschließen (Luft-/Wasser-Wärmepumpen). Dabei wird Außenluft angesaugt, durchströmt den Verdampfer und gibt die aufgenommene Wärme ab. Der Wärmepumpe steht bei Verwendung der Umgebungsluft im Winter eine Wärmequelle mit relativ niedrigen Temperaturen zur Verfügung. Deshalb wird bei dieser Ausführungsvariante eine höhere Antriebsenergie als bei anderen Bauarten benötigt. Um eine Überdimensionierung wegen der stark schwankenden Außentemperaturen zu vermeiden, werden die Anlagen nicht auf die minimal zu erwartende Außentemperatur ausgelegt, sondern an extrem kalten Tagen durch einen elektrischen Heizstab oder durch einen weiteren Wärmeerzeuger unterstützend (bivalent) betrieben [Kaltschmitt et al., 2006]. Aufgrund der Einfachheit des Systems werden in einigen Ländern, z. B. in der Schweiz, bereits 54 % aller Wärmepumpenheizungen als Luft-/Wasser-Wärmepumpenanlage ausgeführt [BDH, 2005a]. Gegenüber der Brennwerttechnik können deutliche Energieeinsparungen erzielt werden, wenn die Jahresarbeitszahl der Wärmepumpe größer als 3,1 ist [Usemann, 2005]. Die Nutzungsdauer von gasbetriebenen Wärmepumpen beträgt 15 Jahre [VDI 2067, 2000] und resultiert aus einer höheren thermischen Belastung und einem größeren Anteil mechanischer Komponenten. Die Nutzungsdauer elektrisch betriebener Wärmepumpen liegt bei 20 Jahren [VDI 2067, 2000]. Erdkollektoren verfügen über eine Nutzungsdauer von ca. 60 Jahren [VDI 2067, 2000] und [IP BAU, 1994]. Die Nutzungsdauer von Erdsonden beträgt nach Herstellerangaben ca. 100 Jahre. Bei Grundwasser-Wärmepumpen können ähnliche Nutzungsdauern angenommen werden, da ähnliche Materialien wie bei den Erdsonden zum Einsatz kommen.

Wärmepumpen bieten im Gegensatz zu Öl- und Gasheizungen auch die Möglichkeit, Gebäude zu kühlen. Hierzu wird über eine Umkehrung des Wärmepumpenkreislaufs die im Gebäude überschüssige Wärme an das Erdreich oder an zu erwärmendes Wasser abgegeben. Bei erdreichgekoppelten Anlagen kann auch ohne den Betrieb der Wärmepumpe das Gebäude gemäß dem Temperaturgefälle vom Wohnraum zum Erdreich hin gekühlt werden [Kaltschmitt et al., 2006].

Zu den wichtigsten Energieträgern der **biogen befeuerten Heizungsanlagen** zählt Holz, das aus der Waldbewirtschaftung oder aus der holzverarbeitenden Industrie anfällt. Dieses Holz wird hauptsächlich in Form von Pellets, Holzhackschnitzeln oder Stückholz für die energetische Nutzung in Gebäuden aufbereitet. Aufgrund zahlreicher Nachteile des Stückholzkessels, wie z. B. geringe Nutzungsgrade sowie manuelle Nachfüllung, und die überwiegende Anwendung von Holzhackschnitzelheizungen in Kesselleistungsklassen erst ab 20 kW werden nachfolgend ausschließlich Holzpellets genauer betrachtet [Usemann, 2005]. Holzpellets sind kleine Presslinge, die aus Sägemehl, Hobelspänen und Waldrestholz hergestellt werden. Sie werden unter Druck ohne Zugabe von Bindemitteln gepresst (pelletiert) und verfügen über einen Heizwert von 4,9 kWh/kg [Joos, 2004]. Der Pelletkessel kann in allen Gebäuden als monovalentes oder bivalentes Heizungssystem eingesetzt werden. Mit Pellets betriebene Zentralheizungssysteme in Wohngebäuden umfassen eine Nennleistungen von 5 bis 50 kW [Staiß, 2003]. Im Volllastbetrieb werden Wirkungsgrade über 90 % erreicht. Mittels einer elektronischen Regelung ist eine Leistungsdrosselung auf 30 % möglich [BDH, 2005b]. Die entstehende Wärme wird durch den Rauchgasstrom im Wärmetauscher an die Heizungsanlage abgegeben. Die anfallende Asche wird im Aschesammeltrog aufgefangen [Staiß, 2003]. Die Lagerung der Pellets erfordert einen Vorratsraum, der innerhalb oder außerhalb des Gebäudes installiert werden kann. Man unterscheidet den klassischen Lagerraum im Gebäude, den Gewebetank (Stahlblechtank), der entweder im Gebäude oder im Freien aufgestellt werden kann, und den Erdtank, der außerhalb des Gebäudes installiert wird. Der benötigte Lagerraum umfasst 0,6 m³/kW bis 0,9 m³/kW. Pelletheizungen verfügen über eine vollautomatische Brennstoffzufuhr über Förderschnecken, Schubstangen oder Saugzuggebläse [Staiß, 2003].

Solarthermische Anlagen wandeln solare Strahlungsenergie mit Hilfe von Kollektoren in Wärme um. Die Kollektoren geben die aus Sonnenlicht gewonnene Wärme an ein Wärmeträgermedium weiter. Die Wärme wird mit Hilfe eines Absorbers, der kurzwelliges Sonnenlicht in Wärme umwandeln kann, gewonnen. Absorber bestehen, bedingt durch die hohen Materialanforderungen, vorwiegend aus Metall. Im Inneren des Absorbers fließt das Wärmeträgermedium, das die umgewandelte Sonnenenergie in Form von Wärmeenergie zum Speicher transportiert und den Absorber kühlt [Kaltschmitt et al., 2006]. Diese Art der Wärmegewinnung kann zur Brauchwassererwärmung eingesetzt werden. Die gängigen Anlagengrößen für einen 4-Personen-Haushalt liegt dabei etwa bei 4-5 m² (Flachkollektoren) bzw. 3 - 4 m² (Vakuumröhren). Diese Anlagen verfügen in der Regel über einen Speicher von ca. 300 - 400 l [Staiß, 2003]. Bei Kombianlagen wird die Wärme zusätzlich im Heizsystem genutzt. Diese stellen eine Erweiterung der thermischen Anlagen zur Brauchwassererwärmung dar. Sie sind zusätzlich an das häusliche Heizungssystem angeschlossen und besitzen deshalb einen zusätzlichen Kreislauf. Typische Anlagengrößen liegen bei 8 - 15 m² und verfügen über ein Speichervolumen bis zu 1000 l [Staiß, 2003].

Für die Ausstattung von Ein- und Mehrfamilienhäusern werden Flachkollektoren und Vakuum-Röhrenkollektoren eingesetzt. Flachkollektoren sind die am weitesten verbreitete Art von Kollektoren [Staiß, 2003]. Sie bestehen aus der Abdeckung, dem Absorber und der Kollektorwanne. Die transparente Abdeckung sorgt für den Schutz vor Hagel- und Windbelastung. Einige Abdeckungen enthalten zusätzlich eine „Anti-reflex-Beschichtung", um möglichst wenig Strahlung zu reflektieren. Der Absorber, meist aus Kupfer oder Aluminium, absorbiert das Licht und gibt es umgewandelt in Wärme an das Wärmeträgermedium weiter. Zur Reduzierung der Verluste ist der Kollektor auf der Rückseite und an den Seiten gedämmt [Joos, 2004]. Der Absorptionseffekt des Vakuum-Röhrenkollektors unterscheidet sich unwesentlich von dem des Flachkollektors. Der wesentliche Unterschied betrifft die Wärmedämmung. Vakuum-Röhrenkollektoren weisen durch die evakuierte Glasröhre eine sehr gute Wärmeisolierung auf und erzielen daher insbesondere im Winter höhere Erträge von bis zu 20 % [Staiß, 2003]. Sie besitzen bei hohen Betriebstemperaturen die geringsten Verluste und zeichnen sich durch ihre Effizienz auch bei geringer Einstrahlung aus. Der Wirkungsgrad ist bei diesem Kollektortyp in der Regel höher als bei Flachkollektoren und führt dadurch bei gleicher effektiver Absorberfläche zu einem höheren Energieertrag [Joos, 2004].

Wohnraumlüftungsanlagen

Die Lüftung eines Gebäudes dient dazu, die Luft zu erneuern und auf diese Weise die Nutzer mit Atemluft zu versorgen, Luftverunreinigungen abzutransportieren und die Raumfeuchte zu regulieren. Dabei gibt die Luftwechselrate an, wie oft pro Stunde die Luft im Raum theoretisch erneuert wird. Man unterscheidet zwischen natürlicher und mechanischer Lüftung. Die natürliche Lüftung macht sich den Kamineffekt von warmer Luft zu Nutze. Die mechanische Lüftung wird mit Hilfe von Ventilator bereitgestellt. Durch die Installation eines Wärmetauschers, der die warme Luft beim Abtransport aus den Innenräumen abkühlt und die einströmende Luft vorwärmt, lassen sich 50 bis 60 % der Wärme zurückgewinnen. Die Lebensdauern von Lüftungsanlagen belaufen sich je nach Anlage auf 15 bis 20 Jahre. Mechanische Zu- bzw. Abluftanlagen mit indirektem Wärmerückgewinn über eine Wärme- pumpe erreichen eine Lebensdauer von mehr als 20 Jahren [VDI 2067, 2000].

Bei Wohngebäuden beschränkt man sich meist auf Frischluftzufuhr (Einhaltung des Mindestluftbedarfs, Reduzierung der CO_2-Anteile), Wärmerückgewinnung und ggf. die Verwendung einer Wärmepumpe zur weiteren Erwärmung der Zuluft. Im weiteren Verlauf der Arbeit wird die Installation einer Wohnraumlüftungsanlage nicht betrachtet.

4.2.3 Mögliche Kombinationen

Aus den einzelnen Sanierungsvarianten an den Bauteilen und der Anlagentechnik lassen sich durch Kombinationen Sanierungsprogramme erstellen. Hierfür spricht eine Reihe von Gründen, wobei nachfolgend nur zwei Gründe genannt werden sollen. Bei Nichtberücksichtigung der Maßnahmen an der Gebäudehülle bleiben die Wärmeverluste weiterhin vorhanden, was zwangsweise zur Wahl eines Heizkessels höherer Leistung führt. Der zweite Grund bezieht sich auf die langen Lebensdauern der Sanierungsvarianten. Fällt nach der Sanierung des Heizkessels die Entscheidung, nachträglich die Gebäudehülle zu verbessern, ist ein unnötig überdimensionierter Heizkessel vorhanden. Diese und zahlreiche andere Gründe befürworten eine Betrachtung der möglichen Kombinationen (Programme). Die Erarbeitung der Programme kann der Investitionsplanung vorgezogen werden. Bei einer simultanen Erarbeitung im Rahmen der Investitionsplanung können eine Reihe technisch nicht durchführbarer bzw. nicht sinnvoller Alternativen entstehen. Mit einer technischen Analyse in einem vorgelagerten Schritt kann das Zustandekommen dieser Alternativen verhindert werden.

4.3 Charakterisierung und Übertragbarkeit der Verfahren der Investitionsrechnung auf Maßnahmen der energetischen Gebäudesanierung

Ziel dieses Kapitels ist es, die Planungssituation vorbereitend auf die Modellentwicklung in Kapitel 6 zu charakterisieren und geeignete Methoden zur Bewertung abzubilden. Zunächst wird in Abschnitt 4.3.1 die Investitionsplanung charakterisiert. Dabei werden deren Erscheinungsformen, allgemeine Merkmale der Planung und der Investitionsprozess näher beleuchtet. Des Weiteren wird die Integration ökologischer Aspekte in die Investitionsplanung dargelegt. In Abschnitt 4.3.2 werden ausgewählte Verfahren für Investitionsdauerentscheidungen dargestellt und im Hinblick auf die Problemstellung untersucht. In Abschnitt 4.3.3 werden Schlussfolgerungen für die Modellformulierung gezogen.

4.3.1 Charakterisierung der Investitionsplanung

Ein besonders wichtiger Aufgabenbereich sowohl in der energetischen Gebäudesanierung als auch im Neubau von Gebäuden ist die Entscheidung über künftige Investitionen, da diese entscheidende Auswirkungen auf die Nutzungsphase des Gebäudes haben (vgl. Abschnitt 4.1). Die Bedeutung der Investitionsplanung wird durch die hohe und langfristige Kapitalbindung, die Irreversibilität einer Investitionsentscheidung sowie die langen Nutzungsphasen von Gebäuden verstärkt.

Der Investitionsbegriff kann in der Betriebswirtschaftslehre aus verschiedenen Blickwinkeln betrachtet werden. Lücke unterscheidet den zahlungsbestimmten, den vermögensbestimmten, den kombinationsbestimmten und den dispositionsbestimmten Investitionsbegriff [Lücke, 1991]. In der betriebswirtschaftlichen Literatur haben sich lediglich der zahlungsbestimmte und der vermögensbestimmte Investitionsbegriff durchgesetzt [Kruschwitz, 2005]. Ersterer geht davon aus, dass eine Investition durch einen Zahlungsstrom bestehend aus Ein- und Auszahlungen gekennzeichnet ist, der mit einer Auszahlung beginnt [Lücke, 1991]. Der vermögensbestimmte Investitionsbegriff ist beispielsweise wie folgt definiert: „Eine Investition ist eine für eine längere Frist beabsichtigte Bindung finanzieller Mittel in materiellen oder immateriellen Objekten mit der Absicht, diese Objekte in Verfolgung einer individuellen Zielsetzung zu nutzen" [Kern, 1974]. Beide Definitionen sind bei der vorliegenden Problemstellung von Relevanz. Dabei beinhaltet der zahlungsbestimmte Investitionsbegriff Rechengrößen, die für eine ökonomische Beurteilung der verschiedenen Alternativen von Bedeutung sind. Der vermögensbestimmte Investitionsbegriff bezieht sich dann im Wesentlichen auf die Bindung finanzieller Mittel und die Nutzung der Investitionsalternative. Demnach kann eine Investition durch folgende Eigenschaften charakterisiert werden:

- hohe und langfristige Kapitalbindung,
- Irreversibilität,
- Beschaffung von Gütern des Anlagevermögens,
- Beginn der Zahlungsreihe mit einer Auszahlung,
- Erzielung langfristig erkennbarer Erfolge, die sich durch niedrige Betriebsausgaben bemerkbar machen und einen Beitrag zur Sicherung der Versorgung leisten.

Aus der Vielzahl von Definitionen der Planung soll auf die nachfolgend genannte eingegangen werden. So wird Planung als ein systematischer und rationaler sowie auf unvollkommenen Informationen basierender Prozess zur Erstellung einer Problemlösung unter Beachtung von Zielvorstellungen definiert [Götze / Bloech, 2004]. Sie kann durch die Merkmale Zukunftsbezogenheit, Rationalität, Gestaltungscharakter, Prozessphänomen sowie informationeller Charakter genauer beschrieben werden [Betge, 2000][31]. Überträgt man die fünf Merkmale auf die Investitionsplanung, so bedeutet es, dass die künftigen ökonomischen Wirkungen aus einer Projektrealisierung im Rahmen eines methoden-orientierten Vorgehens aufzuarbeiten sind. Die Investitionsplanung kann als Subsystem der allgemeinen Planung angesehen werden und ist in den verschiedenen Phasen des Investitionsprozesses notwendig. Somit werden die Verfahren der Investitionsrechnung zum Bestandteil des Problemlösungsprozesses innerhalb einer Planung. Sie kommen insbesondere bei der Problemerkennung und der Erarbeitung von Problemlösungs-alternativen zum Tragen [Betge, 2000]. Ziel der Planung ist es somit, ein systematisches, räumlich und zeitlich aufeinander abgestimmtes Handeln zu erwirken, das zu den angestrebten Veränderungen führt.

4.3.1.1 Klassifizierung der Investitionsarten

Investitionen treten in verschiedenen Erscheinungsformen auf. Diese Vielfalt der Investitionsarten wird nach [Götze / Bloech, 2004] und [Kern, 1974] anhand zentraler und peripherer Kriterien klassifiziert. Unter zentralen Kriterien sind Konsequenzen und die Interdependenzweite von Investitionen sowie das Ausmaß an Unsicherheiten von Investitionen zu verstehen. Die Konsequenzen einer Investitionsalternative sind durch die Faktoreinsätze und Ausbringungsmengen, die während der Investitionszeit anfallen, charakterisiert. Daher sind diese Mengen- bzw. Wertströme zu quantifizieren. Die Interdependenzweite von Investitionsalternativen kann nach dem Grad der Verflechtung beurteilt werden. Dabei werden die Grundformen isolierte, teilbereichs-interdependente und total-interdependente Investition unterschieden [Kern, 1974].

Periphere Kriterien orientieren sich an Aspekten, die für die Beurteilung von Investitionsalternativen in der Regel nicht richtungweisend sind, und legen den Rahmen für die Investitionsüberlegung fest [Kern, 1974]. Als periphere Kriterien werden Investitionsobjekt (Finanz- und Realinvestitionen), Investitionsanlass (z. B. Errichtungsinvestition oder Ergänzungsinvestition) und Investitionsbereich (z. B. Beschaffung und Produktion eines Unternehmens) genannt. Bezüglich der Problemstellung dieser Arbeit ist das Kriterium des Investitionsobjekts näher zu betrachten. Im Gegensatz zu Finanzinvestitionen, die das Kapital in finanziellen Anlageformen binden, wird das investierte Kapital bei Realinvestitionen in Grundstücken, Gebäuden, Anlagen etc. gebunden. Weiterhin können Realinvestitionen in überschussorientierte und erzwungene Investitionen[32] unterteilt werden [Altrogge, 1992]. Realinvestitionen können insofern erzwungen sein, dass ihre Existenz bzw. deren Funktion auf Dauer notwendig sind. Dies kann in Form von gesetzlichen Vorschriften, z. B. bezüglich des Umweltschutzes, erforderlich sein. Erzwungene Investitionen weisen in der Regel keine wesentlichen Einnahmen auf, führen aber zu Ausgaben. Ferner können im Rahmen von

---

[31] Vgl. auch [Adam, 1996] und [Friedemann, 1997]
[32] Finanzinvestitionen sind immer überschussorientiert.

Realinvestitionen Primär- und Sekundärinvestitionen unterschieden werden [Schröder, 1996]. Danach handelt es sich bei Primärinvestitionen um Ausgaben für Anschaffung bzw. Herstellung von Neu- oder Ersatzinvestitionen einschließlich Erweiterungs- und Rationalisierungsinvestitionen. Folgeinvestitionen, die aus den genannten Investitionen resultieren oder später anfallen, sind Sekundärinvestitionen. Investitionen in der energetischen Gebäudesanierung, die Ersatz- oder Erweiterungsinvestitionen darstellen und teilweise aufgrund von gesetzlichen Grundlagen erzwungen sind, können somit als Sekundärinvestitionen bzw. erzwungene Investitionen angesehen werden.

4.3.1.2 Integration ökologischer Aspekte in Investitionsentscheidungen

Die zunehmende Bedeutung von ökologischen Aspekten, wie zum Beispiel die Minderung von Emissionen, die Reduzierung des Energieverbrauchs und die Ressourcenschonung, wurde bereits in der Vergangenheit in der Investitionsplanung berücksichtigt, und zahlreiche Ansätze wurden entwickelt. Nachfolgenden wird zunächst eine Abgrenzung der Investitionen mit integrierten Umweltaspekten, im Folgenden Umweltschutzinvestitionen genannt, zu anderen Investitionen vorgenommen. Die verschiedenen Definitionen gehen auf die Erklärungsversuche des Begriffs „Umweltschutz" zurück. Einerseits existieren Definitionen, die sich durch eine hohe Operationalisierbarkeit auszeichnen und im Wesentlichen Aufzählungen verschiedener Umweltschutzmaßnahmen beinhalten[33], wie beispielsweise Maßnahmen zur Energieeinsparung und rationellen Energieverwendung, Nutzung erneuerbarer Energien usw. [KfW, 2008a]. Diese Aufzählung von Umweltschutzmaßnahmen erlaubt eine schnelle Zuordnung konkreter Einzelfälle zu Umweltschutzinvestitionen und damit auch zu speziellen Förderansätzen [Schröder, 1996]. Häufig werden Umweltschutzinvestitionen eindeutig einem Medium, z. B. Wasser und Luft, zugeordnet [Günther, 1994]. Mit dem Inkrafttreten der EG-Richtlinie über die integrierte Vermeidung und Verminderung der Umweltverschmutzung wurde ein integrierter medienübergreifender Ansatz [1996/61/EG][34] formuliert, wobei eine energieeffiziente Betriebsweise explizit genannt wird. Auf Basis dieser Richtlinie wurden bereits einige Ansätze zur Integration ökologischer Aspekte in Investitionsentscheidungen entwickelt (vgl. hierzu beispielsweise [Jochum, 2001] und [Schultmann et al., 2002]). Allerdings wurden bereits in den achtziger Jahren Methoden zur Integration von Emissionsminderungsmaßnahmen in Produktionsprozesse und zu deren Investitions- und Kostenschätzung entwickelt [Hempelmann, 1982] und [Remmers, 1991].

Aus den genannten Definitionen resultiert somit, dass die Maßnahmen im Rahmen der energetischen Gebäudesanierung zu den Umweltschutzmaßnahmen gezählt werden können. Andererseits sind in der Politik und der Ökonomie weiter gefasste Definitionen von Umweltschutz aufzufinden. Dabei wird ein Sollzustand der Umwelt resultierend aus einer Analyse der Bedeutung einer natürlichen Umwelt abgeleitet. Maßnahmen, die eine Annäherung an diesen Sollzustand ermöglichen, werden als Umweltschutzmaßnahmen klassifiziert. Nach [Günther, 1994] werden Investitionen als Umweltschutzinvestitionen bezeichnet, wenn sie eine ökologische Wirkung haben. Diese Definition unterstreicht die in der Politik aufgestellte Definition. Die ökonomische Definition besteht aus drei Teilzielen, die

---

[33] Hierbei handelt es sich beispielsweise um die Definitionen der Kreditanstalt für Wiederaufbau und der amtlichen Umweltstatistik des Statistischen Bundesamtes.

[34] Diese Richtlinie wurde durch die Richtlinie 2008/1/EG über die integrierte Vermeidung und Verminderung der Umweltverschmutzung [2008/1/EG] kodifiziert.

Erhaltung der Reichtümer der Biosphäre, die Wahrung der Selbstregulierungsfähigkeit der Natur und die Sicherung der Überlebensfähigkeit der Menschheit in der natürlichen Umwelt. Trägt die Investition zur Erreichung eines der drei Teilziele bei, so handelt es sich um eine Umweltschutzinvestition [Schröder, 1996].

Auf Basis der allgemeinen Erläuterungen zu Umweltschutzinvestitionen werden nachfolgend ausgewählte methodische Herangehensweisen zur Integration der Umweltaspekte in die Investitionsplanung aufgezeigt, die in der betriebswirtschaftlichen Literatur diskutiert werden. Erstens werden die klassischen Investitionsrechenverfahren, die sich ausschließlich auf zahlungs- oder kostenbezogene Berechnungen stützen, durch nutzwertanalytische Modelle ergänzt oder beinhalten in den Nebenbedingungen umweltrelevante Aspekte, wie beispielsweise Emissionsbeschränkungen (vgl. beispielsweise die Ansätze von [Bingel, 1997] und [Diederichs, 2003]). Weitere Arbeiten untersuchen den Einfluss umweltrechtlicher Instrumente aus Sicht betrieblicher und politischer Entscheidungsträger auf die Kennzahlen der Investitionsrechnung. Dabei werden einzelne Komponenten von Zahlungsreihen betrachtet und Parameteränderungen mittels Sensitivitätsanalysen durchgeführt. Dieser Gruppe können beispielsweise die Ansätze von [Günther, 1994] und [Pohl, 1998] zugerechnet werden. Die dritte methodische Herangehensweise besteht aus der Entwicklung von Bewertungsverfahren, die Umweltaspekte in die Investitionsplanung einbinden (vgl. hierzu beispielsweise die Arbeiten von [Schröder, 1996], [Friedemann, 1997] und [Spengler, 1998]). In der Regel sind die genannten methodischen Herangehensweisen auf Einzelentscheidungen ausgelegt. Zur Integration von Umweltaspekten in die Investitions-programmplanung sind beispielsweise Verfahren von [Jochum, 2001] und [Schultmann, 2003] entwickelt worden.

4.3.1.3 Investitionsentscheidungsprozess

Der Investitionsentscheidungsprozess gliedert sich idealtypisch im Wesentlichen in vier Phasen. In der Investitionsanregungsphase werden Problembereiche aufgrund bestimmter Ereignisse und Entwicklungen erfasst und analysiert (vergleiche Abbildung 4-6). Durch das Zusammenstellen von relevanten Informationen und herangetragenen Forderungen wird der Bedarf für eine Anpassung, einen Ersatz oder eine Erweiterung bestimmt. Die Investitionssuchphase ist dadurch gekennzeichnet, dass alle möglichen Problemlösungs-varianten zusammengetragen werden. Hierzu gehören Maßnahmen der Vermeidung, Verminderung, Substitution, Verwertung und Beseitigung. In diesem Schritt sind ebenfalls die Konsequenzen einer Nichtdurchführung darzustellen. In der Investitionsbewertungsphase werden die Problemlösungsvarianten bewertet. Dabei sind Alternativen auszuschließen, die notwendige Mindestanforderungen nicht erfüllen. Neben der Bestimmung der Einzahlungen und Auszahlungen sind ein geeigneter Kalkulationszinssatz und der Planungshorizont festzulegen. Diese Informationen können dann in geeignete Investitionsrechenverfahren eingehen (vgl. hierzu Abschnitt 4.3.2). In der Investitionsauswahlphase wird über die Realisierung der Alternativen entschieden.

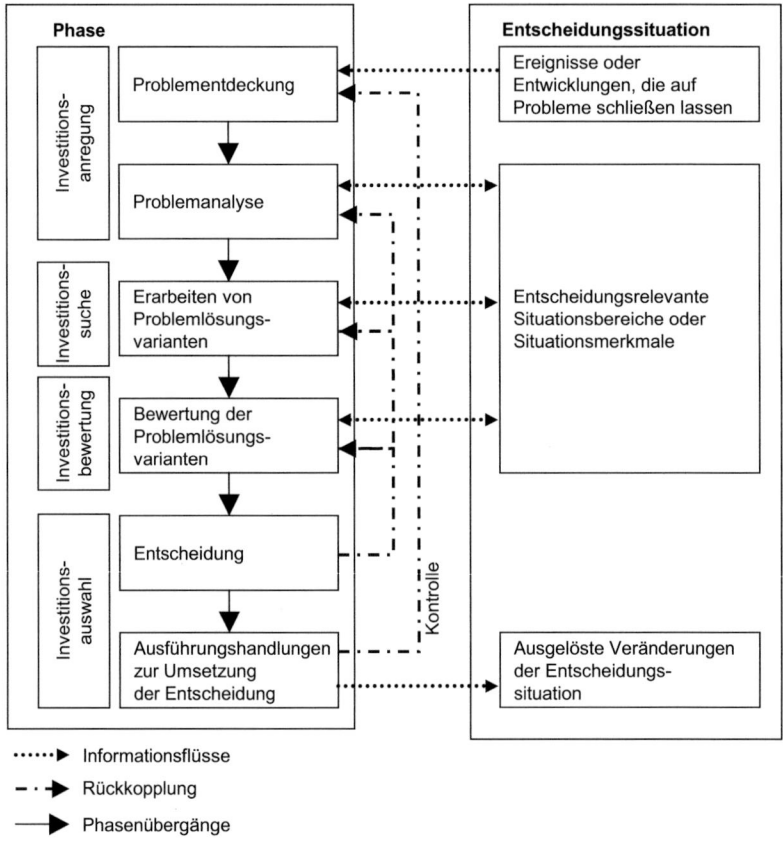

Quelle: in Anlehnung an [Grüning / Kühn, 2004], [Günther, 1994] und [Kahle, 1993]

Abbildung 4-6: Beschreibungsmodell des Entscheidungsprozesses

Bei dieser Darstellung des Entscheidungsprozesses handelt es sich um ein idealtypisches Beschreibungsmodell aus der Betriebswirtschaftslehre. In der Realität und insbesondere bei techno-ökonomischen Fragestellungen ergeben sich viele Unwägbarkeiten und zusätzliche Faktoren, die einen reibungslosen Prozess nach Abbildung 4-6 nicht zulassen. Des Weiteren können keine eindeutigen Entscheidungen aufgrund einer ausschließlich monetären Bewertung getroffen werden. Daher sind dann andere Ziele, unter anderem nicht-monetäre Faktoren, in die Entscheidungsfindung einzubeziehen und in multikriterielle Entscheidungs-unterstützungsverfahren zu integrieren (vgl. hierzu auch [Rentz et al., 1998] und [Geldermann, 2006]). In der energetischen Gebäudesanierung sind hier insbesondere Faktoren wie Umweltauswirkung, Behaglichkeit, Komfort und Variabilität anzuführen. Bei einer erneuten Anpassung des Prozesses bzw. nach regelmäßigen Kontrollen können sich Rückkopplungen ergeben (gestrichelte Pfeile in Abbildung 4-6). Dies kann bei geänderten

Rahmenbedingungen wie beispielsweise Änderung der gesetzlichen Grundlagen oder Aufkommen neuer Technologien auf dem Markt der Fall sein. In diesem Fall sind entweder neue Problemlösungsvarianten zu erarbeiten oder eine erneute Problemanalyse durchzuführen. Bei Problemen, die während der Kontrolle auftreten, ist der Prozess von Beginn an neu durchzuführen.

4.3.2 Ausgewählte Methoden der Investitionsrechnung zur Beurteilung von Maßnahmen der energetischen Gebäudesanierung

Für jeden Entscheidungsträger stellt die ökonomische Bewertung der geplanten Projekte ein wichtiges Entscheidungskriterium dar. Meist sind diese durch andere entscheidungsrelevante Kriterien zu ergänzen.

Die Konzeption von Entscheidungsmodellen erfordert die Berücksichtigung der jeweiligen Entscheidungssituation und der verfügbaren Ressourcen. Das heißt, dass sich einerseits der Aufwand für die Modellkonstruktion, die Datenbeschaffung sowie die Modelllösung in einen vertretbaren Rahmen bewegen und andererseits die Handlungsalternativen sowie deren Vorteilhaftigkeit der Realität soweit wie möglich entsprechen sollten. Daraus ergeben sich bestimmte Anforderungen an Entscheidungsmodelle, wie Einfachheit, Robustheit, Kontrollierbarkeit, Anpassungsfähigkeit und Vollständigkeit [Götze / Bloech, 2004].

Tabelle 4-1: Merkmale von Entscheidungsmodellen

Kriterium		Ausprägungen						
(Un)Sicherheit		Sicherheit				Unsicherheit		
						Ungewißheit	Risiko	Unschärfe
Alternativen		Einzelentscheidung				Programmentscheidung		
		absolute Vorteilhaftigkeit	relative Vorteilhaftigkeit	Nutzungsdauer	Investitionszeitpunkt			
Ziele		ein Ziel				mehrere Ziele		
Zeit		statisch				dynamisch		
						einstufig	mehrstufig	
							starr	flexibel

Quelle: [Götze / Bloech, 2004]

Die Entscheidungsmodelle können anhand der Ausprägungen der oben genannten Modellelemente und des zeitlichen Aspekts klassifiziert werden (Tabelle 4-1). Demnach können bezüglich der Umweltzustände und der Ergebnisfunktionen verschiedene Informationsstände unterstellt werden. Dabei können Sicherheits-, Risiko-, Ungewissheits- und Unschärfesituationen unterschieden werden. Auf Verfahren zur Integration von Unsicherheiten wird in dieser Arbeit nicht näher eingegangen. Zur Einbindung von Unsicherheiten in der Gebäudesanierung vergleiche [Treber, 1993]. Hinsichtlich der verschiedenen Alternativen lassen sich Modelle für Einzel- und Programmentscheidungen differenzieren. Bei Modellen für Einzelentscheidungen kann die absolute oder die relative Vorteilhaftigkeit festgestellt werden [Götze / Bloech, 2004]. Die Einzelentscheidungsmodelle ermöglichen ebenfalls eine Analyse bzgl. der optimalen Nutzungsdauer sowie des optimalen Ersatzzeitpunkts. In beiden Fällen kann der zeitliche Anfall der Einnahmen und Ausgaben berücksichtigt werden, wodurch dann entweder statische oder dynamische Investitionsrechenverfahren definiert werden. Modelle für Programmentscheidungen beziehen die Realisierung mehrerer Maßnahmen ein und weisen zudem Interdependenzen auf. Ein weiteres Klassifikationskriterium ist die Anzahl der Ziele. Bei Modellen für Vorteilhaftigkeitsentscheidungen bei einer Zielgröße können die allgemeinen statischen und dynamischen Verfahren der Investitionsrechnung angewandt werden. Modelle zur Entscheidungsfindung bei mehreren Zielgrößen lassen sich in Multi-Atribute-Entscheidungen bei Einzelentscheidungen und in Multi-Objective-Entscheidungen bei Programment-scheidungen einteilen.

In der energetischen Gebäudesanierung stellt sich neben möglichen Zubau- und Erweiterungsinvestitionen die Frage nach dem optimalen Ersatzzeitpunkt bereits bestehender Bau- und Anlagenteile. Daher sind Investitionsdauerentscheidungen von großer Bedeutung und werden nachfolgend genauer erörtert[35]. Ziel ist es, die optimale wirtschaftliche Nutzungsdauer, auch als kapitalwertmaximierende Nutzungsdauer bezeichnet, für eine Alternative oder eine Folge von Alternativen zu bestimmen bzw. den optimalen Ersatzzeitpunkt der Bau- und Anlagenteile zu ermitteln. Dabei unterscheidet man zum einen die Anzahl von Investitionswiederholungen und zum anderen den Planungshorizont der Investitionswiederholungen [Götze / Bloech, 2004].

Auch wenn die Fragen nach der optimalen Nutzungsdauer und dem optimalen Ersatzzeitpunkt einen unterschiedlichen ökonomischen Hintergrund haben, werden sie dennoch formal mit ähnlichem Investitionskalkül untersucht. In der Literatur wird in der Regel eine Einteilung in drei Teilproblemkreise gemacht [Seelbach, 1984] [36]:

- Das erste Teilproblem beschäftigt sich mit der Frage, welche Nutzungsdauer- oder Ersatzzeitpunktalternative zu einem maximalen Kapitalwert führt, das heißt, dass die Bestimmung der optimalen Nutzungsdauer einer einmaligen Investition das Ziel darstellt.

- Das zweite Teilproblem beschäftigt sich mit der Bestimmung der optimalen Nutzungsdauer bei endlich beziehungsweise unendlich häufiger Investitionen identischer Anlagen,[37] das heißt die Bestimmung der optimalen endlichen oder unendlichen Investitionsketten.

- Das dritte Teilproblem stellen Ersatzprobleme bei bereits vorhandenen Investitionsobjekten, die durch ein neues Investitionsobjekt ersetzt werden sollen, dar. Es handelt sich dabei um die Bestimmung des optimalen Ersatzzeitpunktes und um nicht-identische Investitionsketten. Ein reines Ersatzproblem liegt jedoch nur vor, wenn eine neue Investitionsalternative mit einer alten konkurriert, d. h. wenn entweder nur die neue oder die alte Investition „betrieben" wird. Ist dies nicht der Fall, sondern kann eine alte Investition neben einer neuen existieren, so handelt es sich um eine Investitionsprogrammplanung (vgl. Abschnitt 4.3.2.8).

---

[35] Detaillierte Beschreibungen und Verfahrensvergleiche zu weiteren Investitionsrechenverfahren finden sich beispielsweise bei [Kern, 1974], [Blohm / Lüder, 1995], [Jaspersen, 1997], [Thommen, 1991], [Götze / Bloech, 2004] und [Kruschwitz, 2005].

[36] Vgl. auch [Kruschwitz, 2005] und [Götze / Bloech, 2004].

[37] Von identischen Investitionsprojekten wird gesprochen, wenn sie bezogen auf den jeweiligen Investitionszeitpunkt den gleichen Kapitalwert bzw. identische Zahlungsreihen besitzen [Drexl, 1990] und [Götze / Bloech, 2004].

Entscheidungen über die Nutzungsdauer von Anlagen sind den isolierten Investitionsentscheidungen[38] zuzuordnen [Seelbach, 1984]. Es wird deutlich, dass es sich bei den Investitionsalternativen um echte Alternativen handelt, da man keine Investitionsalternative sowohl t_1 als auch t_2 Jahre lang nutzen kann, wenn $t_1 = t_2$ ist.

Die sich aus diesen Problemstellungen ergebenden Varianten werden in der Literatur umfassend diskutiert[39]. Da die drei oben genannten Teilbereiche jedoch starke Gemeinsamkeiten aufweisen, kann man sie auch als Spezialfälle eines gemeinsamen Ansatzes ansehen, der im Folgenden formuliert wird. Darauf aufbauend werden seine Spezialisierungen für die genannten Teilbereiche diskutiert.

4.3.2.1 Gemeinsamer Ansatz der Investitionsdauerentscheidungen im Kapitalwertmodell

Im Rahmen der Investitionsdauerentscheidungen wurden Methoden entwickelt, mit denen die optimale Nutzungsdauer bzw. der optimale Ersatzzeitpunkt von Anlagen bei kontinuierlichen und diskreten Funktionen bestimmt werden kann [Geenen, 1969]. Grundlegende Arbeiten wurden von Taylor, Hotelling, Roos und Preinreich verfasst [Geenen, 1969]. Diese Arbeiten wurden dann von Schneider weiterentwickelt [Schneider, 1961], wobei dieser Ansatz einen vehementen Widerspruch zur industriellen Praxis aufgrund unrealistischer Annahmen darstellt. Beispiele dafür sind die Abwesenheit technischen Fortschritts und die Unabhängigkeit der variablen Produktionskosten von der Produktionskapazität.

Das Grundmodell der „traditionellen" Ersatztheorie beruht auf der Kapitalwertmethode und berücksichtigt kontinuierliche Zahlungsströme[40]. Es wurde insbesondere die Theorie der Abschreibungen, die die Ermittlung der optimalen Nutzungsdauer von einzelnen Investitionen und Investitionsketten ermöglicht, behandelt [Geenen, 1969] und [Ederer, 1980]. Ausgangspunkt der Ersatztheorie bilden die Investitionsketten. Dabei geht es darum, die minimalen durchschnittlichen Ausgaben einer Investitionskette mit identischen Investitionen zu bestimmen. Der Ersatz einer betriebenen alten Anlage durch eine nicht identische neue Anlage lohnt sich, sobald eine Investitionskette mit den neuen Anlagen existiert, die zu niedrigeren minimalen durchschnittlichen Ausgaben führt als die Investitionskette mit der betriebenen alten Anlage. Dies ist in der Regel der Fall, wenn zwischenzeitlich Datenänderungen, insbesondere durch technischen Fortschritt, eingetreten sind. Denn würden bei der Nutzungsdauerfestlegung alle eingehenden Daten der vorangegangenen Planung entsprechen, stünde der Ersatzzeitpunkt der Anlagen bereits bei der Investitionsentscheidung fest. [Geenen, 1969]

Bei Investitionsmodellen sind daher die Prämissen des Grundmodells der Investitionsdauerentscheidungen einzuhalten [Seelbach, 1984] und [Götze / Bloech, 2004]:

- Es wird von sicheren Erwartungen und von einem vollkommenen Kapitalmarkt ausgegangen.

---

[38] Isolierten Investitionsentscheidungen berücksichtigen keine Inderdependenzen mit anderen Unternehmensbereichen, das heißt die Investitionsentscheidungen werden unabhängig getroffen [Drexl, 1990].

[39] Vgl. beispielsweise [Seelbach, 1984], [Kruschwitz, 2005], [Drexl, 1990], [Geenen, 1969], [Schulte, 1975] und [Götze / Bloech, 2004].

[40] Zu diskreten Zahlungsverläufen vgl. [Drexl, 1990]

- Bei fehlenden Informationen über zukünftige Investitionsprojekte gleicher Funktionen wird eine Wiederholung der sich im Planungszeitpunkt bietenden Investitions-möglichkeiten unterstellt (identische Investitionen), wobei im Rahmen der energetischen Gebäudesanierung aufgrund des technischen Fortschritts von nicht-identischen Investitionsketten auszugehen ist.
- Jedes Investitionsprojekt wird allein durch die mit seiner Durchführung verbundenen Zahlungen beschrieben, die dem Investitionsprojekt eindeutig zurechenbar sind. Diese sind in ihrer Höhe und ihrer zeitlichen Verteilung fest gegeben und bekannt. Sie enden, falls nicht eine andere Entscheidung getroffen wurde, am Ende der technischen Nutzungsdauer der Anlage.
- Die Zahlungen enthalten auch Auszahlungen für Instandhaltungsmaßnahmen (z. B. bei Heizungsanlagen) und so kann durch entsprechenden Erhaltungsaufwand die technische Nutzungsdauer verlängert werden.
- Die mit einem Investitionsvorhaben verbundenen Zahlungen können nur dann als gegeben angenommen werden, wenn die Instandhaltungspolitik festgelegt ist.
- Die Investitionsauszahlung im Investitionszeitpunkt und ein Liquidationserlös oder Restwert am Ende der Nutzungsdauer werden jeweils getrennt von den übrigen mit der Nutzung auftretenden laufenden Ein- und Auszahlungen erfasst.

Da der Ansatz der Investitionsdauerentscheidungen auf der Kapitalwertmethode basiert, werden nachfolgend noch einige Ergänzungen vorgenommen.

In dem Fall, dass Investitionsmöglichkeiten in der Zukunft nicht absehbar sind, geht man von der einmaligen Investition aus. Damit werden keine Nachfolgeinvestitionen getätigt und die Mittel werden am Ende der Nutzungsdauer zum Kalkulationszinssatz angelegt [Seelbach, 1984]. Realistischer ist jedoch die Annahme, dass nach Beendigung des ersten Investitionsprojekts weitere Projekte nacheinander durchgeführt werden. In diesem Fall besteht das Ziel darin, über einen bestimmten Planungszeitraum hinweg den Kapitalwert einer Investitionskette zu maximieren. Geht man von einer n–gliedrigen Investitionskette aus, so wird die Nutzungsdauer der ersten Investition mit t_n und die der letzten mit t_1 bezeichnet. Daraus folgt, dass $c(t_n)$ den Kapitalwert der ersten Investition und $c(t_1)$ den Kapitalwert der letzten Investition darstellt. Der Gesamtkapitalwert der n–gliedrigen Investitionskette setzt sich also aus dem Kapitalwert einer einzelnen Investition mit der Nutzungsdauer t_n und dem auf den Beginn dieser Investition abgezinsten Kapitalwert einer Investitionskette mit n - 1 Gliedern zusammen und lautet dann [Seelbach, 1984]:

$$C_n = c(t_n) + c(t_{n-1})q^{-t_n} + c(t_{n-2})q^{-(t_n+t_{n-1})} + \dots$$
$$+c(t_2)q^{-(t_n+t_{n-1}+\dots+t_3)} + c(t_1)q^{-(t_n+t_{n-1}+\dots+t_2)}$$

(4.1)

Mit Anwendung der Rekursionsgleichung nach Preinreich [Seelbach, 1984] ergibt sich der Kapitalwert einer n-gliedrigen Investitionskette für beliebige $n \in N$ nach:

$$C_n = c(t_n) + C_{n-1} \cdot q^{-t_n} \qquad (n \in N)$$

(4.2)

Bei Kapitalwertfunktionen einer einmaligen Investition sowie einer Investitionskette ergibt sich ein relatives Maximum an der Stelle t*, wenn die entsprechenden Optimalitätsbedingungen[41] erfüllt sind.

Man unterscheidet unendliche und endliche Planungszeiträume, wobei der endliche Planungszeitraum den unendlichen als Spezialfall einschließt. Da es schwierig ist, akzeptable Schätzdaten über die Investitionen nach dem Planungszeitraum zu erhalten, nimmt man bei endlichen Investitionsketten ebenfalls an, dass sich die Investitionen zum Kalkulationszinssatz verzinsen [Drexl, 1990]. Die Annahme von unendlicher Wiederholung identischer Investitionen ist zwar rechnerisch möglich, jedoch nicht praxisnah, da sie den technischen Fortschritt nicht berücksichtigt. Daher wird im Folgenden nicht auf unendliche Investitionsketten eingegangen.

4.3.2.2 Optimale Nutzungsdauer einer einmaligen Investition

Die optimale Nutzungsdauer ist der Zeitraum, in dem der Kapitalwert des Investitionsobjektes maximal ist, d. h. in dem der Besitzer des Investitionsobjektes von maximalen ökonomischen Vorteilen profitiert [Götze / Bloech, 2004].

Die Nutzungsdauer kann entweder mit der Kapitalwertmethode oder mit der Grenzgewinnbetrachtung bestimmt werden [Götze / Bloech, 2004]. Die Vorgehensweise bei der Kapitalwertmethode entspricht inhaltlich dem Verfahren für die relative Vorteilhaftigkeit von Investitionsobjekten im Rahmen der Wahlentscheidungen. Hier stellen anstatt der Investitionsobjekte Nutzungsdauern die Alternativen dar. Dabei wird unterstellt, dass die zu tätigende Investition nur einmal durchgeführt wird.

Bei der Grenzgewinnbetrachtung kann die Änderung des Kapitalwertes abgeleitet werden, die durch die Verringerung der Nutzung um eine weitere Periode entsteht. So ist das Ende der wirtschaftlichen Nutzungsdauer am Ende einer Periode erreicht, wenn die darauffolgende Periode zum ersten Mal einen negativen zeitlichen Grenzgewinn aufweist[42]. Die Beurteilung dieses Verfahrens hinsichtlich Realitätsnähe, Rechenaufwand und Datenermittlung entspricht im Wesentlichen der Beurteilung der Kapitalwertmethode.

4.3.2.3 Optimale Nutzungsdauer einer Investition bei einer endlichen Anzahl identischer Nachfolgeobjekte

Bei der Bestimmung der optimalen Nutzungsdauer einer Investition, für die eine endliche Anzahl identischer Nachfolgeobjekte vorgesehen ist, werden die Objekte jeweils nach dem Ende der Nutzung des Vorgängerobjektes realisiert. Dabei sind die Nutzungsdauern optimal, die zu einem maximalen Kapitalwert der gesamten Investitionskette führen [Götze / Bloech, 2004]. Der Kapitalwert der Folgeinvestition ohne Nachfolgeobjekt kann wie in Abschnitt 4.3.2.2 ermittelt werden. Bei der Berechnung der Nutzungsdauern von Investitionen, die ein Nachfolgeobjekt besitzen, ist eine nutzungsdauerverkürzende Komponente hinzuzufügen. Diese resultiert aus der zeitlichen Verbindung von Grund- und Folgeinvestitionen, das heißt

---

[41] Diese können in Anlehnung an existierende Ansätze formuliert werden, beispielsweise [Seelbach, 1984].

[42] Zu weiteren Erläuterungen zur Grenzwertbetrachtung vgl. beispielsweise [Götze / Bloech, 2004].

die Nutzungsdauer der Grundinvestition bestimmt das Wirksamwerden des durch die Folgeinvestition bewirkten Vermögenszuwachses in Höhe des Kapitalwertes der letzten Folgeinvestition. Geht man von einer zweigliedrigen Investitionskette aus, so setzt sich der Kapitalwert der Investitionskette (C_2) in Anlehnung an Gleichung (4.1) aus dem Kapitalwert der ersten Investition ($c(t_2)$) und dem Kapitalwert der Folgeinvestition (C_1), der auf den Beginn des Planungszeitraums abgezinst ist, zusammen und kann wie folgt dargestellt werden:

$$C_2 = c(t_2) + C_1 \cdot q^{-t_2} = c(t_2) + c(t_1^*) \cdot q^{-t_2} \qquad (4.3)$$

Eine Verallgemeinerung und Übertragung der Vorgehensweise auf mehrere Wiederholungen identischer Investitionsketten (n > 2) ist auf Grundlage der Rekursionsbeziehung möglich. Durch die Verlängerung um eine weitere Investition von n auf n + 1 muss lediglich der Ersatzzeitpunkt der vorangegangenen neuen ersten Investition bestimmt werden, da die jeweiligen Nutzungsdauern der n letzten Investitionen unverändert bleiben.

Bei einer endlichen identischen Investitionskette kommt der „Ketteneffekt" bzw. das „Gesetz der Ersatzinvestition" zum Tragen. Dieses besagt, dass die Folge der optimalen Nutzungs-dauern der Investitionen monoton steigend ist. Das heißt, die Investition des letzten Nachfolgeobjektes besitzt die größte optimale Nutzungsdauer und entspricht der optimalen Nutzungsdauer einer einmaligen Investition [Drexl, 1990], [Kruschwitz, 2005] und [Götze / Bloech, 2004]. Daher verändert sich die Nutzungsdauer und auch der Gesamt-kapitalwert der Investitionskette mit wachsendem n immer weniger [Seelbach, 1984].

Bei einer Betrachtung des Grenzgewinns ist zusätzlich zu dem Kriterium, das in Abschnitt 4.3.2.2 genannt wurde, zu beachten, dass der Grenzgewinn höher sein muss als die Verzinsung des maximalen Kapitalwerts der Folgeinvestition einer Periode.

4.3.2.4 Optimale Nutzungsdauer einer Investition bei einer endlichen Anzahl nicht-identischer Nachfolgeobjekte

Die bisher getroffene Annahme, dass alle Ersatzinvestitionen identisch sind, ist nicht realitätsnah. Auf Grund von technischen und wirtschaftlichen Entwicklungen sind in der Praxis die Ersatzanlagen fast immer nicht-identisch [Kern, 1974]. Von nicht-identischen Investitionsketten wird dann gesprochen, wenn deren Kapitalwerte sich unterscheiden, das heißt die einzelnen Objekte verschiedene Zahlungsreihen aufweisen [Kruschwitz, 2005]. Auf diese Weise können sich die Unterschiede bezüglich der Kapitalwerte infolge des technischen Fortschritts ergeben [Kern, 1974].

Bei einer Kombination mit einem endlichen Planungszeitraum stellt sich die Frage, ob im Anschluss an die Beendigung der Nutzungsdauer eines Objektes weitere von dem Vorgängerobjekt verschiedene Objekte realisiert werden. Auf diese Weise entsteht die Frage nach einer im Zeitablauf optimalen Investitionsstrategie [Kruschwitz, 2005]. In der Literatur werden für diese Problemstellungen das Branch-and-Bound-Verfahren, die dynamische Optimierung und die vollständige Enumeration als mögliche Lösungsverfahren genannt [Götze / Bloech, 2004]. Bei dem Verfahren der vollständigen Enumeration ergibt sich das Problem, dass mit zunehmender Anzahl der Planungsperioden die Anzahl der möglichen

Alternativen sehr stark anwächst [Kruschwitz, 2005]. Daher ist in diesem Fall auf alternative Methoden des Operations Research zurückzugreifen.[43] In [Drexl, 1990] ist diese Problemstellung unter anderem als binäres Optimierungsproblem formuliert und ein entsprechender Lösungsweg aufgezeigt.

4.3.2.5 Optimaler Ersatzzeitpunkt

Wenn zum Planungszeitpunkt bereits eine Anlage vorhanden ist, deren Ersatzzeitpunkt bestimmt werden soll, handelt es sich um ein Ersatzproblem. Oft wird bei der Rechnung die Beschränkung gemacht, dass allein zum Planungszeitpunkt zu entscheiden ist, ob der Ersatz vorgenommen wird oder nicht [Seelbach, 1984].

Der zugehörige Kapitalwert der alten Anlage lässt sich wie folgt darstellen:

$$c_{alt}\left(t_{alt}\right) = \sum_{t=1}^{t_{alt}} d_t^{alt} \cdot q^{-t} + rw_{t_{alt}}^{alt} \cdot q^{-t_{alt}} \qquad \left(0 \le t_{alt} \le \bar{t}_{alt}\right) \tag{4.4}$$

$\bar{t}_{alt}$: Restnutzungsdauer der vorhandenen (alten) Anlage

d_t^{alt} : Glieder der Zahlungsreihe

$rw_{t_{alt}}^{alt}$: Restwert im Zeitpunkt t

Der zu maximierende Kapitalwert ergibt sich unabhängig davon, ob die alte Anlage durch ein einzelnes Objekt oder durch eine Investitionskette ersetzt wird, in Anlehnung an Gleichung (4.2) wie folgt

$$C_{n+1} = c_{alt}\left(t_{alt}\right) + C_n \cdot q^{-t_{alt}} \tag{4.5}$$

Das in der Gleichung verwendete C_n kann somit sowohl den Kapitalwert einer einzelnen neuen Investition für deren optimale Nutzungsdauer als auch den maximalen Gesamt-kapitalwert einer endlichen Kette identischer Investitionen darstellen. Bei Ersatzinvestitionen ist zu berücksichtigen, dass auch sofortiger Ersatz in $t_{alt} = 0$, optimal sein kann. Dann entspricht der Kapitalwert der alten Anlage deren Restwert [Seelbach, 1984].

4.3.2.6 Einbeziehung von technischem Fortschritt

Technischer Fortschritt liegt vor, wenn entweder die gleiche Produktmenge mit einem geringeren Faktoreinsatz oder mit dem gleichen, jedoch qualitativ verbessertem Faktoreinsatz eine größere Produktmenge erzeugt werden kann [Schulte, 1975]. Technischer Fortschritt zeigt sich somit anhand von Produktionsinnovationen, neuen und verbesserten Produkten (Innovation) und Produktivitätssteigerungen als Folge des Einsatzes neuer Technologien. Dabei lösen exogen bedingte Ursachen eine Veränderung der Zahlungsreihe bei einer funktionsgleichen Ersatzanlage aus. Als Beispiel wird hier die Brennwerttechnik angeführt, die sich neben dem Niedertemperaturkessel als häufig eingesetzte Technologie etabliert hat und den Standardkessel vom Markt verdrängt hat.

---

[43] Vgl. beispielsweise [Drexl, 1990]

Die Auswirkungen von technischem Fortschritt auf die Höhe der zeit- und nutzungsabhängigen Größen in der Investitionsplanung bleibt in vielen Ansätzen unberücksichtigt,[44] obwohl er meist entscheidungsrelevant ist und Fehlentscheidungen durch eine Nichtberücksichtigung des technischen Fortschritts getroffen werden. Der technische Fortschritt kann sich auf verschiedene Größen der investitionstheoretischen Verfahren auswirken. So können diese anschaffungsausgabenändernd wirksam werden oder sich in den Zahlungsreihen bzw. Zahlungsströmen im Rahmen der betriebs- und verbrauchs-bedingten Ausgaben sowie der Einnahmen bemerkbar machen und somit auch eine Verkürzung der Nutzungsdauer einer Anlage bewirken. Je nach Konstellation kann sich die Größe des technischen Fortschritts bei Investitionsketten von Kettenglied zu Kettenglied bzw. in verschiedenen Perioden ändern oder konstant bleiben [Betz, 1995]. Daraus folgt, dass der technische Fortschritt einen Einfluss auf die Zahlungsströme bzw. Zahlungsreihen der zu den verschiedenen Zeitpunkten jeweils besten Ersatzanlagen, insbesondere auch in der energetischen Gebäudesanierung, und somit auch auf die Entscheidung des besten Ersatzzeitpunktes hat. Die Art der Modellierung des technischen Fortschritts kann dabei linear, nicht–linear, stetig und sprunghaft erfolgen [Ederer, 1980].

4.3.2.7 Einbeziehung ausgewählter monetärer Förderinstrumente

In Abschnitt 2.3.2.2 wurden bereits einige monetäre Anreizinstrumente, die für die energetische Gebäudesanierung eine Rolle spielen, erläutert. Die staatliche Förderung bedingt in der Regel eine Verminderung des Risikos sowie eine Verminderung des projektbezogenen Finanzmittelbedarfs [Lüder, 1984]. Dies führt insbesondere bei Investitionen mit langen Amortisationsdauern zu einer verstärkten Umsetzung. Lüder untersucht die Auswirkung einer staatlichen Förderung auf Einzelinvestitionen sowie auf Investitionsprogramme privater Investitionen vor dem Hintergrund konjktureller und regionaler Unterschiede [Lüder, 1984]. Diese Überlegungen sind auf die energetische Gebäudesanierung in vielen Bereichen übertragbar, wobei es sich in der Regel um erzwungene Investitionen handelt. Daher stellt sich auf Grund dieser Tatsache die Frage, ob Einzelmaßnahmen oder Programme umgesetzt bzw. ob innovative Technologien und erneuerbare Energien integriert werden. Staatliche Zuschüsse in Form von Subventionen für durchgeführte energetische Sanierungsmaßnahmen können in kapitalwertbasierenden Investitionsrechenverfahren adäquat berücksichtigt werden, insbesondere, wenn sie zu den Investitionsausgaben zeitlich verschoben auftreten. Vergünstigte Darlehen im Rahmen von energetischen Sanierungsmaßnahmen lassen sich über eine Änderung des Kalkulationszinssatzes erfassen [Bingel, 1997].

Als Beispiel im Rahmen der Anwendung des Planungsmodells (vgl. Abschnitt 6) werden insbesondere Zuschüsse zu Investitionen der energetischen Gebäudesanierung aufgezeigt, da sie im Bereich der Einfamilienhäuser eine wesentliche Rolle spielen und nicht in dem Maße von Einzelfällen abhängig sind wie vergünstigte Darlehen.

---

[44] Ansätze zur Integration technischen Fortschritts in die Investitionsplanung wurden beispielsweise in [Kistner, 1993], [Betz, 1995] und [Swoboda, 1992] berücksichtigt.

Zur Einbindung weiterer finanzieller Förderungen in die Investitionsplanung, wie beispielsweise spezielle Kreditformen und Steuervergünstigungen vergleiche [Schröder, 1996], [Mensch, 2002] und [Götze / Bloech, 2004].

4.3.2.8 Programmentscheidungen

In den bisher diskutierten Investitionsrechenverfahren wurden Alternativen untersucht, bei denen sich die Frage nach der optimalen Investition aus einer vorgegebenen Menge von sich gegenseitig ausschließenden Investitionsalternativen stellt. In einer Vielzahl von Investitionsvorhaben handelt es sich jedoch in der Regel um Investitionsalternativen, die sich nicht gegenseitig ausschließen, sondern einzeln oder kombiniert realisiert werden können und zwischen den Investitionsalternativen Beziehungen bestehen, zum Beispiel produktionstechnischer oder finanzieller Art, so genannte Programmentscheidungen. Dabei können voneinander unabhängige Investitionen und voneinander abhängige Investitionen unterschieden werden. Erstere liegen vor, wenn in Bezug auf die Ein- und Auszahlungen bei einer Alternative gleichgültig ist, ob eine andere Alternative gleichzeitig verwirklicht wird. Letztere liegen vor, wenn die Ein- und Auszahlungen einer Alternative Auswirkungen auf eine andere Alternative haben können [Kruschwitz, 2005]. Eine Vernachlässigung relevanter Abhängigkeiten zwischen den Investitionsalternativen kann zu fehlerhaften Bewertungen und somit zu Fehlentscheidungen führen [Götze / Bloech, 2004].

Diese Interdependenzen führen dazu, dass Modelle der Investitionsrechnung für Einzelentscheidungen nicht anwendbar sind. Daher wurden entsprechende Ansätze zur Programmplanung entwickelt. Aufgrund der engen Verbindung mit anderen Investitionsbereichen werden in vielen Modellen neben dem Investitionsprogramm gleichzeitig auch Handlungsmöglichkeiten in anderen Unternehmensbereichen erfasst. Besondere Aufmerksamkeit wurde den Interdependenzen von Investitions- und Finanz-planung[45] sowie von Investitions- und Produktionsplanung[46] gewidmet. Zum Lösen dieser Problemstellungen gibt es die klassischen Ansätze zur Bestimmung des optimalen Investitionsprogramms (z. B. Modell von Dean) und die Lösung des Interdependenzproblems mit Hilfe der linearen Programmierung [Perridon / Steiner, 2007]. Die klassischen Ansätze versuchen auf der Grundlage einer Kapitalnachfragefunktion und einer Kapitalangebots-funktion das optimale Investitionsprogramm zu bestimmen [Blohm / Lüder, 1995]. Durch die Einbeziehung von Größen anderer Bereiche können Interdependenzen in Optimierungs-modelle integriert werden. Dabei werden grundsätzlich in produktions- und kapital-theoretische Modelle unterschieden. Die produktionstheoretischen Modelle berücksichtigen die Finanzierungsmöglichkeiten als Restriktion und ermitteln das in diesem Rahmen optimale Investitions- und Produktionsprogramm. Kapitaltheoretische Ansätze dagegen setzen ein optimales Produktionsprogramm voraus und variieren das Investitions- und Finanzierungs-programm. Die Absatzrestriktionen werden in beiden Modellen durch Obergrenzen berücksichtigt [Perridon / Steiner, 2007].

---

[45] Hierzu gehören die Modelle von Dean, von Albach sowie von Hax und Weingartner. Vgl. beispielsweise auch [Götze / Bloech, 2004], [Kruschwitz, 2005] und [Mensch, 2002].

[46] Dazu können beispielsweise das Modell von Jacob sowie das erweiterte Förstner/Henn-Modell genannt werden. Vgl. beispielsweise auch [Götze / Bloech, 2004] und [Kruschwitz, 2005].

4.3.3 Fazit für die Entwicklung des Planungsmodells

Sanierungsmaßnahmen in der energetischen Gebäudesanierung weisen, wie andere Umweltschutzmaßnahmen, ebenfalls einige Besonderheiten auf. So weisen Sanierungs-maßnahmen häufig Auszahlungsüberschüsse auf, da insbesondere im Bereich der Einfamilienhäuser keine nennenswerten Einnahmen zu erwarten sind. Bei Einnahmen kann es sich beispielsweise um die Einspeisevergütung der durch die eigene Photovoltaikanlage produzierten Elektrizität handeln. Bei innovativen Systemen handelt es sich häufig auch um Mehrinvestitionen verglichen mit einer „Standardlösung", woraus auch längere Amortisationszeiten resultieren. Hierbei sind des Weiteren Forderungen aus energetischen Neuerungen sowie aus Gesetzesänderungen zu beachten. Ferner existieren zusätzlich nichtmonetäre Vorteile bzw. Nachteile. Als Vorteil soll hier die erhöhte Wohnqualität und erhöhter Komfort genannt werden, die aus einer innovativen, auf die individuelle Situation abgestimmten Lösung, hervorgehen. Als Nachteil soll das Informationsdefizit bezüglich innovativer baulicher und anlagentechnischer Lösungen angeführt werden. Dies führt zu einem erhöhten Informationsbeschaffungsprozess zu Beginn der Sanierungsmaßnahmen.

Aufgrund der langfristigen Investitionen und der zuvor beschriebenen Besonderheiten in der energetischen Gebäudesanierung sind für den rechentechnischen Alternativenvergleich dynamische Investitionsrechenverfahren heranzuziehen, da sie im Vergleich zu statischen Verfahren die zeitlichen Unterschiede von Investitionen berücksichtigen. Des Weiteren lässt sich als Ergebnis der Betrachtung von Investitionsrechnungsverfahren festhalten, dass sich ausschließlich die Kapitalwert- und die Annuitätenmethode zur Entscheidungsunterstützung bei energetischen Sanierungsmaßnahmen eignen. Aufgrund der Tatsache, dass bei energetischen Sanierungsmaßnahmen in der Regel nur Auszahlungen und keine Ein-zahlungen anfallen, kommt weder die Methode des internen Zinssatzes noch die dynamische Amortisationsrechnung in Betracht. Die Kapitalwertmethode ist der Annuitäten-methode vorzuziehen, obwohl prinzipiell beide Verfahren angewendet werden können.

Aus den Erläuterungen der ausgewählten Verfahren der Investitionsrechnung resultiert, dass energetische Sanierungsmaßnahmen im Bestand als Ersatzinvestitionen realisiert werden. Die Investitionsentscheidungen werden auf Basis des Kapitalwerts als Erfolgskriterium getroffen, was wiederum das Ergebnis im Rahmen der Auswahl der dynamischen Verfahren unterstreicht. Des Weiteren ist ein endlicher Planungszeitraum zu betrachten, da unendliche Planungszeiträume einerseits realitätsfern sind und andererseits die Prognose der Zahlungsreihen von weit in der Zukunft liegenden Objekten nicht die geforderte Genauigkeit aufweisen können bzw. unmöglich ist. Im Bereich der (bau-) technischen Gebäudeausrüstung kann aufgrund des technischen Fortschritts von einer nicht-identischen Wiederholung der Investition ausgegangen werden [Götze / Bloech, 2004]. Dies ist insbesondere mit den langen Lebensdauern der Anlagen sowie mit den Innovationen, die auf intensive Forschungsaktivitäten zurückgehen, z. B. Verbesserung der mit erneuerbaren Energien betriebenen Anlagen, begründet.

Daher wird für die Entwicklung des Planungsmodells auf nicht-identische Investitionsketten mit einem endlichen Planungszeitraum zurückgegriffen. Ferner handelt es sich um ein Investitionsprogrammplanungsproblem, das mittels einer vorgeschalteten technischen Analyse bzgl. technisch realisierbarer Alternativen in sich gegenseitig ausschließende

„Einzelentscheidungen" transformiert wurde. Neben dem optimalen Ersatzzeitpunkt ist auch die optimale Sanierungsmaßnahme bzw. -maßnahmenpaket zu ermitteln (vgl. Abschnitt 6).

5 Mögliche Ausgestaltung eines Weiße-Zertifikate-Systems für Deutschland

In Deutschland gibt es bisher nur wenige wissenschaftliche Beiträge, die ein Weiße-Zertifikate-System als mögliches Lenkungsinstrument zur nachfrageseitigen Energie-effizienzsteigerung diskutieren (vgl. hierzu beispielsweise [Bürger / Wiegmann, 2007]). Da es trotz der bisher existierenden Lenkungs- und Anreizinstrumente ein großes ungenutztes Einsparpotenzial im Gebäudebereich gibt [SRU, 2008], werden in diesem Kapitel Vorschläge für die Ausgestaltung eines Weiße-Zertifikate-Systems dargestellt. Gleichzeitig wurden im März 2007 weitere Klimaschutzziele, wie beispielsweise die Erhöhung der Energieeffizienz, die Reduktion der Treibhausgasemissionen und die Steigerung des Anteils erneuerbarer Energien, durch den Europäischen Rat beschlossen, die spätestens bis zum Jahr 2020 umzusetzen sind [BMU, 2007b]. Die Bundesregierung verabschiedete 2007 das „Integrierte Energie- und Klimaprogramm (IEKP)", das maßgeblich zur Energieeinsparung und zur Reduzierung der CO_2-Emissionen beitragen soll und für den Gebäudebereich erhöhte energetische Anforderungen vorsieht (vgl. hierzu Abschnitt 2.2.2).

Die Einrichtung eines Zertifikatsystems ist mit vielfältigen Fragen verbunden und besteht aus einer Vielzahl zu beachtender Ausgestaltungselemente. Die Festlegung dieser Elemente beeinflusst in starkem Maße die Funktionsfähigkeit und den Erfolg eines solchen Systems. Die folgenden wesentliche Schritte können bei der Entwicklung eines Systems Weißer Zertifikate unterschieden werden [Voogt et al., 2004]:

- Benennung einer unabhängigen Institution für das Ausstellen der Zertifikate
- Definition der Zertifikateigenschaften wie Größe, Technologien, Gültigkeitsdauer usw.
- Definition von zulässigen Maßnahmen und Standardmaßnahmen
- Aufstellen von „Spielregeln": Handelbarkeit, Akteure, Erfüllung usw.
- Einrichtung von Systemen zur Registrierung, Kontrolle und Verifizierung
- Definition von Erfüllungsbedingungen und Sanktionszahlungen
- Einrichtung einer Zertifikatentwertung

Im Rahmen dieser Arbeit wird ein Konzept eines Systems Weißer Zertifikate für Deutschland unter Berücksichtigung der oben genannten Punkte entwickelt. Der Schwerpunkt liegt auf der Definition und der Bewertung von Standardsanierungsmaßnahmen im Wärmebereich von Wohngebäuden, da die hier vorhandenen großen Energieeinsparpotenziale noch nicht ausgeschöpft sind.

Daher werden in Abschnitt 5.1 die Kernelemente eines Weiße-Zertifikate-Systems definiert und bewertet. In Abschnitt 5.2 werden zertifikatberechtigte Maßnahmen in der Gebäudemodernisierung festgelegt und Standardmaßnahmen definiert. In diesem Rahmen werden insbesondere Elemente untersucht, die eine Auswirkung auf die Investitionsplanung haben. Daher spielen die Kriterien der Zertifikateigenschaften und der Zuteilung eine übergeordnete Rolle. Diese werden dann in Kapiteln 6 in die Konzeption des Planungsmodells und dessen Anwendung integriert. In Abschnitt 5.3 werden aufbauend auf den vorangegangenen Kapiteln handelsbezogene Kriterien des Zertifikatmarktes dargelegt. In Abschnitt 5.4 werden Wechselwirkungen mit anderen Lenkungsinstrumenten auszugsweise diskutiert.

5.1 Kernelemente eines Weiße-Zertifikate-Systems für Deutschland

Im Folgenden werden die verschiedenen Strukturelemente eines Zertifikatmodells diskutiert und Vorschläge für ein praktikables Weiße-Zertifikate-System in Deutschland erarbeitet. Dabei handelt es sich um folgende Kernelemente:

- Bemessungsgrundlage
- Zeitliche Quotenfestlegung und Quotenhöhe
- Betroffene Energieträger und Quotendifferenzierung
- Betroffene Akteure und Quotenaufteilung
- Festlegung des Referenzszenarios (Baseline)
- Anrechnungszeitraum

5.1.1 Bemessungsgrundlage

Grundsätzlich können als Bezugsgröße für die Energieeinsparung im Rahmen eines Weiße-Zertifikate-Systems die Primärenergie, die CO_2-Emissionen oder die Endenergie herangezogen werden. Die Wahl der Bezugsgröße hängt davon ab, welche Maßnahmen insbesondere umgesetzt werden sollen [Bürger / Wiegmann, 2007]. Nachfolgend werden die einzelnen Möglichkeiten zur Wahl der Bezugsgrößen diskutiert und deren Vor- und Nachteile gegenübergestellt.

Die Primärenergie[47] als Bezugsgröße bietet den Vorteil, dass die Effizienz der gesamten Energieumwandlungskette widergespiegelt wird. Auf diese Weise werden auch Maßnahmen, die eine Umstellung auf andere Energieträger beinhalten, erfasst, wie beispielsweise der Ersatz von Nachtspeicheröfen durch Gasheizungen. In der EnEV wird ebenfalls die Begrenzung des Jahres-Primärenergiebedarfs zur Beurteilung der energetischen Qualität eines Gebäudes zugrunde gelegt [EnEV, 2007]. Dieser Wert ist ebenfalls im Energieausweis eines Gebäudes anzugeben. Daher wäre bei der Wahl des Primärenergieverbrauchs als Bezugsgröße eine Verknüpfung bzw. direkte Vergleichbarkeit der beiden Instrumente möglich. Als Nachteil sind der Umrechnungsaufwand und die erschwerte Verdeutlichung dieser Größe für den Endverbraucher anzumerken.

Die Treibhausgasemissionen sollten dann als Bezugsgröße gewählt werden, wenn die Reduktion dieser das primäre Ziel darstellt und diejenigen Energiesparmaßnahmen durchgeführt werden sollen, die das größte CO_2-Minderungspotenzial aufweisen. Dabei sind jedoch zusätzlich Maßnahmen zu berücksichtigen, die nicht offensichtlich zu einer CO_2-Einsparung führen, z. B. Energiesparmaßnahmen, bei denen regenerative Energien zum Einsatz kommen. Außerdem wäre bei der Wahl der Treibhausgasemissionen als Bezugsgröße, zumindest theoretisch, eine Einbindung des Systems Weißer Zertifikate in den Emissionshandel denkbar.[48] Allerdings ist diese Bezugsgröße, ähnlich der Primärenergie, mit einem Umrechnungsaufwand und einer erschwerten Kommunizierbarkeit mit den Endverbrauchern verbunden [Bürger / Wiegmann, 2007].

---

[47] Der Primärenergieverbrauch ergibt sich aus dem Energieaufkommen, d. h. der Gewinnung im Inland und den Importen, abzüglich der Exporte und Lagerung. Der Endenergieverbrauch ergibt sich zusätzlich nach Abzug vom nichtenergetischen Verbrauch für die chemische Industrie, den Umwandlungsverlusten und dem Verbrauch der Energiesektoren vom Primärenergieverbrauch [AGEB, 2006].

[48] Zur Möglichkeit der Kopplung der beiden Systeme vergleiche auch [Bürger / Wiegmann, 2007] und Abschnitt 5.4.

Für die Wahl der Endenergie als Bezugsgröße spricht die Tatsache, dass sie sich auf das konkrete Ziel des Lenkungsinstruments, die Energieeinsparungen, bezieht. Der Energieverbrauch und die Energieeinsparungen können direkt gemessen werden. Dies führt zum einen zu sinkenden Transaktionskosten bei der Überprüfung der Wirksamkeit der Maßnahmen und der Umrechnungsaufwand kann erheblich reduziert werden. Zum anderen sind die Ergebnisse der Energieeinsparungen bzw. der durchgeführten Maßnahmen besser an die Begünstigten bzw. die Endverbraucher zu kommunizieren. Dadurch können Verhaltensänderungen der Energiekonsumenten zu einem sparsameren Verhalten initiiert und unterstützt werden. Ein Nachteil der Endenergie als Bezugsgröße ist, dass Maßnahmen, die sich ausschließlich in der Primärenergie- und Emissionsbilanz positiv auswirken, keinen Beitrag zur Quotenerfüllung leisten. Hierzu gehören beispielsweise Brennstoffwechsel auf einen CO_2-ärmeren Energieträger, die dabei aber nicht zu einer Endenergieeinsparung führen. Des Weiteren werden bei der Wahl dieser Bezugsgröße nicht zwangsweise die Maßnahmen durchgeführt, die auch den größten Klimaschutzeffekt erreichen [Bürger / Wiegmann, 2007].

Aufgrund der genannten Vorteile soll die Endenergie als Bezugsgröße gewählt werden. Um die Umweltauswirkung bestimmter Energieträger zu berücksichtigen und damit ein Argument gegen die Verwendung der Endenergie zu entkräften, können Maßnahmen, die sich nur in der Primärenergie- und Emissionsbilanz positiv bemerkbar machen, zusätzliche Zertifikatwerte z. B. durch Gewichtungsfaktoren zugeteilt bekommen. Ein weiteres Argument, das für die Wahl der Endenergie als Bezugsgröße spricht, ist eine mögliche Zusammenführung bestehender Weiße-Zertifikate-Systeme. Denn in den Zertifikatsystemen von Großbritannien und Frankreich wurde ebenfalls die Endenergie als Bezugsgröße gewählt (vgl. Abschnitt 3.4). Auf diesen bestehenden Systemen könnte dann auch die Einführung eines EU-weiten Systems basieren.

5.1.2 Zeitliche Quotenfestlegung und Quotenhöhe

Grundsätzlich müssen politische Ziele, hier die Höhe der Einsparquote und der Zeitrahmen, in denen diese erreicht werden sollen, klar definiert und in einer Norm festgelegt werden. Nur dadurch kann die Effektivität eines politischen Instrumentes, wie des Weiße-Zertifikate-Systems, gewährleistet bzw. geprüft werden. Um ein durchsetzbares Ziel festlegen zu können, müssen bestehende Daten über den Energieverbrauch und Szenarien zu zukünftigen Energieverbräuchen zugrunde gelegt werden. Die Höhe der Einsparquote und somit die Menge der zu zertifizierenden Energieeinsparungen hängt unmittelbar von den geschätzten wirtschaftlichen Energieeinsparpotenzialen der einzelnen Einsparmaßnahmen ab. Dazu werden historische Daten sowie Prognosen zum Energieverbrauch, Bewertungen über die technischen und wirtschaftlichen Einsparpotenziale sowie das Verhalten der betroffenen Akteure herangezogen. Entscheidend ist ebenso die Definition eines Referenzszenarios, das beschreibt, wie sich die Endenergienachfrage entwickelt, wenn das System der Weißen Zertifikate nicht eingeführt wird. Da mit dem System der Weißen Zertifikate gerade die nicht genutzten Potenziale im Nachfragebereich ausgeschöpft werden sollen, ist bei der Bestimmung der Einsparquote darauf zu achten, dass das Einsparziel nicht zu niedrig angesetzt wird. In diesem Fall würden keine Maßnahmen zur Energieeinsparung durchgeführt werden, die über eine Referenzentwicklung hinausgehen.

Um Investitionen in Energieeffizienzmaßnahmen im Wohngebäudebereich von Seiten der verpflichteten Akteure zu induzieren, ist ein verlässlicher Planungshorizont von zehn bis zwanzig Jahren erforderlich. Da die Lebensdauer einer Vielzahl der Maßnahmen im Bereich der Energieeffizienz mindestens diese bzw. längere Zeiträume (z. B. Maßnahmen an der Gebäudehülle) umfasst, ist eine kürzere Dauer nicht zu bevorzugen. Des Weiteren wird durch eine langfristige Festlegung der Quotenhöhe die Planungssicherheit der verpflichteten Akteure gesichert. Bezüglich dieses Arguments ist allerdings ein Ziel, das in einem gut abzuschätzenden Einsparpotenzial und der dazugehörigen Zeitspanne liegt, zu favorisieren. D. h., dass der Planungszeitraum eher auf zehn Jahre statt auf einen längeren Zeitraum festzulegen ist, wobei bereits während dieser Zeit neue Ziele festzulegen bzw. eine mögliche Fortführung zu planen ist. Denn neben dem Vorteil der Planungssicherheit ist zu beachten, dass diese Zeitspanne für ein Unternehmen bereits in die langfristige Planung einzuordnen ist.

Um jedoch das Zustandekommen eines Handels mit den Zertifikaten zu gewährleisten, sind Zwischenquoten in kürzeren Abständen erforderlich. Dies ermöglicht ebenfalls eine Anpassung an unvorhersehbare oder mit der Zeit immer besser prognostizierbarer Entwicklungen. Die Länge der Zwischenquoten sollte auf zwei bis drei Jahre festgelegt werden. Kürzere Abstände führen zu höherem Kontrollaufwand und damit gleichzeitig zu höheren Transaktionskosten. Ferner sollten die Höhen der Zwischenquoten so gewählt werden, dass eine gewisse Zunahme bei der Steigerung der Energieeffizienz erreicht wird und die Zertifikatpreise nicht zu stark schwanken.

In Frankreich wurden zunächst drei Perioden festgelegt, die jeweils drei Jahre dauern werden [Arrêté, 2006b]. Die erste Periode begann am 01. Juli 2006 und wird am 30. Juni 2009 enden. Erste Ergebnisse der Zwischenperiode liegen bereits vor (vgl. Abschnitt 3.4.3).

Aus den Ausführungen und den Erfahrungen im Ausland geht hervor, dass es vorteilhaft ist, zunächst ein Zertifikatsystem auf maximal zehn Jahre auszulegen, wobei die Zwischenquoten im Abstand von zwei bis drei Jahren als Feinsteuerung fungieren. Daher wird im Folgenden von Zwischenperioden, die drei Jahre betragen, und einem ersten Gesamtzeitraum von neun Jahren ausgegangen.

In Anlehnung an die Prognosen, die in Kapitel 2.1.1 dargelegt wurden, ist eine jährliche Einsparung von 8,6 TWh (30 PJ) über einen Zeitraum von mindestens neun Jahren im Bereich der Raumwärme ein realistisches Ziel. Zum Vergleich kann hierzu das Ziel, das in Frankreich für die erste Periode formuliert wurde, angeführt werden. Danach sind 54 TWh (190 PJ) Endenergie von 2006 bis 2009 einzusparen, wobei zusätzlich die Einsparungen aus den Bereichen Strom und Kälte enthalten sind [Arrêté, 2006b]. Dies entspricht einer jährlichen Einsparung von 18 TWh (64 PJ), die im Sektor der privaten Haushalte (PHH), im Dienstleistungssektor und im Verkehrssektor erzielt werden. Würde man in Deutschland ebenfalls den Dienstleistungssektor und den Verkehrssektor hinzunehmen, ergäbe sich ein jährliches wirtschaftliches Einsparpotenzial von ca. 28 TWh (100 PJ).

5.1.3 Einbezogene Energieträger und Quotendifferenzierung

Die einzubeziehenden Energieträger werden auf Basis der Beheizungsstruktur von Wohngebäuden in Deutschland sowie der möglichen weiteren Entwicklung ermittelt.

Die Energieträger Erdgas (47,2 %) und Heizöl (31,3 %) stellen einen hohen Anteil bei der Bereitstellung von Raumwärme aus fossilen Energieträgern im Wohnbereich dar [ASUE, 2005], [Statistisches Bundesamt, 2008a]. Mit 12,4 % stellt die Raumwärmebereitstellung resultierend aus Fernwärme ebenfalls eine nicht zu vernachlässigende Größe dar. Kohle und Strom spielen mit zusammen 9,1 % eine eher untergeordnete Rolle [ASUE, 2005]. Auf Basis von Prognosen wird im Jahr 2020 Erdgas bei 50 % der Wohnungen zur Raumbeheizung eingesetzt werden und der Anteil von Heizöl wird sich reduzieren [Hille, 1999]. Aufgrund dieser Anteile und der prognostizierten Entwicklung ist eine Einsparverpflichtung im Rahmen einer Energiequote für die Energieträger Heizöl und Gas für die Bereitstellung von Raumwärme und Warmwasser im Wohngebäudebereich aufzunehmen. Da nur 16 % der Fernwärme in Heizwerken produziert wird und daher der Anteil an der Bereitstellung von Raumwärme und Warmwasser im Vergleich zu den beiden genannten Energieträgern gering ist, kann erwogen werden, Fernwärme nicht in die Quote aufzunehmen [ASUE, 2005].

Unterliegen Gas, Heizöl und Strom der Energieeinsparverpflichtung, so ist die Einsparquote entsprechend den Anteilen der Energieträger im Raumwärmebereich zu bestimmen. Geht man von einem jährlichen Einsparpotenzial von 8,6 TWh aus, so müssen durch die Energieträger Gas 4,8 TWh/a (56 %), Heizöl 3,1 TWh/a (37 %) und Strom 0,6 TWh/a (7 %) Energieeinsparungen erwirtschaftet werden.[49]

5.1.4 Betroffene Akteure und Quotenaufteilung

Insgesamt lassen sich die an einem Zertifikathandelssystem beteiligten Akteure in drei Gruppen einteilen [Bürger / Wiegmann, 2007]:

- Es muss ein Träger des Zertifikatsystems im Auftrag des Staates eingesetzt werden. Der Träger muss nicht zwangsläufig eine staatliche Behörde sein; es kann sich auch um eine private Organisation handeln. Der Träger ist für die Einhaltung des Regelwerks sowie für den zuverlässigen Betrieb des Zertifikatregisters verantwortlich.
- Die zweite Gruppe von Akteuren sind unabhängige Sachverständige, die definieren, welche Maßnahmen für den Erhalt von Weißen Zertifikaten zulässig sind. Allerdings sind diese nur bei spezifischen Maßnahmen notwendig, da die Standardmaßnahmen ex-ante festgelegt werden. Spezielle Maßnahmen werden dann fallweise bewertet (vgl. hierzu Abschnitt 5.2.2).

Beide Akteursgruppen müssen unabhängig von den Marktakteuren sein und können somit nicht selbst an dem System partizipieren.

- Als dritte Akteursgruppe können die eigentlichen Nutzer der Handelsplattform genannt werden. Hierunter fallen unter anderem die quotenverpflichteten Unternehmen und freiwillige Teilnehmer des Systems, wie Energiedienstleistungs-

---

[49] Kohle und Fernwärme werden in die Quote nicht aufgenommen. Die Summe der übrigen Energieträger wird auf 100% normiert.

unternehmen, Zertifikathändler usw. Diese Gruppe wird nachfolgend genauer betrachtet.

Im Folgenden sollen diejenigen Akteursgruppen identifiziert werden, die am besten die in Abschnitt 5.1.2 definierten Ziele erreichen können. Daher wird im Anschluss diskutiert, welche Akteure, insbesondere unter dem Aspekt des Verursacherprinzips, verpflichtet werden sollen, Weiße Zertifikate vorzuweisen. Weitere Akteure sind solche, die keiner Verpflichtung unterliegen und somit freiwillig an dem System der Weißen Zertifikate teilnehmen können (vergleiche Abschnitt 3.1).

Innerhalb der Gruppe der verpflichteten Akteure, die zum Vorweisen von Weißen Zertifikaten und somit zur Umsetzung von Energieeffizienzmaßnahmen verpflichtet werden bzw. als Nachfrager nach Zertifikaten agieren, können grundsätzlich folgende Kategorien unterteilt werden: Energieerzeuger bzw. Importeure von fossilen Energieträgern, Netzbetreiber (von Strom und Gas), Händler bzw. Endenergielieferanten und Endverbraucher [Langniss / Praetorius, 2004].

Die Hersteller oder Importeure fossiler Energieträger stehen am Anfang der Wertschöpfungskette im Energiemarkt. Ihre Hauptaufgabe ist es, die Endenergielieferanten mit den Energieträgern zur Strom- und Wärmeerzeugung zu versorgen. Sie bringen die fossilen Energieträger in Verkehr und tragen damit zu Emissionen bei. Allerdings stehen sie nicht in direktem Kontakt mit den Endverbrauchern und verfügen daher nicht über Informationen der Verbrauchsstrukturen der Endkunden. Aufgrund dieser Distanz haben sie nur geringe Einflussmöglichkeiten auf die nachfrageseitige Umsetzung von Energieeinsparmaßnahmen (z. B. über Weiterleitung von Informationen, Aufsetzen von entsprechenden Förderprogrammen etc.).

Die Netzbetreiber von Strom- und Gasnetzen werden insoweit vom Verursacherprinzip erfasst, indem sie die entsprechenden Energieträger transportieren. Wären die Verteilnetzbetreiber vollkommen unabhängig von Vertriebsinteressen, würde eine Verpflichtung dieser Gruppe den Vorteil ergeben, dass die Durchführung einer Energieeinsparmaßnahme nicht absatzmindernd wirkt. Zudem könnten die Kosten für Energieeinsparmaßnahmen in Form eines Aufschlags auf die Netzentgelte auf alle Kundensegmente überwälzt werden und so die Diskriminierung einzelner Kundensegmente (z. B. Privathaushalte) vermieden werden [Bürger / Wiegmann, 2007]. In Deutschland sind die Energieversorgungsunternehmen vertikal integriert, so dass die Netzbetreiber die oben genannte Anforderung der Unabhängigkeit nicht erfüllen. Ein Nachteil könnte auch wiederum die unzureichende Kenntnis über das Nachfragerverhalten sein.

Ein klarer Vorteil, der sich bei der Verpflichtung von Endenergielieferanten ergäbe, ist ihre Kundennähe. Sie verfügen über Kenntnisse der Endenergieversorgung und der Konsummuster ihrer Kunden und haben somit einen Informationsvorsprung gegenüber den anderen Akteuren. Würden einerseits die Energielieferanten keiner Quotenverpflichtung unterliegen, würde es zu einer Energieabsatzmaximierung kommen und somit Energieeffizienzmaßnahmen eher behindert als gefördert werden. Andererseits würde eine Quotenverpflichtung aller Energieversorger zu einem erheblichen Verwaltungsaufwand und hohen Transaktionskosten führen, da die Anzahl mit Einbeziehung aller Stadtwerken und Einzelhändler relativ groß ist [Bürger / Wiegmann, 2007]. Hierbei könnte ein Schwellenwert in Anlehnung an das System in Frankreich (vgl. Abschnitt 3.4.3) festgelegt werden, ab dem eine Verpflichtung wirksam wird. Dabei muss zwischen der Liquidität des Marktes und den Transaktionskosten ein brauchbarer Kompromiss gefunden werden.

Eine Quotenverpflichtung der Konsumenten liegt in Anlehnung an das Verursacherprinzip nahe. Sie stellen die Energieverbraucher dar, um Raumwärme zu erzeugen und können daher einen Energieträger substituieren oder den Verbrauch direkt mindern. Allerdings würde eine Verpflichtung dieser Akteursgruppe zu hohen Transaktionskosten aufgrund der Kontrolle und der Erfassung der Einsparungen führen. Selbst ein Zusammenschluss wie beispielsweise der Bund der Energieverbraucher e.V. mit ca. 8000 Mitgliedern, darunter viele Vereine und Kommunen, würde wenig Vorteile bringen, da die Interessen der einzelnen Mitglieder zu unterschiedlich sind und damit die hohen Transaktionskosten unwesentlich sinken [Reiche, 2005]. Ein weiterer Grund, der die Umsetzung von Energieein-sparmaßnahmen hemmt, ist das Investor-Nutzer-Dilemma[50]. Daher sollten die Konsumenten keiner Quotenverpflichtung im Rahmen eines Systems Weißer Zertifikate unterliegen.

Um die Liquidität des Marktes für Weiße Zertifikate zu erhöhen, kann erwogen werden, auch nicht verpflichtete Akteure am System der Weißen Zertifikate teilnehmen zu lassen. Je mehr Käufer und Verkäufer am Markt agieren, desto dynamischer ist der Handel und desto effizienter können die Energieeinsparungen durchgeführt werden. Die freiwilligen Akteure können Energiedienstleistungen oder Energieeffizienzprogramme in den Einrichtungen der Endverbraucher anbieten und dadurch Zertifikate erhalten, mit denen sie dann am Handel teilnehmen können. In Deutschland kommen beispielsweise Energiedienstleistungs-unternehmen, Hersteller von Hausanlagentechnik, Gebäudeverwaltungsgesellschaften, Zusammenschlüsse von privaten Akteuren mit gleichen Interessen aber auch Kommunen als freiwillige Teilnehmer in Frage. Hier ist es sinnvoll, eine Schwelle einzuführen, ab der das Teilnehmen am Markt ermöglicht wird, da sonst die Transaktionskosten durch den erhöhten Kontrollaufwand zu sehr steigen.

Zusammenfassend ist festzuhalten, dass es für alle Akteure Vor- und Nachteile bei einer Verpflichtung geben wird. Daher ist in dieser Arbeit zunächst davon auszugehen, dass alle Akteure entlang der Wertschöpfungskette einer Verpflichtung unterliegen. Hierzu sind weitere Untersuchungen durchzuführen. Die Endverbraucher sollten keiner Verpflichtung unterliegen. Sie können lediglich als freiwillige Akteure am Zertifikathandel teilnehmen. Auf diese Weise können die verpflichteten Akteure zusätzliche Anreizinstrumente schaffen, um die Zertifikate der Endverbraucher zu erhalten, oder diese im Rahmen des Handels erwerben. Des Weiteren wird in dieser Arbeit davon ausgegangen, dass keine Mengen-schwelle existiert, um in Kapitel 6 die Auswirkungen aufzuzeigen, ohne umfangreiche Kooperationsmöglichkeiten ermitteln zu müssen.

Das einzusparende Ziel sollte gemäß den Marktanteilen auf die verpflichteten Akteure verteilt werden. Wenn der Schwerpunkt auf Maßnahmen in privaten Haushalten liegt, sollten die Absatzmengen in diesem Sektor zur Quotenfestlegung herangezogen werden. Das heißt, dass auf Basis der in der Vergangenheit getätigten Absatzmengen die jeweiligen

---

[50] Für den Eigentümer bzw. Vermieter von Gebäuden erscheinen Energieeffizienzmaßnahmen nicht ausreichend rentabel, da der Mieter die Nebenkosten zu tragen hat und der Vermieter keinen direkten Nutzen aus den Maßnahmen zieht.

Einsparziele der verpflichteten Akteure festgelegt werden. Diese können von einer Zwischenperiode zur anderen angepasst werden.

5.1.5 Festlegung des Referenzszenarios

Die Entwicklung eines Referenzszenarios (Baseline) spielt eine wichtige Rolle. Erst unter Zugrundelegung einer Baseline kann die Zusätzlichkeit, die eine der Hauptanforderungen an ein Weiße-Zertifikate-System darstellt, geprüft werden. Die Baseline beschreibt ein Referenzszenario unter der Annahme, dass keine Einsparmaßnahmen durchgeführt werden. Bei der Berechnung der Baseline müssen voraussichtliche Änderungen in den betreffenden Gesetzen und Verordnungen und die unabhängige Entwicklung der Verbesserung der Energieeffizienz berücksichtigt werden. Das heißt, dass sie periodisch angepasst werden muss. Für eine möglichst genaue Erfassung der Energieeinsparung ist die Baseline projektbasiert zu erfassen [2006/32/EG]. Im Bereich der Wohngebäude sind die nachfolgenden Faktoren zu berücksichtigen:

- Entwicklung der energetischen Standards,
- Marktdurchdringungsgrad und
- Effizienzsteigerung bestimmter Technologien (z. B. Wärmepumpe).

Im Fall einer einmaligen Anrechnung einer Maßnahme kann dies durch Diskontierung über ihre Lebensdauer erreicht werden (vgl. Abschnitt 5.2). Wird eine Maßnahme periodisch angerechnet, so muss immer der Stand der Technik als neuer Referenzwert herangezogen werden [Langniss / Praetorius, 2004]. Die Bestimmung der Baseline kann in letztgenanntem Fall auf Benchmarks beruhen, die beispielsweise aus dem Stand der Technik oder nach dem Durchschnitt des Bestands gebildet werden.

Jede durchgeführte Maßnahme kann dann mit der Baseline verglichen und ihr zusätzlicher Beitrag berechnet werden. In Frankreich ist der durchschnittliche Bestand an Heizungsanlagen und der durchschnittliche energetische Standard der Gebäude als Referenz zugrunde gelegt worden [Guyonnet, 2005]. Wenn eine Doppelanrechnung im System der Weißen Zertifikate verglichen mit der EnEV bewusst in Kauf genommen wird, können auch in Deutschland der durchschnittliche Bestand und die aktuellen Sanierungs- bzw. Austauschraten der Heizungsanlagen als Referenzentwicklung zugrunde gelegt werden.

5.1.6 Anrechnungszeitraum

Der Anrechnungszeitraum einer Maßnahme ist ein weiteres wichtiges Ausgestaltungs- merkmal im Rahmen eines Systems Weißer Zertifikate. Dabei gibt es grundsätzlich zwei Möglichkeiten: die periodische (jährliche) und die einmalige Anrechnung [Bürger / Wiegmann, 2007].

Bei der periodischen Anrechnung werden jährlich Zertifikate in Höhe der erbrachten Energieeinsparung generiert und dem Akteur zugewiesen. Im Falle einer einmaligen Anrechnung werden die Energieeinsparungen, die eine Maßnahme über ihre gesamte Lebenszeit erreicht, d. h. bis zum Austausch dieser, dem Akteur auf einmal zugerechnet.

Zur Beurteilung der beiden Varianten sind die Beurteilungskriterien Anrechnungsgenauigkeit, Investitionssicherheit und Höhe der Transaktionskosten heranzuziehen, die nachfolgend erläutert werden [Bürger / Wiegmann, 2007]. Bei der jährlichen Anrechnung ist eine zeitnahe und damit genaue Bilanzierung möglich. Diese erlaubt insbesondere eine periodische Überprüfung der Einsparerfolge. Wird eine einmalige Anrechnung gewählt, so basieren die Energieeinsparungen auf mittel- bzw. langfristigen Abschätzungen. Der Nachteil der einmaligen Anrechnung ist die Ausgabe der Zertifikate ohne eine Kontrolle des tatsächlichen Einsparerfolges. Mit einer einmaligen Anrechnung erhöht sich die Investitionssicherheit einer Maßnahme für die betroffenen Akteure. Die langfristige Preisentwicklung auf dem Zertifikatmarkt fließt auf diese Weise nicht in die Beurteilung der Wirtschaftlichkeit einer Maßnahme ein. Bei der periodischen Anrechnung müssten die Langfristprognosen über den Zertifikatpreis durch Risikoaufschläge berücksichtigt werden. Die Transaktionskosten fallen bei der periodischen Anrechnung höher aus, da dabei die Energieeinsparung periodisch gemessen bzw. nachgewiesen und zertifiziert werden muss. Des Weiteren ist bei der periodischen Anrechnung der Wechsel bestimmter Akteure möglich, z. B. Wechsel des Versorgungsunternehmens eines Endverbrauchers, bei dem eine Maßnahme durchgeführt wurde. Dabei entsteht das Risiko, dass der Zugang zu den Daten der durchgeführten Maßnahme nicht mehr sichergestellt ist und somit die Messung der Energieeinsparung und damit der Erhalt von Weißen Zertifikaten erschwert werden.

Aufgrund der oben genannten Nachteile einer periodischen Anrechnung wird empfohlen, die Energieeinsparung der Maßnahmen über ihre Lebenszeit den Akteuren zuzurechnen und die Zertifikate zu Beginn der Realisierung einer Sanierungsmaßnahme auszugeben. Es ist zudem zu erwarten, dass hauptsächlich Standardmaßnahmen durchgeführt werden, deren Berechnungsverfahren zwar zu pauschalen Energieeinsparungen führen, die im Einzelfall von der Realität abweichen können, im Durchschnitt aber ausreichend genau sind.

5.2 Zertifikatberechtigte Maßnahmen in der Gebäudemodernisierung in Deutschland

In diesem Abschnitt werden auf Grundlage von Einflussfaktoren auf den Energieverbrauch von Wohngebäuden, der Gebäudetypologie für Deutschland und der vorhandenen energetischen Standards ausgewählte Maßnahmen im Hinblick auf die Einbindung in ein Weißes Zertifikate System bewertet und mit Zertifikatwerten versehen.

Zulässige Maßnahmen in einem System Weißer Zertifikate müssen zu dauerhaften und nachweisbaren Energieeinsparungen führen. Wichtigste Anforderung an ein Weiße-Zertifikate-System ist die Zusätzlichkeit der Maßnahmen. Nur jene Maßnahmen, die zusätzlich zu den ohnehin eingesetzten Maßnahmen durchgeführt werden, sind in diesem System anrechenbar und führen zum Erhalt von Weißen Zertifikaten.

In Frankreich können alle Energieeinsparmaßnahmen, die durch verpflichtete Akteure durchgeführt werden, zum Erhalt von Zertifikaten führen. Die übergeordnete Bedingung, die an den Erhalt gebunden ist, besagt, dass die Energieeinsparung mindestens einer GWh_{cumac} entsprechen muss. Freiwillige Akteure müssen zusätzlich nachweisen, dass die Maßnahme nicht in ihrem Hauptgeschäftsfeld liegt und dadurch keine direkten Gewinne erwirtschaften werden [Circulaire, 2006]. Die an den Erhalt von Energieeinsparzertifikaten gebundenen Kriterien sind in Abbildung 5-1 dargestellt. Durch diese Kriterien werden die Anforderungen an Energiesparmaßnahmen, die im Rahmen des Weiße-Zertifikate-Systems angerechnet werden können, sichergestellt. Im Wesentlichen können die Kriterien aus Abbildung 5-1 für das Zertifikatsystem in Deutschland nach geringer Anpassung übernommen werden. Eine Begrenzung der Mindestmenge für den Erhalt von Zertifikaten ist zweckmäßig, da auf diese Weise der Aufwand und die Transaktionskosten begrenzt werden können. Diese Größe sollte bei einer Einführung jedoch ausgiebig geprüft werden.

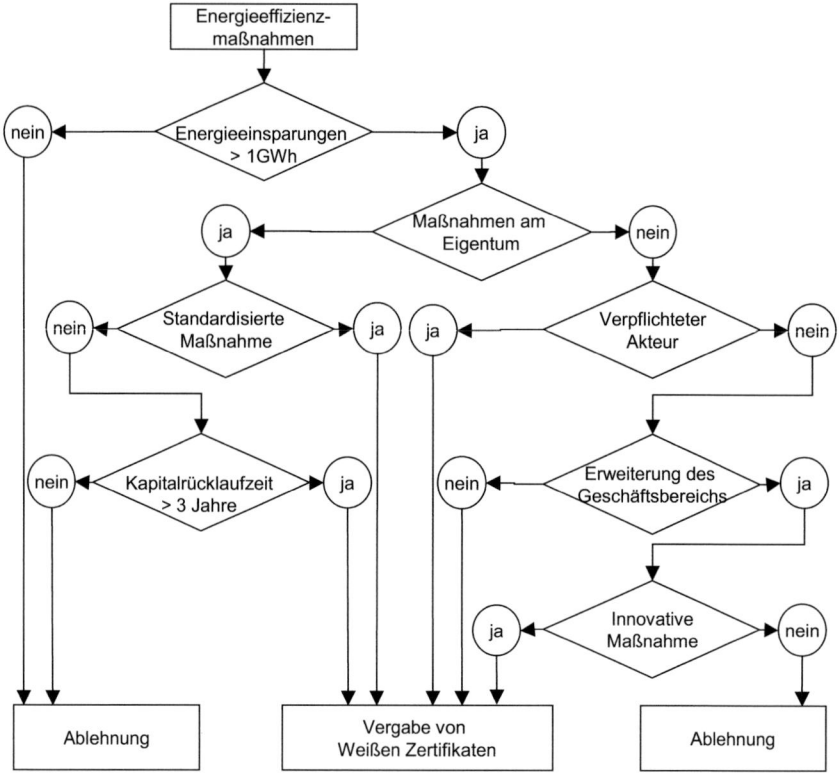

Quelle: in Anlehnung an [Guyonnet, 2005]

Abbildung 5-1: Kriterien für den Erhalt von Weißen Zertifikaten in Frankreich

Bei der Zuweisung von Zertifikatwerten können zwei Arten von Energieeinsparmaßnahmen, Standardmaßnahmen und spezielle Maßnahmen, unterschieden werden. Die Standard-maßnahmen (Abschnitt 5.2.1) sind in einem Katalog mit den entsprechenden pauschalen Energieeinsparungen zusammengefasst. Die speziellen Maßnahmen (Abschnitt 5.2.2), deren Energieeinsparung nicht von vornhinein bekannt ist, müssen ein Genehmigungs-verfahren durchlaufen und bekommen fallbezogen Zertifikatwerte zugewiesen. In der Regel stellen diese Maßnahmen Sondermaßnahmen oder seltener umgesetzte Maßnahmen dar. Standardmaßnahmen erfüllen die Anforderung der Zusätzlichkeit in jedem Falle (vgl. Abschnitt 5.2.1.1). Die Energieeinsparung wird ex-ante von der beauftragten Institution festgesetzt und kann nach Durchführung der Maßnahme Akteuren in Form von Zertifikaten zugerechnet werden.

5.2.1 Konzeption und Zuweisung von Zertifikatwerten bei Standardmaßnahmen

Für Standardmaßnahmen existiert in der Regel ein Katalog, der die gängigen bzw. die zu erwartenden Maßnahmen mit entsprechenden Zertifikatwerten in verschiedenen Anwendungsbereichen enthält. In Frankreich sind die Bereiche sowie die darin enthaltenen Standardmaßnahmen des Katalogs gesetzlich festgelegt [Arrêté, 2006c] und [Arrêté, 2006d]. Er umfasst die Bereiche Gebäude (Wohngebäude sowie Büro- und Verwaltungsgebäude), Netze (Wärme-Kälte, Beleuchtung), Industrie und Transport. Im Bereich Gebäude umfasst der Katalog Maßnahmen an der Gebäudehülle, die auf die Wärmedämmung von Bauteilen und den Austausch von Fenstern und Türen begrenzt sind. Im Bereich der Anlagentechnik wird zwischen Maßnahmen bezogen auf die Raumwärme und auf die elektrisch betriebene Ausstattung unterschieden. Die erste Gruppe enthält Maßnahmen an der Wärmeverteilung sowie den Austausch von Kesseln und dem Einsatz erneuerbarer Energieträger. Die zweite Gruppe berücksichtigt den Austausch von technischen Geräten wie Waschmaschinen und Kühlschränken sowie Maßnahmen an der Beleuchtung. Des Weiteren wird in diesem Rahmen auch die Fortbildung von Energieverantwortlichen bzgl. Energieeinsparmöglichkeiten zertifiziert. Im weiteren Verlauf dieser Arbeit werden bezüglich der Anlagentechnik ausschließlich Maßnahmen bezogen auf die Raumwärme berücksichtigt.

Der Nennwert der Zertifikate entspricht einer eingesparten Energiemenge in kWh, die als kWh_{cert} bezeichnet wird. Diese Einheit beinhaltet die gesamte Lebensdauer der jeweiligen Maßnahme und wird auf den Umsetzungszeitpunkt abgezinst. Eine Einheit eingesparter Endenergie (kWh_{cert}) entspricht somit einem Zertifikat.

5.2.1.1 Kriterien zur Konzeption von Zertifikatwerten bei Standardmaßnahmen

Die Zertifikate für die Standardmaßnahmen basieren auf einer Reihe grundlegender Einzelheiten und hängen von verschiedenen Kriterien ab. Daher werden im Folgenden die erforderlichen Kriterien bzw. Grundlagen für die Zuteilung von Zertifikatwerten bei Standardmaßnahmen untersucht und bewertet, um darauf aufbauend einen Katalog zu erarbeiten. Die wesentlichen Kriterien, die im Rahmen der Zuteilung bei Standardmaßnahmen im Wärmebereich in dieser Arbeit untersucht und somit berücksichtigt werden, sind:

a) Klimazonen
b) Altersklassen bzw. Unterscheidung nach Alter der Anlagen
c) Berechnung der Zertifikatwerte und Berücksichtigung der Baseline
d) Unterscheidung nach Gebäudeform und Gebäudeart
e) Dämmeigenschaften bei der Bewertung von Maßnahmen an der Gebäudehülle
f) Integration der Verwendungsmöglichkeiten eines Kessels
g) Leistung der Wärmeerzeuger
h) Integration regenerativer Energien bzw. der Umweltauswirkung

i) Technologiefaktoren
j) Korrekturfaktoren (z. B. Wohnfläche, Anzahl der Zimmer etc.)

Dabei beziehen sich die Punkte a) bis d) sowohl auf die Gebäudehülle als auch auf die Anlagentechnik, der Punkt e) insbesondere auf die Gebäudehülle und die Punkte f) bis j) auf die Anlagentechnik.

Die Ermittlung der Zertifikatwerte und insbesondere die Berechnungen der energie-bezogenen Parameter der Gebäudetypologie basieren auf dem „Kurzverfahren Energieprofil" [IWU, 2005]. Dieses Berechnungsverfahren ermöglicht eine ausreichend genaue Berechnung basierend auf Angaben, die ohne eine umfassende Begehung und Begutachtung der Objekte verfügbar sind wie beispielweise Informationen über Typgebäude verschiedener Altersklassen. Typische Angaben und Werte der jeweiligen Gebäude- und Anlagenkomponenten sind in dem Berechnungsverfahren hinterlegt, die bei Bedarf durch detailliertere Angaben ersetzt werden können. Aufgrund dieses breiten Anwendungs-spektrums wurde das „Kurzverfahren Energieprofil" für die Festlegung der Zertifikatwerte verwendet.

a) Klimazonen

Der Heizwärmebedarf von Gebäuden wird unter anderem durch das Klima am Standort beeinflusst. Dabei stellen die Außentemperatur und die solare Strahlung wichtige klimatische Einflüsse dar. Im System der Weißen Zertifikate in Frankreich werden drei Klimazonen unterschieden, wobei der Nordosten der Klimazone H1 (höchste Zertifikatwerte), der Westen der Klimazone H2 und einige Departements im Südosten der Klimazone H3 (geringste Zertifikatwerte) zugerechnet werden [DGEMP, 2008]. Bei der Einführung eines Weiße-Zertifikate-Systems in Deutschland stellt sich die Frage, ob eine Einteilung in Klimazonen durchgeführt werden soll. Dies könnte in Anlehnung an bestehende Einteilungen von Klima-bzw. Frosteinwirkungszonen erfolgen (vgl. [DIN V 4710, 2003] und Abbildung 5-2). Die linke Klimakarte zeigt die Frosteinwirkungszonen, die ursprünglich aus dem Straßenbau stammen, allerdings gute Anhaltspunkte liefern [FGSV, 1989]. Die rechte Klimakarte teilt Deutschland in drei Bereiche mit den niedrigsten Zweitagesmittelwerten der Lufttemperaturen, die in den letzten 20 Jahren zehnmal erreicht wurden, ein. Diese Temperaturen bilden unter anderem die Grundlage für die Größendimensionierung für Brenner und Kesselanlagen [Beitzke, 2008].

Für die Differenzierung von Klimazonen in Anlehnung an solare Strahlung, die insbesondere für die Bestimmung der Zertifikatwerte von thermischen Solaranlagen wichtig ist, können beispielsweise die Sommerklimaregionen, die für den sommerlichen Wärmeschutznachweis gelten [DIN V 4108-2, 2001], herangezogen werden.

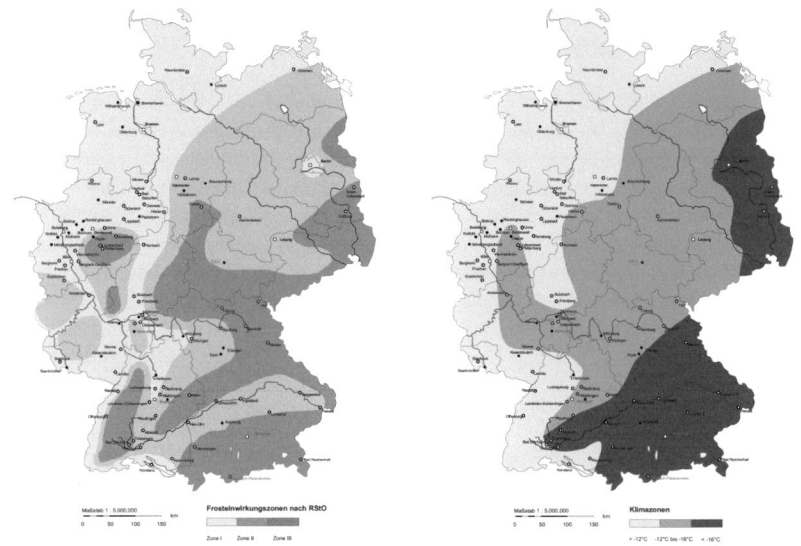

Quelle: [FGSV, 1989] und in Anlehnung an [Beitzke, 2008]

Abbildung 5-2: Frosteinwirkungs- und Klimazonen für Deutschland

Im Berechnungsverfahren „Kurzverfahren Energieprofil" wird von einem Standardklima Deutschland ausgegangen, das auch für die Berechnungen verwendet wurde [IWU, 2005]. Es werden 15 weitere Klima-Regionen vorgeschlagen. Um die Stärke des klimatischen Einflusses zu überprüfen, wurden die Heizwärme- und Endenergiebedarfe für ein typisches Einfamilienhaus der Altersklasse 4 (1949 bis 1957) für die verschiedenen Klimazonen berechnet. Die Abweichung zum Standardklima Deutschland liegt beim spezifischen Heizwärmebedarf zwischen 13 % beim kleinsten (Region 1 - Norderney) und 4 % beim größten Wert (Region 15 - Garmisch-Patenkirchen) und beim Endenergiebedarf entsprechend zwischen 14 % und 7 %. Aufgrund dieser eher geringen Unterschiede werden in dieser Arbeit Zertifikatwerte für das Standardklima Deutschland (eine Klimazone) entwickelt. Für eine weitere Unterteilung sind weitere Untersuchungen durchzuführen bzw. auch weitere (kleinräumigere) Gebäudetypologien heranzuziehen.

b) Altersklassen bzw. Unterscheidung nach Alter der Anlagen

Eine Unterscheidung der Altersklassen bei Standardmaßnahmen wurde im Rahmen dieser Arbeit ebenfalls untersucht (vgl. Abschnitt 2.1.2). Dabei wurden die typischen Einsparungen der einzelnen Altersklassen berechnet, deren durchschnittliche Beträge ermittelt und mögliche Ausreißer mittels einer Analyse der Standardabweichungen identifiziert. Die Werte basieren auf Berechnungen von durchschnittlichen beheizten Wohnflächen und der durchschnittlichen lichten Raumhöhe der zu Grunde liegenden Gebäudetypologie. Die jeweiligen Bauteilflächen basieren auf dem Flächenschätzverfahren, das in dem Berechnungsverfahren „Kurzverfahren Energieprofil" hinterlegt ist.

Daraus wurden zum einen die typischen Einsparungen der Sanierungsmaßnahmen verschiedener Bauteile abgeleitet. Bei den betrachteten Maßnahmen an der Gebäudehülle (Wärmedämmung des Daches und der Außenwand sowie Austausch der Fenster) wurden ähnlich hohe spezifische Einsparungen ermittelt. Wesentliche Unterschiede gehen lediglich auf die Größenunterschiede der Typgebäude zurück. Die Berechnungen ergaben hingegen in verschiedenen Altersklassen Unterschiede bei geneigten Dächern und Flachdächern, so dass diese sich in der Zertifikatzuweisung widerspiegeln (vgl. Tabelle 5-4). Zum anderen wurden typische Werte für die Anlagentechnik abgeleitet. Sie weisen stärkere Abweichungen als die Werte der verschiedenen Bauteile auf. Nichtsdestotrotz wurden hier ebenfalls mit Hilfe von Mittelwerten typische Einsparungen ermittelt, die auf die Bandbreite der Altersklassen anwendbar sind.

c) Berechnung der Zertifikatwerte und Berücksichtigung der Baseline

Bei der Zuteilung der Zertifikate wird die einmalige Anrechnung gewählt (vgl. Abschnitt 5.1.6). Daraus ergibt sich die Notwendigkeit, die Entwicklung der Energieeffizienz im Wohngebäudebereich ohne die Einführung eines Systems Weißer Zertifikate (Referenzszenario) und die unterschiedlich anfallenden Energieeinsparungen über die Jahre der Lebensdauer zu integrieren. Dies wird mittels eines Faktors realisiert, der sich aus der geometrischen Reihe ergibt (vgl. Gleichung (4.6) bzw. durch die daraus abgeleitete Gleichung (4.7)). Die jährlich erzielte Energieeinsparung einer Maßnahme wird mit einem Faktor in Höhe von δ bereinigt, der nachfolgend Anpassungsfaktor genannt wird. Somit nimmt die Höhe der Energieeinsparungen jährlich um den Faktor $(1-\delta)^\tau$ ab, wobei τ die Anzahl der verstrichenen Jahre beschreibt.

$$WZ_{anrech} = EE \cdot \sum_{\tau=1}^{n} (1-\delta)^\tau \qquad (4.6)$$

WZ_{anrech}	Wert der Zertifikate [kWh_{cert}]
EE	Energieeinsparung pro Jahr [kWh/a]
δ	Anpassungsfaktor
n	Lebensdauer der Maßnahme [a]

$$WZ_{anrech} = EE \cdot \frac{1-(1-\delta)^{n+1}}{\delta} \qquad (4.7)$$

Bei der Bestimmung des Anpassungsfaktors ergeben sich ähnliche Schwierigkeiten wie bei der Festlegung der Baseline. In Frankreich ist für die erste Zwischenperiode ein Faktor in Höhe von 4 % [IEA, 2006] festgelegt worden, wobei es nicht ersichtlich ist, wie dieser zustande kommt. In Großbritannien beträgt er 3,5 % [Adnot et al., 2007] und entspricht dem Standarddiskontierungsfaktor des britischen Finanzministeriums. Aus der Literatur gehen wenig Angaben über die Grundlage dieser Wahl hervor. Es ist lediglich bekannt, dass der Anpassungsfaktor im französischen System die Effizienzverbesserung enthält und dem Diskontierungsfaktor entspricht [ADEME, 2008].

Für Deutschland wird dieser Faktor aus der Kombination der Inflations- und der Effizienzrate ermittelt. Die Inflationsrate beträgt in Deutschland etwa 3 %/a [Statistisches Bundesamt, 2008a]. Die Effizienzrate der vorgeschlagenen Technologien kann im Durchschnitt mit etwa 2 %/a angegeben werden. Diese resultiert aus dem prozentualen Anteil der Energieeinsparung der letzten 20 Jahre, da man bei bestehenden Beheizungssystemen von Lebensdauern in dieser Größenordnung ausgeht, die sich dann auf die Anzahl der vorgeschlagenen Beheizungssysteme bezieht. Im Bereich der Niedertemperatur- und Brennwerttechnik sind jedoch keine Effizienzsteigerungen in der bisherigen Größenordnung zu erwarten, und daher wird von einer Effizienzsteigerung von 1 %/a ausgegangen. Daraus ergibt sich ein Anpassungsfaktor in Höhe von 4 %/a, der mit dem Faktor im französischen Weiße-Zertifikate-System übereinstimmt.

d) Unterscheidung nach Gebäudeform und Gebäudeart

Der Einfluss auf den Energieverbrauch wird wesentlich von der Gebäudeform und der Gebäudeart bestimmt. Freistehende Einfamilienhäuser haben einen größeren spezifischen Energiebedarf als kompaktere Mehrfamilienhäuser. Die Kompaktheit der Gebäude wird über das A/V-Verhältnis (Oberflächen-Volumen-Verhältnis) berechnet, das das Verhältnis von der wärmeübertragenden Hüllfläche zu der von ihr eingeschlossen beheizten Wohnfläche darstellt. Bei Einfamilienhäusern liegen die A/V-Werte je nach Baualtersklasse zwischen 1,07 und 0,56 m^2/m^3 und bei Reihen- bzw. Mehrfamilienhäusern zwischen 0,37 und 0,81 m^2/m^3 [Kleemann et al., 2000]. Im Rahmen der Bewertung von Energieeinsparmaßnahmen kann diese Unterscheidung herangezogen werden. Allerdings ergeben sich Probleme, sobald Sanierungsmaßnahmen lediglich einzelne Wohneinheiten in Mehrfamilienhäusern[51] betreffen.

Daher wird vorgeschlagen, dass im Rahmen der Zertifikatzuweisung Einfamilienhäuser und Wohneinheiten unterschieden werden. Ausnahmen sind z. B. Heizungsanlagen, die ein oder mehrere Gebäude versorgen wie Blockheizkraftwerke, und somit auch auf die entsprechende Größe zertifiziert werden sollten. In dieser Arbeit werden lediglich Zertifikatwerte als Standardmaßnahmen für Einfamilienhäuser generiert, da diese den Schwerpunkt der Arbeit bilden. Andere Maßnahmen sind dann entweder als spezielle Maßnahmen zu behandeln oder nachträglich als Standardmaßnahmen zu ergänzen.

e) Dämmeigenschaften bei der Bewertung von Maßnahmen an der Gebäudehülle

Es stellt sich die Frage, nach welchen Kriterien die Zertifikatwerte unterteilt werden. In Frankreich wird hierfür der Wärmedurchlasswiderstand R[52] herangezogen. Prinzipiell wäre dies in Anlehnung an die Mindestwärmeschutzwerte für Wärmedurchlasswiderstände von Bauteilen [DIN V 4108-2, 2001] für Deutschland auch möglich (z. B. R ≥ 1,20 m^2K/W für Außenwände, Dächer und Decken). Allerdings werden in der Energieeinsparverordnung bereits strengere Auflagen unterbreitet. Dabei werden die Wärmeeigenschaften mittels des Wärmedurchgangskoeffizienten (U-Wert) begrenzt (z. B. einen U_{max} für Außenwände von 0,45 W/(m²K) und für Dachschrägen von 0,3 W/(m²K)) [EnEV, 2007]. Daher werden diese Werte für die Zuteilung der Zertifikatwerte herangezogen. Neben der Einhaltung der

---

[51] Kleine Mehrfamilienhäuser umfassen in der Regel 3 bis 6 Wohneinheiten, große Mehrfamilienhäuser bis zu 12 Wohneinheiten und Hochhäuser mehr als 12 Wohneinheiten [Kleemann et al., 2000].

[52] Der Wärmedurchlasswiderstand ist der Kehrwert des Wärmedurchlasskoeffizienten und beschreibt somit die Wärmedämmwirkung eines Bauteils.

gesetzlich vorgeschriebenen Werte ist es möglich, zusätzliche Zertifikatwerte durch die Erreichung von U-Werten zu erhalten, die Bauteilen eines Niedrigenergiehauses entsprechen (vgl. Abschnitt 2.1.3).

f) Integration der Verwendungsmöglichkeiten eines Kessels

Es ist sinnvoll, bei den zu vergebenden Zertifikatwerten eine Unterscheidung zwischen Systemen zur ausschließlichen Bereitstellung von Raumwärme und Systemen, die sowohl Raumwärme als auch Warmwasser zur Verfügung stellen, zu treffen. Daraus ergibt sich, dass kombinierte Systeme höhere Zertifikatwerte erhalten als getrennt betriebene Systeme. Im Rahmen dieser Arbeit werden nur kombinierte Systeme betrachtet und somit auch keine Zertifikatwerte für Standardmaßnahmen von Systemen zur ausschließlichen Bereitstellung von Raumwärme generiert. Diese können jedoch aus den kombinierten Systemen abgeleitet werden, indem man in den entsprechenden Berechnungsgrundlagen die Daten zur Warmwasserbereitung unberücksichtigt lässt.

g) Leistung der Wärmeerzeuger

Grundsätzlich ist es denkbar, zusätzlich eine Unterscheidung auf Basis der Leistung des Wärmeerzeugers durchzuführen. In Abschnitt 6.3 wird verdeutlicht, dass je nach Gebäudegröße bzw. Energiestandard unterschiedlich dimensionierte Wärmeerzeuger notwendig sind. Zum einen werden der Mehrwert und die Berücksichtigung technischer Gegebenheiten in anderen Kriterien berücksichtigt (z. B. Technologiefaktor und Korrekturfaktor für die Größe des Einfamilienhauses). Zum anderen werden erhöhte Energiestandards, die auf eine Sanierung der Gebäudehülle zurückgehen, bereits an dieser Stelle durch Zertifikate honoriert. Daher geht die Unterscheidung nach Wärmeerzeugergrößen bzw. Leistungsunterschieden nicht in die Zertifikatgenerierung ein.

h) Integration regenerativer Energien bzw. der Umweltauswirkung

Es stellt sich die Frage, ob im Rahmen der Weißen Zertifikate eine Unterscheidung zwischen fossilen und regenerativen Energieträgern eingehen soll. Trotz möglicher Interdependenzen mit anderen Instrumenten, z. B. Grünen Zertifikaten und bestehenden Förderinstrumenten als Zuschuss- oder Darlehensvarianten, wird eine Integration dieses Aspekts favorisiert. Der Grund besteht darin, dass im Rahmen eines Quotenmodells insbesondere kostengünstigste Maßnahmen umgesetzt werden sollen und dadurch ggf. innovative bzw. regenerative Systeme nicht zum Einsatz kommen. Des Weiteren spiegelt sich der Mehrwert regenerativer Energieträger (z. B. geringerer CO_2-Ausstoß) im Rahmen der Endenergie als Bemessungsgrundlage (vgl. Diskussion in Abschnitt 5.1.1) nicht wider und sollte daher auf eine andere Weise berücksichtigt werden, wenn die Umweltauswirkung der verschiedenen Alternativen Eingang finden soll. Daher ist hier ein zusätzlicher Gewichtungsfaktor gemäß der Emissionseinsparung zu implementieren. Dies erfolgt über eine Bewertung basierend auf den CO_2-Emissionsfaktoren (vgl. Tabelle 5-1) der verschiedenen Energieträger, der mit den ermittelten Zertifikatwerten zu multiplizieren ist. Dabei wurde der höchste CO_2-Emissionsfaktor als Bezugsgröße gewählt und alle anderen Faktoren mit ihren Einsparungen bewertet.

Tabelle 5-1: Verwendete CO_2-Emissionsfaktoren verschiedener Energieträger

Energieträger	Gewichtungsfaktor für regenerative Wärmeerzeugung [-]
Erdgas	1,23
Heizöl	1,18
Fernwärme	1,24
Pellets	1,36
Strom	1,00

Quelle: In Anlehnung an [GEMIS, 2007]

Die Gewichtungsfaktoren sind moderat gewählt. Grundsätzlich können auch höhere Gewichtungsfaktoren zur Integration der Umweltwirkung der Energieträger angewendet werden. Da im Rahmen der Weißen Zertifikate insbesondere die Energieeinsparung und die Energieeffizienzsteigerung auf der Nachfragerseite im Vordergrund stehen, wurden diese Faktoren gewählt.

Des Weiteren wurde ein weiterer Faktor integriert, der zusätzlich zur Emissionseinsparung die Art der Technologie bzw. deren Förderwürdigkeit einbringt, der nachfolgend erläutert wird. Zur detaillierten Herleitung der Gewichtungsfaktoren vergleiche Anhang 1.

i) Technologiefaktoren

Der Technologiefaktor berücksichtigt zwei Umstände. Zum einen gibt es bestimmte Technologien, die aus verschiedenen Gründen einen gewünschten Marktanteil noch nicht erreicht haben, deren Einsatz jedoch gewünscht ist. Diese werden durch den Technologiefaktor besser gestellt bzw. gefördert. Die Gründe für die unzureichende Marktdurchdringung können unterschiedlich sein, z. B. geringe Wirkungsgrade, hohe Investitionen. Zum anderen existieren bestimmte Technologien, z. B. Konstanttemperatur-kessel oder mittlerweile auch Niedertemperaturkessel, die aufgrund technisch effizienterer Lösungen wie Brennwerttechnik, nicht in großem Umfang Anwendung finden sollen. Neben den reinen technologischen Aspekten fließen in diesen Faktor auch politische Zielsetzungen ein. Danach stellt neben den hohen geplanten Energieeinsparungen im Raumwärmebereich bis 2020 die Substitution von CO_2-reichen Energieträgern wie Heizöl durch CO_2-arme bzw. -freie Energieträger wie z. B. durch Gas und langfristig auch durch regenerative Energiequellen ein weiteres Ziel dar. Zur detaillierten Herleitung der Gewichtungsfaktoren vergleiche Anhang 1.

Tabelle 5-2: Gewichtungsfaktoren für die Art der Technologie

Art der Technologie	Gewichtungsfaktor [-]
Brennwerttechnik (Erdgas, Heizöl)	1,0
Niedertemperatur-Technik (Erdgas, Heizöl)	0,6
auf Biomasse basierende Technik	2,3
auf Sonnenenergie basierende Technik	3,0
auf Umweltwärme basierende Technik	1,1

j) Korrekturfaktoren für die Größe des Einfamilienhauses

Neben den bisher behandelten Gewichtungsfaktoren ist noch ein weiterer Korrekturfaktor im Rahmen der Anlagentechnik zu integrieren, der sich auf die entsprechende Größe des Einfamilienhauses bezieht. Da beispielsweise eine Unterscheidung der Kriterien wie Leistung der Wärmeerzeuger ausgeschlossen wurde, sind die Wohnfläche und / oder die Anzahl der Zimmer im Rahmen der Zertifikatwertzuteilung zu berücksichtigen. Ergeben sich bei der Beachtung der einen Größe andere Zertifikatwerte als bei der anderen, dann können die höheren Zertifikatwerte zugeteilt werden. Hierfür wurde ein Gewichtungsfaktor f_{efh} (vgl. Tabelle 5-3) entwickelt.

Tabelle 5-3: Aufteilung des Gewichtungsfaktors für die Größe des Gebäudes

Gewichtungs-faktor für die Größe f_{efh} [-]	Fläche der Wohneinheit [m²]	Anzahl der Zimmer
0,4	< 60	< 3
0,7	60 - 80	3
0,8	80 - 100	4
0,9	100 - 130	5
1,1	130 - 160	6
1,4	> 160	> 6

Aus den erläuterten Kriterien ergibt sich die Notwendigkeit, die Korrekturfaktoren in die Zuteilung der Zertifikatwerte zu integrieren. Dies geschieht mit Hilfe der Gleichung (4.8) und der Tabelle 5-7 sowie der Tabelle 5-8. Danach werden die erläuterten Faktoren mit den anrechenbaren Zertifikatwerten multipliziert. Die Faktoren f_{em} und f_{tech} werden direkt integriert und sind somit in den Tabellenwerten für die Zertifikatzuweisung der jeweiligen Maßnahme in Tabelle 5-7, Tabelle 5-8 und Tabelle 5-9 bereits enthalten. Bei Umsetzung der Maßnahme ist der entsprechende Zertifikatwert dann mit dem Gewichtungsfaktor für die Größe des Einfamilienhauses f_{efh} zu multiplizieren. Dieser kann erst in dieser Phase integriert werden, da er sich nicht wie die beiden anderen Faktoren auf die Technologien und Energieträger bezieht, die bereits in den Zertifikatwerten unterschieden werden.

$$WZ = WZ_{anrech} \cdot f_{em} \cdot f_{tech} \cdot f_{efh} \qquad (4.8)$$

WZ   : auszugebende Zertifikatwerte [kWh$_{cert}$]
WZ$_{anrech}$: anrechenbare Zertifikatwerte [kWh$_{cert}$]
f_{em} : Gewichtungsfaktor für regenerative Wärmeerzeugung
f_{tech} : Gewichtungsfaktor für die Technologieart
f_{efh} : Gewichtungsfaktor für die Größe des EFH

5.2.1.2 Katalog von Zertifikatwerten bei Standardmaßnahmen

Die auf den erläuterten Kriterien aufbauenden Zertifikatwerte der Standardmaßnahmen werden in einem Katalog zusammengefasst, damit bei einer Anwendung (z. B. im Rahmen der Investitionsplanung wie in Kapitel 6) direkt die Zertifikatwerte übernommen werden können, ohne weitere umfangreiche Berechnungen durchführen zu müssen. Zunächst werden die Zertifikatwerte für Maßnahmen an der Gebäudehülle und im Anschluss für Maßnahmen an der Anlagentechnik aufgeführt.

In Tabelle 5-4, Tabelle 5-5 und Tabelle 5-6 sind Zertifikatwerte für Dämmmaßnahmen an den Bauteilen Dach und Außenwand sowie der Austausch von Fenstern aufgeführt. Dabei werden jeweils zwei Bereiche unterschieden. Zum einen werden Zertifikatwerte vergeben, wenn die Maßnahmen niedrigere Wärmedurchgangskoeffizienten erreichen als die Vorgaben in den gesetzlichen Regelungen. Zum anderen werden in der Regel höhere Zertifikatwerte zugeteilt, wenn die Maßnahmen den Niedrigenergiehausstandard oder niedrigere Wärmedurchgangskoeffizienten zur Folge haben. Des Weiteren werden unterschiedliche Zertifikatwerte zugeteilt, wenn Sanierungsmaßnahmen bei gering wärmeschützenden Bauteilen durchgeführt werden bzw. die Bauteile im Urzustand einen besonders hohen Wärmedurchgangskoeffizienten aufweisen.

Die Zuweisung der Zertifikatwerte bei Maßnahmen an der Gebäudehülle bezieht sich auf die gedämmte Fläche bzw. die Fläche des ausgetauschten Bauteils. Daher sind die Zertifikatwerte mit den jeweiligen Bauteilflächen (A_D, A_W und A_F) zu multiplizieren, um die tatsächlichen Zertifikatwerte für die entsprechenden Maßnahmen zu erhalten.

Tabelle 5-4: Zertifikatwerte bei Dämmmaßnahmen an Dächern

Zertifikatwert in kWh$_{cert}$/m² Wärmedämmung			Zertifikatwert in kWh$_{cert}$/m² Wärmedämmung		
Wärmedurchgangs-koeffizient des Urzustands [W/m²K]	$U \leq 0,15$ W/m²K		Wärmedurchgangs-koeffizient des Urzustands [W/m²K]	0,15 W/m²K $< U \leq$ 0,3 W/m²K$^{(1)}$	
	geneigtes Dach	Flachdach		geneigtes Dach	Flachdach
$U \geq 1,5$	2.700	2.900	$U \geq 1,5$	2.500	2.700
$1,0 \leq U < 1,5$	1.600	1.800	$1,0 \leq U < 1,5$	1.300	1.500
$0,5 \leq U < 1,0$	1.200		$0,5 \leq U < 1,0$	900	
$U < 0,5$	600		$U < 0,5$	400	

$^{(1)}$ Beim Flachdach 0,25 W/m²K statt 0,3 W/m²K

In Tabelle 5-4 sind die Zertifikatwerte für die Dämmung des Bauteils Dach aufgeführt. Sie werden in den Fällen, in denen der Urzustand einen Wärmedurchgangskoeffizienten von mehr als 1,0 W/m²K beträgt, in die Kategorien geneigtes Dach und Flachdach unterschieden, da bei den zugrundeliegenden Berechnungen wesentliche Unterschiede der Einsparungen bei einer Sanierung ermittelt werden konnten. Den Berechnungen der Zertifikatwerte für das Bauteil Dach liegt eine Lebensdauer von 30 Jahren zugrunde.

Tabelle 5-5: Zertifikatwerte bei Dämmmaßnahmen an Wänden

Zertifikatwert in kWh$_{cert}$/m^2 Wärmedämmung		Zertifikatwert in kWh$_{cert}$/m^2 Wärmedämmung	
Wärmedurchgangs- koeffizient des Urzustands [W/m^{2}K]	U ≤ 0,25 W/m^{2}K	Wärmedurchgangs- koeffizient des Urzustands [W/m^{2}K]	0,25 W/m^{2}K < U ≤ 0,45 W/m^{2}K
U ≥ 1,5	2.400	U ≥ 1,5	2.000
1,0 ≤ U < 1,5	1.650	1,0 ≤ U < 1,5	1.250
U < 1,0	1.100	U < 1,0	700

Tabelle 5-5 zeigt die Zertifikatwerte für das Bauteil Außenwand. Bei der Einbeziehung der Lebensdauer wurden ebenfalls 30 Jahre zugrundegelegt. Die Zertifikatwerte beziehen sich bei Dämmmaßnahmen an der Außenwand auf eine reduzierte Zahl an Urzuständen, was darauf zurückzuführen ist, dass in der Gebäudetypologie im Gegensatz zu dem Bauteil Dach keine Außenwandbauteile einen Wärmedurchgangskoeffizienten von kleiner als 0,5 W/m^{2}K im Urzustand aufweisen.

Tabelle 5-6: Zertifikatwerte beim Austausch von Fenstern

Zertifikatwert in kWh$_{cert}$/m^2 ausgetauschte Fensterfläche		Zertifikatwert in kWh$_{cert}$/m^2 ausgetauschte Fensterfläche	
Wärmedurchgangs- koeffizient des Urzustands [W/m^{2}K]	U ≤ 1,3 W/m^{2}K	Wärmedurchgangs- koeffizient des Urzustands [W/m^{2}K]	1,3 W/m^{2}K < U ≤ 1,7 W/m^{2}K
U ≥ 3,5	1.000	U ≥ 3,5	850
2,0 ≤ U < 3,5	600	2,0 ≤ U < 3,5	450
U < 2,0	400	U < 2,0	250

Tabelle 5-6 zeigt die Zertifikatwerte für den Austausch des Bauteils Fenster. Die Lebensdauer, die diesen Zertifikatwerten zugrunde liegt, beträgt 35 Jahre.

Nachfolgend sind die Zertifikatwerte für die Sanierungsmaßnahmen an der Anlagentechnik in Tabelle 5-7, Tabelle 5-8 und Tabelle 5-9 aufgezeigt. Hierbei spielt der Gewichtungsfaktor für die Größe des Einfamilienhauses, d. h. die beheizte Wohnfläche, eine wesentliche Rolle. Die den Maßnahmen an der Anlagentechnik zugrundeliegende Lebensdauer liegt zwischen 15 und 20 Jahren. Die Zertifikatwerte enthalten bereits die Gewichtungsfaktoren f_{em} und f_{tech}. Mit der ergänzenden Multiplikation von f_{efh} entsprechen diese Werte der Gleichung (4.8) und können dann zugeteilt werden. Eine Ausnahme bildet dabei die Zuweisung von Zertifikaten bei der solaren Warmwasserbereitung.

Tabelle 5-7: Zertifikatwerte beim Einbau eines Niedertemperatur-, Brennwert- oder Pelletkessels

Klima-zone	Art des Wärmeerzeugers	Zertifikatwerte [kWh$_{cert}$]
Standardklima Deutschland	Brennwertkessel (Erdgas)	118.900
	Brennwertkessel (Heizöl)	113.400
	Niedertemperaturkessel (Erdgas)	57.100
	Niedertemperaturkessel (Heizöl)	54.400
	Pelletkessel	130.000

Tabelle 5-7 zeigt die Zertifikatwerte, die zugeteilt werden, wenn die entsprechende Sanierungsmaßnahme kombiniert mit den Energieträgern umgesetzt wird.

Tabelle 5-8: Zertifikatwerte beim Einbau einer Wärmepumpe

Klima-zone	Art der Wärme-pumpe	COP [-]	Zertifikatwerte [kWh$_{cert}$]
Standardklima Deutschland	Luft/ Wasser	$\leq 3,5$	163.500
		$> 3,5$	173.500
	Sole/ Wasser	$\leq 3,5$	172.900
		$> 3,5$	182.900

Mögliche Unterscheidungsmerkmale von Wärmepumpen können durch verschiedene Kennzahlen ausgedrückt werden. Zum einen gilt der COP-Wert (Coefficient of Performance), der das Verhältnis von abgegebener Wärmeleistung (kW) zu aufgenommener Antriebs-leistung inkl. Hilfsenergie zu vorgegebenen Prüfbedingungen angibt, als Gütekriterium für Wärmepumpen. Dieser Wert wird nach einer definierten Messmethode ermittelt [DIN EN 14511-3, 2008]. Aufgrund der zuvor angeführten Erläuterungen und der Tatsache, dass der COP-Wert in Produktbeschreibungen enthalten ist, wird er in dieser Arbeit als Unterscheidungskriterium gewählt (vgl. Tabelle 5-8).

Tabelle 5-9: Zertifikatwerte beim Einbau einer thermischen Solaranlage zur Warmwasserbereitung

Klimazone	Zertifikatwerte [kWh$_{cert}$/m^{2}Kollektorfläche]
Standardklima Deutschland	1.350

Die Zertifikatzuweisung bei der thermischen Solaranlage zur Warmwasserbereitung hängt nicht von der Größe des Einfamilienhauses, sondern von der Kollektorfläche ab. In den

Programmalternativen in dieser Arbeit (vgl. Abschnitt 6.2.3) wird die solare Warm-wasserbereitung mit anderen Maßnahmen an der Anlagentechnik kombiniert.

5.2.2 Zuweisung von Zertifikatwerten bei speziellen Maßnahmen

Für die speziellen Maßnahmen werden fallbezogen Zertifikatwerte ermittelt. Dabei sind die gleichen Kriterien wie die der Standardmaßnahmen zugrunde zu legen. Beispielsweise sind ebenfalls die drei Gewichtungsfaktoren einzurechnen und die Unterscheidung der basierenden Annahmen, z. B. keine Klimaunterscheidung nach Regionen, beizubehalten. Für die Bewertung bzw. Berechnung von Zertifikaten können zwei grundsätzliche Möglichkeiten gewählt werden. Zum einen können die aus den speziellen Maßnahmen resultierenden Einsparungen durch den Endverbraucher bzw. denjenigen, der die Maßnahme umsetzt, berechnet werden und diese bei einer dafür vorgesehenen Einrichtung einreichen. Diese ist dann für die Prüfung der Richtig- und Verhältnismäßigkeit verantwortlich. Diese Vorgehensweise wird bei einigen Förderprogrammen angewendet und bietet sich insbesondere bei öffentlichen Einrichtungen an, die über die entsprechenden Kenntnisse verfügen. Zum anderen kann im Rahmen der Aufstellung von Normen zu Weißen Zertifikaten zusätzlich die Bewertungs- bzw. Berechnungsmethode festgelegt werden, mit der die vorgesehene Einrichtung die Zertifikatwerte ermittelt und dann an den Endverbraucher bzw. denjenigen, der die Maßnahme umsetzt, weiterleitet. Die letztgenannte Variante ist zu favorisieren, da die Einsparungen verschiedener Maßnahmen besser zu vergleichen sind und sich durch die einfachere Handhabung aufgrund der begrenzten Anzahl der Bewertungs- und Berechnungsverfahren geringere Transaktionskosten ergeben.

In der Regel stellen diese Maßnahmen Sondermaßnahmen oder seltener umgesetzte Maßnahmen dar. Diese werden überwiegend bei großen Verbrauchern wie Industrie und öffentlicher Hand, die beispielsweise mehrere Gebäude in eine Energieversorgung integrieren oder überschüssige Abwärme nutzen möchten, auftreten.

5.3 Handelsbezogene Kriterien des Zertifikatmarktes

In Abschnitt 3.1 wurde der allgemeine Mechanismus eines Zertifikatmarktes bereits dargestellt. Im Folgenden werden daher ausgewählte handelsbezogene Kriterien zusätzlich hervorgehoben und präzisiert.

Nach [Timpe et al. 2001] werden folgende Anforderungen an ein Zertifikatsystem gestellt:

- zuverlässiges und betrugssicheres Nachweissystem
- Funktionsfähigkeit des Systems und Erreichen des festgelegten Ziels
- Flexibilität im Bezug auf verschiedene Nachfrager und Anbieter
- Berücksichtigung eines möglichen EU-weiten Systems Weißer Zertifikate

Das Zertifikatsystem muss ein zuverlässiges und betrugssicheres Nachweissystem darstellen. Dabei ist zu beachten, dass sich ein Kompromiss zwischen der Zuverlässigkeit des Systems und den dadurch entstehenden Transaktionskosten findet. Daher ist es sinnvoll, eine Plattform zu schaffen, auf der die teilnehmenden Akteure sich jederzeit über allgemeine Informationen sowie bzgl. ihres eigenen Kontos informieren können.

Die Funktionsfähigkeit eines Systems Weißer Zertifikate und das Erreichen des festgelegten Ziels werden dadurch sichergestellt, dass beispielsweise Doppelanrechnungen von Zertifikatwerten zu vermeiden sind. Des Weiteren ist eine Transparenz bezüglich der Ziele zu garantieren.

Das System muss ferner flexibel ausgestaltet werden, so dass verschiedene Nachfrager nach Zertifikaten teilnehmen können. Die Nachfrage nach entsprechenden Zertifikaten muss bzw. soll nicht auf quotenverpflichtete Akteure beschränkt bleiben. Dies ermöglicht nichtverpflichteten privaten Personen oder Zusammenschlüssen dieser Akteursgruppe ebenfalls eine Teilnahme am Zertifikathandel.

Die Option eines gemeinschaftlichen Systems Weißer Zertifikate auf EU-Ebene sollte bei der Ausgestaltung eines Zertifikatsystems berücksichtigt werden. Eine Kompatibilität mit internationalem Handel sollte daher gewährleistet sein. Es ist denkbar, dass zumindest die Länder, in denen ein System Weißer Zertifikate etabliert wurde, einen gemeinsamen Markt für Zertifikate schaffen könnten. Daher ist eine Orientierung bzw. Analyse existierender Systeme unabdingbar.

5.3.1 Ausstellung und Registrierung von Zertifikaten

Zertifikate werden periodisch erzeugt. Dabei kann die Erzeugung jährlich, monatlich oder in noch höherer Frequenz erfolgen. Die Zertifikate sollten ein möglichst homogenes Gut darstellen und eine einheitliche Stückelung aufweisen. Ein Zertifikat würde dann nach Abschnitt 5.1.1 beispielsweise einer kWh eingesparter Endenergie im Wohngebäudebereich entsprechen. Wird von der zuständigen Behörde ein Zertifikat für eine durchgeführte genehmigte Maßnahme ausgestellt, wird es dem Handelskonto des originären Eigentümers gutgeschrieben. Um eine Doppelanrechnung bzw. „Doppeleinreichung" einer Maßnahme zu vermeiden, wird jedem Zertifikat eine eindeutige Identifikationsnummer zugewiesen, dass auch eine Rückverfolgung der dem Zertifikat zugrunde liegenden Einsparmaßnahme erlaubt [Bürger / Wiegmann, 2007].

Die Voraussetzung eines Handels mit Weißen Zertifikaten ist die Registrierung der durchgeführten Maßnahme im Zertifikatregister. Die Registrierung von Standardmaßnahmen bedarf keiner speziellen Begutachtung, da die dadurch erbrachten Energieeinsparungen bereits vorher festgelegt sind. Dabei sind nur gebäude-, bauteil- und anlagenspezifische Angaben zu ergänzen, z. B. die gedämmte Dachfläche. Spezielle Maßnahmen müssen eine Begutachtung durch einen unabhängigen Sachverständigen durchlaufen, der insbesondere die Nachweismethodik und die zugrundeliegenden Bewertungsmethoden überprüft [Bürger / Wiegmann, 2007]. Bei der Registrierung fallen Gebühren für die Eröffnung eines Kontos sowie für die Registrierung der Zertifikate an. Es ist sinnvoll, eine Unterscheidung von verpflichteten und freiwilligen Akteuren vorzunehmen sowie eine betragsmäßige Staffelung der Gebühren anzuwenden.

Das Zertifikatregister sollte als elektronische Datenbank geführt werden, was einen Handel über diese Plattform vereinfacht und den unkomplizierten Zugriff auf Informationen von Zertifikatpreisen, Handelskonto etc. ermöglicht. Jeder Akteur kann sich registrieren, sein

Handelskonto eröffnen sowie Transaktionen tätigen und die Bewegungen auf den entsprechenden Konten beobachten.

Im Rahmen des Weiße-Zertifikate-Systems in Frankreich ist eine Gesellschaft für das nationale Register der Weißen Zertifikate zuständig. Diese stellt ein internetbasiertes Instrument zur Registrierung und zum Handel von Zertifikaten zur Verfügung [Locasystem, 2008]. Danach umfasst die Registrierung eines verpflichteten Akteurs bis 31.12.2008 für die Eröffnung eines Kontos 105,25 Euro und für die Registrierung der Zertifikate 36,18 Euro pro GWh cumac. Für freiwillige Akteure belaufen sich diese Kosten im gleichen Zeitraum auf 52,62 Euro bzw. 18,10 Euro pro GWh cumac.

5.3.2 Nachweisführung und Entwertung der Zertifikate

Bisher existierte kein international einheitliches System zu Messung und Verifizierung von Energieeinsparungen. In der EG-Richtlinie über die Endenergieeffizienz und Energiedienstleistungen wird jedoch ein harmonisiertes Berechnungsverfahren für die Überprüfung von Energieeinsparungen empfohlen, das aus einer Kombination von Top-Down und Bottom-Up Verfahren besteht [2006/32/EG]. Das Top-Down Verfahren, das von nationalen bzw. aggregierten sektoralen Einsparungen als Ausgangspunkt für die Berechnung der Energieeinsparung ausgeht, liefert keine Detailmessungen und zeigt keine Kausalzusammenhänge zwischen den Maßnahmen und den daraus resultierenden Energieeinsparungen auf. Das Bottom-Up-Verfahren, bei dem die Einsparungen einer Maßnahme in einer der gebräuchlichen Energieeinheiten zu messen und mit anderen Einsparungen zu verrechnen sind, liefert hingegen die direkten Einsparungen der Maßnahmen. [2006/32/EG]

In den bestehenden Systemen Weißer Zertifikate werden für die Messung von Energieeinsparungen in Gebäuden die folgenden zwei Konzepte überwiegend verwendet [Voogt et al., 2004]:

- Asset rating: Standardberechnungsverfahren für Gebäude unter standardisierten Rahmenbedingungen wie Gebäudetyp, Klimabedingungen und Nutzungsart.
- Operational rating: der gemessene Energieverbrauch bildet die Grundlage für die Feststellung der Energieeinsparung.

Welcher Ansatz gewählt wird, hängt davon ab, welcher Genauigkeitsgrad der Messung von Energieeinsparungen gefordert wird. Allerdings steigen mit der Anforderung an die Genauigkeit auch die Kosten. Wird nur das „operational rating" angewendet, ist im Grunde der Energieverbrauch vor und nach der Durchführung einer Maßnahme an jedem Gebäude jährlich zu messen. Das „asset rating" bietet dagegen den Vorteil, dass die Berechnung der Energieeinsparung auf pauschalen und bewährten Verfahren[53] basiert, die Berechnungs-verfahren eindeutig sind und auf aufwendige Messmethoden teilweise oder ganz verzichtet werden kann. Dies steigert auch die Akzeptanz unter den Akteuren, da ihnen im Vorhinein die Menge an Zertifikaten, die durch die Durchführung einer Maßnahme generiert werden, bekannt ist. Um die Richtigkeit der Energieeinsparungen zu überprüfen sollte stich-probenartig das „operational rating" angewendet werden. Dadurch können einerseits die

---

[53] In Deutschland stellen die einschlägigen DIN-Normen, die auch in der EnEV zur Anwendung kommen, diese Verfahren dar.

tatsächliche Energieeinsparung verifiziert und andererseits die pauschalen Berechnungs-methoden des „asset ratings" verfeinern werden.

Im Rahmen des Weiße-Zertifikate-Systems entspricht die Entwertung eines Zertifikats dem Nachweis der Erbringung der Verpflichtung und stellt somit ein Kernelement auf der Ebene der Nachweisführung dar. Am Ende jeder Periode in einem System Weißer Zertifikate sind Zertifikate in Höhe der Einsparverpflichtung der Unternehmen zu entwerten. Um spätere Kontrollen bezüglich der rechtmäßigen Erzeugung bzw. Erwerbs zu ermöglichen, ist eine komplette Löschung der Zertifikate nicht vorgesehen. Es wird vorgeschlagen, für jeden Eigentümer eines Handelskontos auch ein Entwertungskonto einzurichten. Die Zertifikate werden durch den Transfer der entsprechenden Zertifikate auf ein Entwertungskonto entwertet und können ausschließlich vom Eigentümer der Zertifikate selbst angewiesen werden. Der Entwertungsnachweis kann dann dem Verpflichtetenregister in elektronischer Form übermittelt werden, damit diese dem Verpflichtetenkonto des Eigentümers gutgeschrieben werden können. Um das Volumen der Datenbank des Zertifikatregisters zu begrenzen, sollten die entwerteten Zertifikate nur während eines begrenzten Zeitraums im Register verbleiben. Nach einem Zeitraum von z. B. ein bis zwei Zwischenperioden sollten die Zertifikate endgültig entfernt werden.

5.3.3 Transfer und Handel von Zertifikaten

Grundsätzlich muss zwischen Handel und Transfers von Zertifikaten unterschieden werden. Transfer von Zertifikaten bedeutet ausschließlich die Übertragung von Zertifikaten von einem Handelskonto zu einem anderen [Timpe et al. 2001]. Der Transfer kann entweder mit beidseitiger Bestätigung oder mit einer einseitigen Willenserklärung durchgeführt werden. Ist ein Transfer mit beidseitiger Bestätigung vorgesehen, müssen sowohl der Käufer, als auch der Verkäufer dem Transfer zustimmen, indem sie zwei separate Mitteilungen an das Zertifikatregister senden, in denen sie die zu transferierenden Zertifikate genau benennen. Wird die einseitige Willenserklärung als Verfahren gewählt, ist lediglich eine Anweisung über den Transfer von Zertifikaten vom Verkäufer abzugeben [Timpe et al. 2001]. Das Verfahren mit beidseitiger Bestätigung bietet zwar eine höhere Sicherheit, allerdings erhöht das den Transaktionsaufwand für das Register und den Käufer erheblich. Aufgrund der Förderung, die Transaktionskosten niedrig zu halten, wird beim Transfer von Zertifikaten die einseitige Willenserklärung zugrundegelegt.

Der Zertifikathandel kann auf unterschiedliche Art und Weise zustande kommen. Es existieren generell folgende Möglichkeiten [Timpe et al. 2001]:

- Bilateraler Handel (OTC – over the counter) bzw. gegenseitiges Einvernehmen per Telefon, elektronische Medien etc.,
- Nutzung eines Brokers oder Handelsplatzes,
- Handel an der Börse.

Es wird von einem bilateralen Zertifikathandel ausgegangen. Dabei wird aus den einzelnen Transaktionen der zustande gekommene Preis bestimmt und über einen bestimmten Zeitraum gemittelt. Im französischen System Weißer Zertifikate wird diese Vorgehensweise auf den Zeitraum von einem Monat bezogen (vgl. Abschnitt 3.4.3). Bei dieser

Organisationsform können die Transaktionskosten, z. B. Suchkosten für geeignete Vertragspartner, reduziert werden.

Aufgrund der Bestrebungen, ein EU-weites Weiße-Zertifikate-System zu ermöglichen [2006/32/EG], ist der systemübergreifende Handel zu berücksichtigen. Daraus ergeben sich verschiedene Bedingungen, z. B. gleicher Informationsgehalt bzgl. der zertifizierten Maßnahmen aller partizipierender Systeme und Definition klarer Schnittstellen aller beteiligten Zertifikatregister (vgl. hierzu [Bürger / Wiegmann, 2007]).

5.3.4 Erfüllungsmechanismus

Es ergeben sich verschiedene Möglichkeiten, die zur Erfüllung der Einsparverpflichtung führen. Zum einen können die verpflichteten Akteure verschiedene Kombinationen von zulässigen Energieeinsparmaßnahmen mit Hilfe ihrer Erfahrung im Energiesektor entwickeln und bei den Endverbrauchern durchführen. Zum anderen können sie durch finanzielle Anreize ihre Kunden bzw. die Endverbraucher zur Umsetzung von Energiesparmaßnahmen motivieren. Dies kann beispielsweise durch finanzielle Zuschüsse beim Austausch des Wärmeerzeugers, durch Finanzierung der Umsetzungsarbeiten oder durch kostenlose Beratung der Endverbraucher zu möglichen energiesparenden Sanierungsmaßnahmen erfolgen. Für die dadurch erwirtschafteten Energieeinsparungen erhalten die verpflichteten Akteure die entsprechenden Weißen Zertifikate, deren Höhe von der Anzahl der umgesetzten Projekte bzw. des Energiestandards abhängt (vgl. Abschnitt 5.2). Eine weitere Möglichkeit stellt die Beauftragung Dritter mit der Durchführung der Energiesparmaßnahmen dar. In dem Fall können verpflichtete Unternehmen die Durchführung der Maßnahmen an andere verpflichtete oder nicht verpflichtete Unternehmen z. B. Energiedienstleistungsunternehmen oder Installateure vergeben und somit auf die eigenständige Durchführung der Maßnahmen verzichten. Die letzte Möglichkeit ist der Zukauf von Zertifikaten während oder am Ende der Periode. Dies ist besonders für die Akteure interessant, die die Maßnahmen nicht günstiger durchführen können. Wird das zu erreichende Ziel nicht erfüllt, werden Sanktionen in Höhe der fehlenden Zertifikate auferlegt.

5.3.5 Sanktionen bei Nichterfüllung und deren Verwendung

Um das Ziel der Sicherstellung von Energiesparmaßnahmen auf der Nachfragerseite zu erreichen, ist ein messbarer und durchsetzbarer Sanktionsmechanismus festzulegen. Damit die Sanktion wirksam ist, muss die Sanktionszahlung vom Grad der Verpflichtungsverletzung abhängen und den Preis der Zertifikate übersteigen.

Es existieren dafür zwei Ausgestaltungsmöglichkeiten [Timpe et al. 2001]:

- feste Sanktion pro fehlendem Zertifikat bzw. nicht eingesparter kWh (mengenbezogener Ansatz) und
- Sanktion in Abhängigkeit eines Zertifikatpreises pro fehlendes Zertifikat (wertbezogener Ansatz).

Bei dem mengenbezogenen Ansatz wird die Quote auf jeden Fall erreicht, falls die Strafzahlung pro fehlenden Zertifikatwert ausreichend hoch festgesetzt wird. In diesem Fall lohnt es sich, Maßnahmen durchzuführen bzw. Zertifikate auf dem Markt zu erwerben und keine Sanktionszahlung zu entrichten. Allerdings sind große Widerstände bei einer ambitionierten Quote in Verbindung mit einer hohen festen Sanktion von Seiten der verpflichteten Akteure zu erwarten. Daher sollte eine moderate mengenbezogene Sanktion gewählt werden. In Frankreich wurde eine mengenbezogene Sanktion in Höhe von 0,02 € pro fehlendem Zertifikatwert für die erste Periode eingeführt, die bei der Konzeption eines neuen Systems als Orientierung dienen kann. Um eine Quotenerfüllung zu gewährleisten, ist aber darauf zu achten, dass die Sanktion nicht zu niedrig angesetzt wird. Eine zu geringe Sanktion könnte als politisch nicht ernsthaft angestrebtes Ziel interpretiert werden.

Bei dem wertebezogenen Ansatz wird die Quote immer erfüllt. Dieser Sachverhalt hängt mit dem positiven Rückkopplungseffekt zwischen Zertifikatpreis und Sanktion zusammen, d. h. je höher die Sanktion, desto höher ist der Preis, den die Verpflichteten zu zahlen bereit sind, um eine Sanktion zu vermeiden. Die positive Rückkopplung kann aber eine hohe Preisschwankung auf dem Zertifikatmarkt bewirken. Diese steigt mit der Höhe der wertbezogenen Sanktion. Um die Preisschwankung abzumildern, sollte eine nicht zu hohe Sanktion gewählt werden. Der Wert könnte dann anhand der Entwicklung des Zertifikatpreises fortlaufend angepasst werden.

Die Einnahmen aus den Sanktionszahlungen könnten in zwei unterschiedliche Bereiche einfließen. Zum einen könnte die Einstellung in einen Fonds zur Förderung von nachfrageseitigen Energieeinsparungen eingestellt werden. Zum anderen könnten die Einnahmen auf die Zertifikate verteilt werden, die von den verpflichteten Akteuren zur Deckung der Verpflichtung umgesetzt wurden [Timpe et al. 2001]. Die letztgenannte Möglichkeit in Verbindung mit einer moderaten mengenbezogenen Sanktion stellt ein attraktives Modell dar. Wenn die Einnahmen aus den Sanktionen an diejenigen verteilt werden, die ihre Verpflichtung erfüllen, führt die Sanktion zwangsläufig zu weiteren Investitionen in Energieeffizienzmaßnahmen. Denn nun erhalten verpflichtete Akteure pro Zertifikat einen Anteil der Sanktionseinnahmen, was die erwarteten Kosten eines Zertifikats reduziert. Wer hingegen für die Zahlung der Sanktion herangezogen wurde, ist in weiteren Perioden bereit, einen höheren Betrag als die gezahlte Sanktion für ein Zertifikat zu bezahlen. Somit steigt der Zertifikatpreis über die spezifische Sanktion. Es ist davon auszugehen, dass verpflichtete Akteure diesen Zusammenhang antizipieren [Timpe et al. 2001]. Alternativ können die Einnahmen aus den Sanktionen in einen Weiße Zertifikate Fonds eingezahlt werden. Die Rechtfertigung läge darin, dass die Nichterfüllung einer Quote für die Notwendigkeit weiterer unterstützender Instrumenten spricht. Einnahmen sind jedoch unregelmäßig und deren Höhe schwer abzuschätzen. Eine Finanzierung der Maßnahmen ausschließlich aus den Einnahmen durch die Sanktionen wäre daher schwer durchzusetzen und käme ohne weitere Mittel wahrscheinlich nicht aus. Wenn keine weiteren Mittel in den Fonds einfließen, ist von diesem Modell eher abzuraten [Timpe et al. 2001].

5.3.6 Gültigkeitsdauer der Zertifikate und Periodenübertrag

Die Gültigkeitsdauer eines Zertifikats sollte bis zur Verwendung als Nachweis der Quotenerfüllung am Ende einer Periode unbeschränkt sein. Für freiwillige Akteure sollten Zertifikate zumindest mittelfristig über mehrere Perioden gültig sein, z. B. über drei Perioden (vgl. Abschnitt 5.1.2). Eine zeitliche Beschränkung der Gültigkeit wirkt sich negativ auf die Flexibilität des Zertifikathandels aus und würde insbesondere freiwillige Akteure vom

Zertifikathandel abhalten. Daher ist es sinnvoll, Übertragungsregeln zu definieren. Auf diese Weise können verpflichtete Akteure Skaleneffekte erreichen und mögliche Fehleinschätzungen der erwarteten Zertifikatpreise zum Zeitpunkt der Quotenfestlegung oder der Schwankung der Bemessungsgrundlage ausgleichen [Timpe et al. 2001]. Andererseits sind die Übertragungsregeln zu begrenzen, da es nach einer sehr hohen Nachfrage nach Energieeffizienzmaßnahmen zu einem Einbruch kommen kann und insbesondere die Gerätehersteller und ausführende Unternehmen benachteiligt sind [Bürger / Wiegmann, 2007]. Diese Gefahr kann dadurch vermieden werden, dass man die Menge an Zertifikaten, die man in die nächste Periode überträgt, begrenzt. Man könnte festlegen, dass maximal 50 % der Zertifikate aus der zweiten Periode schon in der ersten übererfüllt werden dürfen. Des Weiteren könnte dies zusätzlich zu einer Nichtberücksichtigung von Innovationen in Folgeperioden führen.

Die Übertragungsregeln sind sowohl für das Banking (aufgesparte Zertifikate zwischen den Perioden) als auch für das Borrowing (das Vorziehen von Zertifikaten aus folgenden Perioden) festzulegen [Fichtner, 2005]. Sowohl Banking als auch Borrowing erlauben bei Quotenerfüllung in der relevanten Periode eine Abweichung der tatsächlich produzierten Menge. Ohne einen Vorrat an Zertifikaten können verpflichtete Akteure unvorhergesehene Preisausschläge nach oben durch Borrowing dämpfen. Falls keine Zertifikatverbindlichkeiten vorliegen, kann Banking überraschende Preisausschläge nach unten dämpfen. Die Wirkungen von Banking und Borrowing sind äquivalent. Lediglich die Entwicklung am Anfang und am Ende einer Quotenregelung ist unterschiedlich [Timpe et al. 2001]. Beim Borrowing ist es wahrscheinlich, dass am Anfang der Periode Energiesparmaßnahmen langsamer umgesetzt werden. Das Borrowing bringt zudem den Nachteil mit sich, dass das festgelegte Einsparziel eventuell nicht erreicht wird, wenn Akteure im Fall eines Unternehmenskonkurses ihre vorgezogenen Zertifikate nicht einreichen [Bürger / Wiegmann, 2007]. Um auf einen Mechanismus zu verzichten, der dies berücksichtigt, wird vorgeschlagen, auf das Borrowing im Rahmen eines Systems der Weißen Zertifikate zu verzichten oder dies stark zu begrenzen. Auf diese Weise wird die Mengenerfüllung in einer Periode sichergestellt. Das Banking sollte des Weiteren in der Laufzeit begrenzt sein, um den Aufwand für Kontrollen der Zertifikate in einem angemessenen Rahmen zu halten. So könnte beispielsweise festgelegt werden, dass Banking nur in der darauffolgenden Periode gestattet ist.

5.4 Wechselwirkungen und Kombinationsmöglichkeiten mit ausgewählten Klimaschutzinstrumenten

Durch die Einführung eines neuen, marktwirtschaftlichen Instruments wie einem System Weißer Zertifikate treten eine Reihe von Wechselwirkungen mit anderen, bereits bestehenden umweltpolitischen oder marktwirtschaftlichen Instrumenten auf. In einigen Fällen entsteht somit das Problem der Doppelanrechnung von Maßnahmen d. h., Weiße Zertifikate greifen dann in den Wirkungsbereich anderer Instrumente ein. Sowohl Förderprogramme des Bundes in Form von Zuschüssen und Darlehen als auch ordnungsrechtliche Instrumente wie die EnEV und das EEWärmeG oder das EWärmeG Baden-Württemberg sind von einer Einführung Weißer Zertifikate betroffen, da diese Instrumente Energieeinsparmaßnahmen in Wohngebäuden betreffen.

Daher werden in diesem Abschnitt mögliche Wechselwirkungen zwischen Weißen Zertifikaten und anderen marktwirtschaftlichen Instrumenten wie CO_2-Zertifikaten und staatlichen Förderinstrumenten aufgezeigt.

5.4.1 Wechselwirkungen mit CO_2-Zertifikaten

Die Systeme der CO_2-Zertifikate und der Weißen Zertifikate zeichnen sich durch unterschiedliche Einflussnahmen auf den Energiemarkt aus und richten sich in der Regel an unterschiedliche Akteure (vgl. Abbildung 5-3).

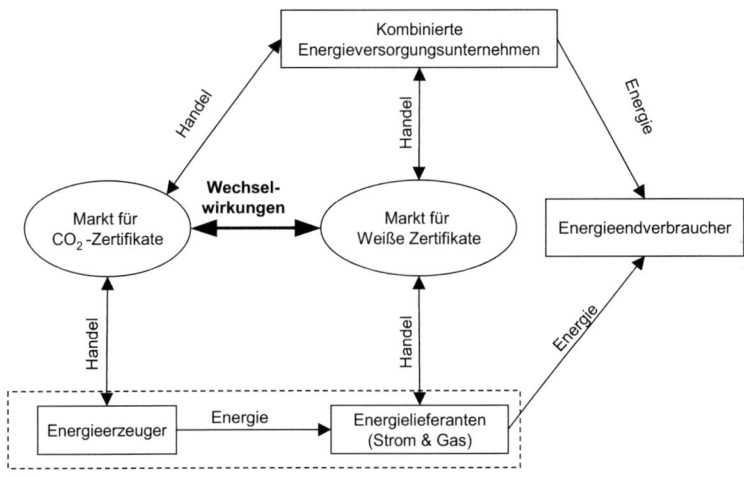

Quelle: in Anlehnung an [Oikonomou et al., 2004]

Abbildung 5-3: Wechselwirkungen zwischen den Märkten für CO_2-Zertifikate und für Weiße Zertifikate

Energieerzeuger mit einer Feuerungsleistung von über 20 MW sind durch das Emissionshandelssystem zu einer Senkung ihrer CO_2-Emissionen verpflichtet [2003/87/EG]. Zum einen veräußern sie die von ihnen erzeugte Energie an Energielieferanten und zum anderen beteiligen sie sich am Markt für Treibhausgaszertifikate, auf dem sie Emissionsrechte kaufen und verkaufen können. Energielieferanten versorgen die Endverbraucher mit der von ihnen nachgefragten Menge an Energie, z. B. Elektrizität und Gas. Darüber hinaus können sie gemäß des EG-weiten Richtlinienvorschlags über Endenergieeffizienz zur Realisierung von Effizienzmaßnahmen bei den Endverbrauchern verpflichtet werden [2006/32/EG]. Für die Umsetzung der Maßnahmen erhalten sie Weiße Zertifikate, die sie auf dem entsprechenden Markt veräußern können. Statt der Umsetzung von Maßnahmen können sie auf diesem Markt Energieeffizienzzertifikate erwerben und somit ihrer Quotenverpflichtung nachkommen. Eine Besonderheit bilden die Akteure, die sowohl Energie erzeugen als auch an den Endverbraucher liefern. Diese haben die Möglichkeit, an beiden Märkten zu agieren.

Bezüglich der Wechselwirkungen der Ziele zeigen sich Unterschiede, wobei das System für CO_2-Zertifikate vom System für Weiße Zertifikate profitieren kann. Während das System für CO_2-Zertifikate das ausschließliche Ziel der Verminderung des Kohlenstoffdioxidausstoßes anstrebt, handelt es sich beim System für Weiße Zertifikate um das Hauptziel einer effizienteren Energieverwendung [KOM, 2003, 739]. Die CO_2-Minderung ist lediglich ein positiver Nebeneffekt des Systems. Daher kann das System für Weiße Zertifikate einen positiven Beitrag zu der Erfüllung des Ziels des Systems für CO_2-Zertifikate leisten. Entgegengesetzt besteht eine derartige Beziehung nicht. Energieerzeuger können zwar zur Erfüllung ihrer Emissionsminderungsverpflichtung auch Effizienzmaßnahmen durchführen, doch beziehen sich diese nicht auf die Nachfrageseite, sondern auf die Energieerzeugung.

Die Kombinationsmöglichkeit der beiden Instrumente, die eine Integration der Zertifikatsysteme vorsieht, kann als einseitiger bzw. zweiseitiger Handel ausgestaltet werden. Der einseitige Handel lässt ausschließlich die Überführung von Weißen Zertifikaten in CO_2-Zertifikate zu. Damit die Ziele der Quotenverpflichtung trotz dieser Möglichkeit eingehalten werden, ist diese Regelung ausschließlich auf die überschüssigen Zertifikate zu begrenzen. Die Effektivität dieser Integrationsmöglichkeit hängt von den Grenzkosten der jeweiligen Zertifikate ab. Wenn die Preise für CO_2-Zertifikate niedriger sind als die Kosten einer Übererfüllung im Weißen Zertifikatsystem, würde kein Anreiz bestehen, die Quote zu übersteigen. Daher ist die Überführung der Zertifikate auf ihre Vorteilhaftigkeit gegenüber der Übertragung der Zertifikate in nachfolgende Perioden zu prüfen. Im Rahmen eines zweiseitigen Handels sind die Zertifikate stets in beide Richtungen konvertierbar, wodurch beide Instrumente zu einem wechselseitigen Konkurrenzprodukt werden und die Nachfrage nach beiden Zertifikattypen sich aus ihren relativen Grenzkostenverläufen bestimmt [Oikonomou et al., 2004]. Der Vorteil dieser Variante wäre eine Flexibilisierung bezüglich der Erfüllung der Ziele beider Instrumente. Bei der Kombinationsmöglichkeit können jedoch auch folgende Probleme angeführt werden: Erstens wird eine Umrechnung der Bemessungsgröße notwendig, da die Energieeinsparungen in kWh und der verminderte Ausstoß von Kohlendioxid in tCO_2 angegeben werden. Zweitens kann es zu einer Doppelanrechnung führen. Dies ist der Fall, wenn beispielsweise Energieversorgungsunternehmen einerseits ihren CO_2-Ausstoß mindern und andererseits von Energielieferanten Weiße Zertifikate für die Effizienzmaßnahme erhalten [Sorrell, 2003].

5.4.2 Wechselwirkungen mit ausgewählten Förderinstrumenten

Die Wechselwirkungen der Förderinstrumente in Form von Zuschüssen und Darlehen mit dem System Weißer Zertifikate können wie in Abbildung 5-4 dargestellt werden.

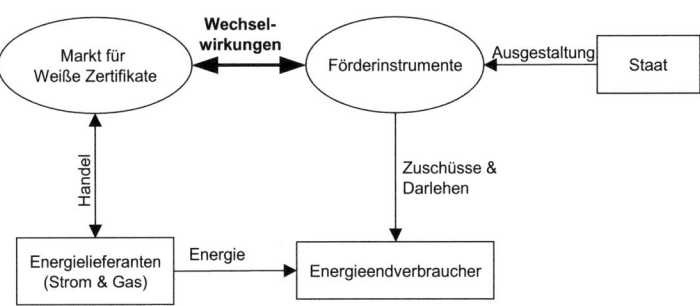

Abbildung 5-4: Wechselwirkungen zwischen Weißen Zertifikaten und staatlichen Förderinstrumenten

Standardmaßnahmen, wie sie in Abschnitt 5.2.1.2 definiert wurden und mit denen teilnehmende Unternehmen ihrer Verpflichtung zur Erzeugung Weißer Zertifikate gerecht werden, können in hohem Maße mit der Zuschussvariante verschiedener Förderprogramme konkurrieren. Beide Instrumente beziehen sich auf die Zielgruppe der privaten Haushalte und enthalten die gleichen Maßnahmen bzw. Maßnahmenpakete. Allerdings hängen diese Wechselwirkungen sehr stark davon ab, wie ein System Weißer Zertifikate in Deutschland eingeführt und ausgestaltet wird. Dabei ist die Kernfrage, ob die durchzuführenden Standardmaßnahmen der Energieeinsparung zusätzlich oder als Ersatz durchgeführt werden und somit wie stark Weiße Zertifikate in den Wirkungsbereich von Förderzuschüssen eindringen. Werden Weiße Zertifikate zusätzlich zu Zuschüssen eingeführt, können theoretisch höhere Energieeinsparungen erreicht werden. In diesem Fall können dann aufeinander abgestimmte beziehungsweise ergänzende Förderinstrumente geschaffen werden.

Unternehmen, die der Verpflichtung Weißer Zertifikate nachkommen müssen und ihren Kunden entsprechende Förderungen anbieten, um die daraus resultierenden Weißen Zertifikate zu erhalten, müssen demnach die Höhe ihres Zuschusses von der Höhe der bisherigen öffentlichen Förderung abhängig machen. Ansonsten würden private Haushalte einen geringeren Anreiz darin sehen, Energieeinsparmaßnahmen in ihrem Wohngebäude durchführen zu lassen [Perrels et al., 2005]. Des Weiteren besteht bei der Existenz beider Instrumente die Gefahr, dass durch die Einführung eines Systems Weißer Zertifikate die entsprechenden Ziele nicht erreicht werden, da die verpflichteten Akteure entweder Zertifikate erwerben oder die entsprechende Sanktion in Kauf nehmen.

Neben der öffentlichen Förderung energetischer Sanierungsmaßnahmen in Form von Zuschüssen gibt es die Förderung mittels zinsgünstiger Darlehen. Da sich zinsgünstige Darlehen im Vergleich zu den Zuschüssen nicht direkt auf die Investition einer Energieeffizienzmaßnahme auswirken, sondern auf die Finanzierung, stellen diese bei einer Einführung Weißer Zertifikate keine konkurrierenden Instrumente dar. Darlehen sind darüber hinaus häufig für Eigentümer von Wohngebäuden vorgesehen, die über einen beschränkten Zugang zu Kapitalmärkten verfügen. Zinsgünstige Darlehen zur Förderung von Energieeinsparmaßnahmen könnten demnach mit nur geringen Anpassungen neben einem System Weißer Zertifikate gleichzeitig eingesetzt werden [Child et al., 2008].

6 Entwicklung und Anwendung eines Planungsmodells zur energieeffizienzorientierten Investitionsplanung

In diesem Kapitel wird auf Basis der bisherigen Ausführungen ein modellgestützter Ansatz zur energieeffizienten Investitionsplanung mit Integration Weißer Zertifikate konzipiert. Der Ansatz ermöglicht eine Bestimmung vorteilhafter Kombinationen von Sanierungs-maßnahmen hinsichtlich ökonomischer sowie ökologischer und somit auch energieeffizienz-orientierter Zielsetzungen unter gegebenen rechtlichen Anforderungen. Des Weiteren wird der optimale Ersatz- bzw. Sanierungszeitpunkt[54] für die Umsetzung des optimalen Investitions- bzw. Sanierungsprogramms ermittelt.

Zunächst wird basierend auf den in Abschnitt 4.3.2 dargestellten Verfahren das mathematische Modell zur Ermittlung des absolut vorteilhaften Sanierungsprogramms und des optimalen Sanierungszeitpunkts in Abschnitt 6.1 formuliert. Dafür wird in einem ersten Schritt ein Grundmodell ausgearbeitet, das anschließend durch die Integration bestehender Förderinstrumente erweitert wird. Nachfolgend wird das erarbeitete Planungsmodell beispiel-haft auf zwei Altersklassen von Einfamilienhäusern angewandt. Dazu werden in Abschnitt 6.2 zunächst verschiedene Sanierungsmaßnahmen für die Anwendung im Bereich von Einfamilienhäusern vorgestellt und in technisch sinnvolle Programme zusammengefasst, die in das konzipierte Planungsmodell eingehen. Des Weiteren werden die Ermittlung der Daten sowie deren Herkunft dargestellt. Anschließend werden Szenarien definiert (Abschnitt 6.4), die dann mit Hilfe des Planungsmodells berechnet werden. Abschließend werden die Ergebnisse der Szenarien analysiert und bewertet sowie ausgewählte Parameter einer Sensitivitätsanalyse unterzogen.

6.1 Mathematische Modellformulierung und Implementierung

Die in Abschnitt 4.3.2 dargestellten Verfahren der Nutzungsdauerentscheidungen, insbesondere das Verfahren zur Ermittlung des optimalen Sanierungszeitpunkts von Investitionen, das in der Modellformulierung Eingang findet, basieren auf dem Kapitalwert als Erfolgskriterium. Dabei wird unterstellt, dass das primäre Ziel der Wärmebereitstellung bis zum Ende des Planungszeitraums gewährleistet sein muss. Des Weiteren wird von einem endlichen Planungszeitraum ausgegangen. Das heißt, dass die Bewertung von Sanierungsmaßnahmen über den Planungshorizont T hinaus nicht differenziert betrachtet wird, sondern durch den Restwert in das Ergebnis eingeht. Technischer Fortschritt wird in den Investitionsrechnungsverfahren nicht berücksichtigt, da dieser bereits in der Auswahl der Alternativen beziehungsweise bei der Zusammenstellung der Sanierungsprogramme integriert wurde. Aus dieser Berücksichtigung des technischen Fortschritts wird von einer nicht-identischen Wiederholung der Investition ausgegangen.

Aus Sicht der Finanzierung wird vereinfachend von einem vollkommenen Kapitalmarkt ausgegangen, d. h. finanzielle Mittel sind unbegrenzt vorhanden, und es herrscht ein einheitlicher Soll- und Habenzinssatz. Des Weiteren wird ein einheitlicher

---

[54] Für den aus der Investitionsrechnung stammenden Begriff des Ersatzzeitpunkts wird im Folgenden der Begriff Sanierungszeitpunkt verwendet.

Kalkulationszinssatz für alle Perioden angenommen, der ebenso für Rückflüsse aus der Investition beziehungsweise für den Restwert gilt [Götze / Bloech, 2004].

Bezüglich der Weißen Zertifikate gilt die Annahme, dass die für die Sanierungsmaßnahmen ausgegebenen Zertifikate im Jahr der Anschaffung veräußert werden.

6.1.1 Formulierung des Grundmodells

Zielsetzung des ausgearbeiteten Planungsmodells ist die Bestimmung der ökonomisch effizienten Kombination von energetischen Sanierungsmaßnahmen sowie deren optimalen Sanierungszeitpunkte unter gegebenen Rahmenbedingungen. Ausgangspunkt des Modells sind Berechnungen der technischen, ökologischen und ökonomischen Parameter, die mit bestehenden Berechnungswerkzeugen wie beispielsweise „Kurzverfahren Energieprofil" „Kurzverfahren Energieprofil" [IWU, 2005] ermittelt wurden. Dabei stellen bestimmte Kombinationen von Maßnahmen an der Gebäudehülle und damit kombinierbaren Heizungs- systemen die verschiedenen Sanierungsprogramme dar (vergleiche Abschnitt 4.2) und werden in Abschnitt 6.2 für die Anwendung des Modells genauer definiert.

Die kapitalwertmaximale Allokation von Investitionen in der energetischen Gebäude- sanierung wird als gemischt-ganzzahliges lineares Optimierungsproblem formuliert. Dazu werden nachfolgend die für die mathematische Modellformulierung benötigten Variablen, Indizes sowie Modellparameter und -konstanten definiert.

Indizes

$\tilde{s}, s$:   Sanierungsprogramme $\tilde{s}, s \in \{1,...,S\}$

$\tilde{t}, t$:   betrachtete Sanierungszeiträume in Jahren $\tilde{t}, t \in \{1,...,T\}$

alt :   Vor der Sanierung vorhandene Anlagen

t^* :   Optimaler Sanierungszeitpunkt $t^* \in \{1,...,T\}$

s^* :   Optimales Sanierungsprogramm $s^* \in \{1,...,S\}$

Entscheidungsvariable

$$x_{s,t}^{\tilde{s},\tilde{t}} : \quad \begin{cases} 1, \ (s,t)=(\tilde{s},\tilde{t}) \\ 0, \ \text{sonst} \end{cases}$$

Modellparameter und -konstanten

$Aansch^s$:   Investition bzw. Anschaffungsausgaben des Sanierungsprogramms s [€]

$Abetr_i^{alt}$:   Betriebsausgaben für die nicht sanierten Anlagen zum Zeitpunkt i [€/a], $i \in \{1,...,t\}$, $t \le T$

$Averbr_i^{alt}$: Verbrauchsbedingte Ausgaben für die nicht sanierten Anlagen zum Zeitpunkt i [€/a], $i \in \{1,...,t\}$, $t \leq T$

$Abetr_j^s$: Betriebsausgaben für das Sanierungsprogramm s zum Zeitpunkt j [€/a], $j \in \{1,...,t\}$, $t \leq T$

$Averbr_j^s$: Verbrauchsbedingte Ausgaben für das Sanierungsprogramm s zum Zeitpunkt j [€/a], $j \in \{1,...,t\}$, $t \leq T$

RW_t^{alt} : Restwert der nicht sanierten Anlagen zum Sanierungszeitpunkt t [€]

RW_{T-t}^s : Restwert des Sanierungsprogramms s am Planungshorizont T [€]

Z_t^s : Zertifikatwert des Sanierungsprogramms s zum Zeitpunkt t [kWh$_{cert}$]

p_t^Z : Preis für eine Einheit des Zertifikatwerts zum Zeitpunkt t [€/kWh$_{cert}$]

$Atrans_t^{Z,s}$: Zertifikatbezogene Transaktionskosten des Sanierungsprogramms s zum Zeitpunkt t [€]

q: Zinssatz

Zielfunktion

$$\text{Maximiere}_{x_{s,t}^{\tilde{s},\tilde{i}}} \quad \sum_{t=1}^{T} \sum_{s=1}^{S} \left(C_{s,t} + \tilde{C}_{s,t} \right) \cdot x_{s,t}^{\tilde{s},\tilde{i}} \tag{6.1}$$

mit

$$C_{s,t} = - \sum_{i=1}^{t} \left(Abetr_i^{alt} + Averbr_i^{alt} \right) \cdot \left(1+q\right)^{-i} + RW_t^{alt} \cdot \left(1+q\right)^{-t} \tag{6.2}$$

$$\tilde{C}_{s,t} = -Aansch^s \cdot \left(1+q\right)^{-t} - \sum_{j=t+1}^{T} \left(Abetr_j^s + Averbr_j^s \right) \cdot \left(1+q\right)^{-j}$$
$$+ RW_{T-t}^s \cdot \left(1+q\right)^{-T} + p_t^Z \cdot Z_t^s \cdot \left(1+q\right)^{-t} - Atrans_t^{Z,s} \cdot \left(1+q\right)^{-t} \tag{6.3}$$

Der Zielfunktionswert ergibt sich aus der Summe aller auf das Basisjahr diskontierten und entscheidungsrelevanten Ausgaben (vgl. Gleichung (6.1)). Die zu maximierende Zielfunktion setzt sich aus den zwei Termen zusammen, die durch die Gleichungen (6.2) und (6.3) definiert sind. Gleichung (6.2) stellt alle Ausgaben und Einnahmen zu bestehenden Bauteilen und Anlagentechnik bis zum Sanierungszeitpunkt t dar. Diese setzen sich somit aus den laufenden Ausgaben (betriebs- und verbrauchsbedingten) und dem Restwert zum Sanierungszeitpunkt t zusammen. Es wird davon ausgegangen, dass die bestehende Anlagentechnik das Ende der wirtschaftlichen Lebensdauer erreicht hat und somit kein

Restwert anzunehmen ist. Die Restwerte der Bauteile (Gebäudehülle) unterscheiden sich je nach Altersklasse (vgl. Abschnitt 2.1.2 und 6.3). Gleichung (6.3) enthält alle Angaben zu Bauteilen und zur Anlagentechnik der Sanierungsprogramme, die vom Sanierungszeitpunkt t bis zum Planungshorizont T anfallen. Der erste Term enthält alle anfallenden Anschaffungsausgaben der Sanierungsprogramme. Der nachfolgende Summenterm beinhaltet die betriebs- und verbrauchsbedingten Ausgaben, die durch die energetische Sanierungsmaßnahme hervorgerufen bzw. im Laufe der Nutzungsphase anfallen werden. Der dritte Term enthält den Restwert der Sanierungsprogramme, der am Ende des Betrachtungszeitraums anfällt und sich nach dem Sanierungszeitpunkt richtet. Hierbei handelt es sich nicht um einen tatsächlichen Erlös oder eine Einnahme, sondern um die Bewertung unterschiedlich langer durchschnittlicher wirtschaftlicher Nutzungsdauern der entsprechenden Sanierungsmaßnahmen (vgl. Abschnitt 6.3).[55] Die letzten beiden Terme enthalten Angaben zur Teilnahme an einem möglichen Handel mit Weißen Zertifikaten. Hierbei handelt es sich um die Menge der Zertifikate Z_t^s, die bei der Realisierung der entsprechenden Sanierungsprogramme zum Zeitpunkt t vergeben werden. Diese werden mit einem Preis p_t^Z monetär bewertet. Hierbei handelt es sich um einen fiktiven Preis, der sich an der Preisermittlung des französischen Zertifikathandels orientiert (vgl. Abschnitt 3.4.3).

Nebenbedingungen

$$\sum_{t=1}^{T}\sum_{s=1}^{S} x_{s,t}^{\tilde{s},\tilde{i}} = 1 \tag{6.4}$$

$$x_{s,t}^{\tilde{s},\tilde{i}} \in \{0,1\} \qquad \forall\, \tilde{s}, s = 1,...,S \wedge \forall\, \tilde{t}, t = 1,...,T \tag{6.5}$$

$$Aansch^s \in \mathbb{R}_0^+, \quad Z_t^s \in \mathbb{R}_0^+, \quad Abetr_i^{alt}\left(Abetr_j^s\right) \in \mathbb{R}_0^+, \quad Atrans_t^{Z,s} \in \mathbb{R}_0^+ \tag{6.6}$$

Mit den Nebenbedingungen (6.4) und (6.5) wird sichergestellt, dass nur ein Sanierungsprogramm s im gesamten Betrachtungszeitraum T zugelassen wird. Nebenbedingung (6.6) begrenzt die Modellparameter und –variablen. Weitere Nebenbedingungen werden in Abschnitt 6.4 bei unterschiedlichen Szenarien wirksam und daher dort definiert.

Es wird zunächst davon ausgegangen, dass in dem oben genannten Basismodell keine steuerlichen Vorteile bzw. andere Klimaschutz- und Energieeffizienzinstrumente geltend gemacht werden. In Abschnitt 6.1.2 wird das Modell erweitert, und Förderinstrumente in Form von Zuschüssen werden integriert. Zusätzlich werden Emissionsminderungsziele im Rahmen der Szenarienberechnung integriert, die als Restriktion in die Berechnung eingehen (vgl. Abschnitt 6.4).

6.1.2 Erweiterung des Grundmodells

Zur Abbildung bestehender Förder- und Anreizinstrumente werden diese in der Erweiterung des Grundmodells durch die Modellparameter F^s und $I^{F,s} \cdot f^{F,s}$ integriert. Der erste Term

---

[55] Zu der Diskussion der Restwertermittlung vergleiche beispielsweise auch [Götze / Bloech, 2004] und [IP BAU, 1994].

enthält pauschale und der zweite Term investitionsabhängige Förderbeträge. Dabei handelt es sich um Zuschüsse, die in der gleichen Periode anfallen, in der die Anschaffungsausgaben wirksam werden. Hierbei kann es sich um staatliche Zuschüsse aber auch um Zuschüsse von anderen Akteuren handeln. Gleichung (6.3) ändert sich bei der Integration von Förderinstrumenten in Form von Zuschüssen wie in Gleichung (6.7) dargestellt.

$$
\tilde{C}_{s,t} = -\left(Aansch^s - F^s - I^{F,s} \cdot f^{F,s}\right) \cdot \left(1+q\right)^{-t} - \sum_{j=t+1}^{T} \left(Abetr_j^s + Averbr_j^s\right) \cdot \left(1+q\right)^{-j}
$$
$$
+ RW_{T-t}^s \cdot \left(1+q\right)^{-T} + p_t^Z \cdot Z_t^s \cdot \left(1+q\right)^{-t} - Atrans_t^{Z,s} \cdot \left(1+q\right)^{-t}
$$
(6.7)

mit

F^s :   pauschaler Förderbetrag der Sanierungsmaßnahme s [€]

$I^{F,s}$:   förderfähiger Investitionsbetrag der Sanierungsmaßnahme s [€]

$f^{F,s}$:   Fördersätze der Sanierungsmaßnahme s [%]

Zusätzlich ergeben sich die im Folgenden aufgeführten Nebenbedingungen, die die Modellparameter begrenzen. Dabei stellen die Gleichungen (6.9) bis (6.11) sicher, dass der Förderbetrag den Betrag der Anschaffungsausgaben nicht übersteigt.

$$
F^s \in \mathbb{R}_0^+
$$
(6.8)

$$
Aansch^s > F^s
$$
(6.9)

$$
Aansch^s > I^{F,s} \cdot f^{F,s}
$$
(6.10)

$$
Aansch^s > F^s + I^{F,s} \cdot f^{F,s}
$$
(6.11)

Durch die Integration der Förder- und Anreizinstrumente wird zusätzlich die Abbildung mehrerer Instrumente möglich. Auf diese Weise kann neben einer staatlichen oder privaten Zuschussvariante ein Weiße-Zertifikate-System existieren und in die Optimierung einbezogen werden. Diese Kombinierbarkeit wird in Abschnitt 6.4 untersucht.

6.1.3 Implementierung des Modells

Das Modell ist in der Programmiersprache GAMS (General Algebraic Modelling System) implementiert, die speziell zur Abbildung komplexer mathematischer Optimierungsprobleme entwickelt wurde. Neben der Eignung zur Abbildung gemischt-ganzzahliger linearer Optimierungsprobleme können beispielsweise auch quadratische, nichtlineare und stochastische Fragestellungen behandelt werden. Zur Lösung stehen verschiedene eigenständige Programme (Solver) zur Verfügung. Lineare Optimierungsprobleme können beispielsweise mit den Solvern CPLEX oder OSL gelöst werden, wobei der erstgenannte zur Lösung des in dieser Arbeit entwickelten Modells verwendet wurde.

Die Eingangsdaten sind in einer Datenbank hinterlegt, auf die GAMS zurückgreift und in ein geeignetes Format konvertiert. Die Ergebnisse der Berechnungen werden in GAMS als Textdatei ausgegeben, die in andere Programme, z. B. Microsoft Excel, überführt werden können.

6.2 Ausgewählte Maßnahmen für die Anwendung des Planungsmodells

Im Rahmen der Modellanwendung wurden Gebäude verschiedener Altersklassen ausgewählt (Gebäudetypologie in Abschnitt 2.1.2), die notwendigen Grundlagen für die Berechnungen ermittelt und unterschiedliche Szenarien angewandt. Für die Anwendung des Modells wurden in der vorliegenden Arbeit die Altersklassen AK4 und AK8 ausgewählt. Dabei wird das Gebäude der AK4 (1949 - 57) als Repräsentant für die Altersklassen aus dem Zeitraum 1949 bis 1978 angesehen, aus dem über 45 % der heute bewohnten Gebäude stammen und in den nächsten Jahren zur Sanierung anstehen [Statistisches Bundesamt, 2006]. Damit ist eine Altersklasse aus der Zeit vor einer gesetzlichen Regelung des Mindestwärmeschutzes enthalten, d. h. vor 1978, enthalten. Ferner stellt das Gebäude der Altersklasse AK8 einen Repräsentanten für Gebäude mit Berücksichtigung dieser Vorgaben dar. Zusätzlich sind bei Gebäuden der Altersklasse AK8 Bau- und Anlagenteile enthalten, die nicht auf Grund des Endes der Lebensdauer auszutauschen sind. Die benötigten Daten und Eigenschaften der gewählten Altersklassen sind in Tabelle 6-1 dargestellt.

Tabelle 6-1: Auszug aus der angepassten Baualtersklasseneinteilung

			AK 4 EFH 1949-1957	AK 8 EFH 1984-1994
Allgemeine Angaben		Beheizte Wohnfläche [m²]	101	137
		Mittlere lichte Raumhöhe [m]	2,4	2,5
		Beheiztes Gebäudevolumen nach EnEV [m³]	380	514
		Anzahl Vollgeschosse	1	1
		Anzahl Wohneinheiten	1	1
		Gebäudehöhe [m]	2,36	2,5
Dach		Bezeichnung / Art	Dachschräge	Dachschräge
		Fläche [m²]	125	123
		U-Wert im Istzustand [W/m²K]	1,6	0,4
		Konstruktion	Holzkonstruktion	Holzkonstruktion/ massive Konstruktion
Außenwand		Bezeichnung / Art	Außenwände	Außenwände
		Fläche [m²]	120	213
		U-Wert im Istzustand [W/m²K]	1,4	0,6
		Konstruktion	Holzkonstruktion/ massive Konstruktion	massive Konstruktion
Unterer Gebäudeabschluss		Bezeichnung / Art	Kellerdecken	Kellerdecken
		Fläche [m²]	62,0	75,3
		U-Wert im Istzustand [W/m²K]	1,0	0,6
		Konstruktion	Holzbalkendecke	massive Bauteile
Fenster		U-Wert (gesamtes Fenster) im Istzustand [W/m²K]	2,6	2,6
		g-Wert (senkr. Strahlungseinfall)	0,8	0,8
	Fensterfläche [m²]	Süd	8,6	12,7
		West/Ost	6,5	14,8
		Nord	3,3	2,1
		Gesamt	18,4	29,7
		Konstruktion	Isolierverglasung in Holz- oder Kunststoffrahmen	Isolierverglasung in Holz- oder Kunststoffrahmen

Quelle: in Anlehnung an [IWU, 2003], [Ranft / Haas-Arndt, 2004], [König / Mandl, 2005] und [dena, 2006]

Auf dieser Basis wurden verschiedene Maßnahmen an der Gebäudehülle und der Anlagentechnik auf ihre technische Machbarkeit untersucht und entsprechende Kombinationsmöglichkeiten gebildet. Diese werden in den nachfolgenden Abschnitten dargelegt.

6.2.1 Maßnahmen an der Gebäudehülle

Die Einzelmaßnahmen werden im Bereich der Gebäudehülle an den Elementen Dach, Außenwand und/oder Fenster durchgeführt. Im Rahmen der Wärmedämmmaßnahmen werden Wandelemente und Maßnahmen am Dach berücksichtigt. Dabei wird bei der Wanddämmung ein Wärmedämmverbundsystem (WDVS) mit einer Dicke von 17 cm angebracht[56]. Dadurch werden U-Werte von 0,2 W/m^{2}K und 0,17 W/m^{2}K bei den betrachteten Altersklassen eingehalten. Das Dach wird je nach Baualtersklasse mit einer 20 bis 30 cm dicken Wärmedämmung versehen. Bei dem Dach der Gebäudetypen der Altersklassen AK4 und AK8 (geneigtes Dach) wird eine zusätzliche Dämmschicht von 30 cm Dicke eingebaut. Es wird von einem beheizten Dachraum ausgegangen, so dass der Dachstuhl gedämmt wird. Damit werden die gewünschten U-Werte von 0,12 W/m^{2}K bei den Altersklasse AK4 und AK8 erreicht. Des Weiteren wird der Austausch der Fenster als eine weitere Variante einbezogen. Bei einem Austausch werden Fenster mit einem PVC-Rahmen und einem 5-Kammer-Profil eingesetzt, so dass ein U-Wert der Fenster von 0,9 W/m^{2}K erreicht wird. Daraus ergeben sich je Baualtersklasse drei mögliche Sanierungsmaßnahmen an der Gebäudehülle, die miteinander kombiniert werden können. Aus technischen Gründen soll bei einer Außenwanddämmung ebenfalls der Austausch der Fenster stattfinden. Aus diesen Vorgaben werden für das Planungsmodell neben dem Ist-Zustand, der mit 0 bezeichnet wird, drei Sanierungsstandards (A, B und C) gewählt (vgl. Tabelle 6-3).

Tabelle 6-2: Sanierungsalternativen an der Gebäudehülle je Baualtersklasse

Variante	Maßnahme	Beschreibung
C	**A** Wärmedämmung Dach	20 bis 30 cm Dämmung, U-Wert nach Sanierung von 0,12 W/m^{2}K
	B Wärmedämmung Außenwand	17 cm WDVS, U-Wert nach Sanierung von 0,2 W/m^{2}K und 0,17 W/m^{2}K
	Austausch Fenster	PVC-Rahmen, 5-Kammer-Profil, U-Wert nach Sanierung von 0,9 W/m^{2}K

Quelle: Daten aus [dena, 2006] und [Loga et al., 2005]

6.2.2 Maßnahmen an der Anlagentechnik

Im Folgenden werden ausgewählte Maßnahmen an der Anlagentechnik (Heizung und Trinkwassererwärmung) dargestellt. Grundsätzlich kann im Rahmen der Erneuerung von Heizung und Warmwasserbereitung eine Komplett- bzw. Teilsanierung durchgeführt werden. Bei einer Komplettsanierung handelt es sich um eine vollständig neue Heizung und Warmwasserbereitung, die unter anderem auch den Austausch der Heizflächen, des Leitungssystems, der Regelung etc. beinhaltet. In dieser Arbeit wird von einer Teilsanierung ausgegangen, da angenommen wird, dass einige Komponenten wie Heizflächen und Leitungssystem den anerkannten Regeln der Technik entsprechen und weiter genutzt werden können. Daher handelt es sich um eine Teilsanierung, wobei die Komponenten wie beispielsweise Wärmeerzeuger und Regelung, Sanierungsarbeiten am Schornstein sowie an Gas- und Elektroinstallationen erneuert bzw. durchgeführt werden. Es wird davon

---

[56] Zur Ermittlung des betriebswirtschaftlich optimalen Wärmedämmniveaus vergleiche [Treber, 1993].

ausgegangen, dass bei der Erneuerung von gasbetriebenen Wärmeerzeugern ein Hausanschluss bereits existiert und daher hierfür keine zusätzlichen Ausgaben anfallen. Bei einer Umstellung auf holzpellet betriebene Wärmeerzeuger müssen zusätzlich Investitionen für die Lagerung der Pellets (Gewebe bzw. Erdtank) berücksichtigt werden. Bei Heizkesseln, die mit Heizöl betrieben werden und zuvor einen anderen Energieträger nutzten, ist ein Tank für die Heizöllagerung zu integrieren. Analog ist beim Einbau eines gasbetriebenen Heizkessels bei vorheriger Nutzung anderer Energieträger die Installation eines Hausanschlusses zu berücksichtigen. Bei einer Umstellung auf einen mit Wärmepumpen betriebenen Wärmeerzeuger fallen zusätzlich Investitionen für den Luftkanal bei der Luft-Wärmepumpe und für die Erdsonden bei der Sole-Wärmepumpe an. Bei allen Sanierungs-varianten handelt es sich um kombinierte Wärme- und Warmwassererzeuger, wobei sich sowohl der Wärmeerzeuger als auch der Warmwasserspeicher innerhalb der thermischen Hülle befinden. Bei allen Systemen wird davon ausgegangen, dass die Wärmeübergabe über die vorhandenen freien Heizflächen und die Wärmeverteilung über die Verteilungs-leitungen erfolgt und somit hierfür keine zusätzlichen Investitionen anfallen. Hierbei wird davon ausgegangen, dass die vorhandenen Heizkörper in Art und Größe für den neuen Wärmeerzeuger ausreichend dimensioniert sind. Die Auslegungstemperatur für die Sanierungsmaßnahmen mit Wärmepumpen beträgt 45/35°C und für alle anderen Sanierungsmaßnahmen wird von einer Auslegungstemperatur von 70/55°C ausgegangen. Bei den Sanierungsmaßnahmen, die einen pellet betriebenen Wärmeerzeuger beinhalten, soll eine vollautomatische Zufuhr der Pellets aus dem Lagerraum angenommen werden (in Anlehnung an [BGW, 2007]).

In Tabelle 6-3 sind neben dem Ist-Zustand der Wärmeversorger die betrachteten Sanierungsvarianten zusammenfassend aufgezeigt.

Tabelle 6-3: Ist-Zustand und Sanierungsalternativen an der Anlagentechnik

	Variante	Beschreibung
Ist-Zustand	G_Stand86	Standardkessel Erdgas, Einbau vor 1986
	O_Stand86	Standardkessel Heizöl, Einbau vor 1986
	G_Stand93	Standardkessel Erdgas, Einbau zwischen 1987 und 1994
	O_Stand93	Standardkessel Heizöl, Einbau zwischen 1987 und 1994
Sanierungsvarianten	G1 - BW	Erdgas-Brennwertkessel, indirekt beheizter Speicher
	G2 - BWSol	Erdgas-Brennwertkessel und solare Warmwasserbereitung, indirekt beheizter Speicher
	G3 - NT	Niedertemperaturkessel Erdgas, indirekt beheizter Speicher
	O1 - BW	Heizöl-Brennwertkessel, indirekt beheizter Speicher
	O2 - NT	Niedertemperaturkessel Heizöl, indirekt beheizter Speicher
	P1	Pelletkessel, indirekt beheizter Speicher
	P2 - Sol	Pelletkessel und solare Warmwasserbereitung, indirekt beheizter Speicher
	LWP	Luft-Wasser-Wärmepumpe, indirekt beheizter Speicher
	SWP	Sole-Wasser-Wärmepumpe, indirekt beheizter Speicher

Quelle: Technische Spezifikation aus [BGW, 2007] und [Loga et al., 2005]

In den betrachteten Einfamilienhäusern der verschiedenen Altersklassen wird die Wärmeerzeugung im Ausgangszustand zentral über einen Standardkessel sichergestellt. Diese Kessel werden mit den Brennstoffen Erdgas oder Heizöl betrieben. Dieser Ist-Zustand wird in Tabelle 6-3 für die Altersklasse AK4 mit O_Stand86 aufgrund des Einbaus vor 1986 und für die Altersklasse AK8 mit O_Stand93 aufgrund eines Einbaus nach dem genannten Bezugsjahr bezeichnet. Der Austausch ist nach der Energieeinsparverordnung und aufgrund des Erreichens der maximalen Lebensdauer erforderlich [EnEV, 2007] und wird daher als Sanierungsvariante vorgesehen. Da der Standardkessel nicht mehr dem Stand der Technik entspricht, werden entweder Niedertemperaturkessel oder Brennwertkessel als Wärmeerzeuger als Sanierungsvarianten definiert [EnEV, 2007]. Die Sanierungsvarianten, die den Einbau eines Niedertemperaturkessels beinhalten, werden mit G3 - NT und O2 - NT bezeichnet. Dabei wird davon ausgegangen, dass der zuvor verwendete Brennstoff (Heizöl oder Erdgas) weiterhin beibehalten wird, da ein wesentlicher Vorteil resultierend aus einem Brennstoffwechsel nicht zu vermuten ist. Der Brennwertkessel wird in Variante G1 - BW und O1 - BW als einziger Wärmeerzeuger betrachtet. Die Sanierungsvariante G2 - BWSol enthält zusätzlich eine solare Warmwasserbereitung. Obwohl eine begrenzte Überdimensionierung eines modernen Kessels im Gegensatz zu alten Heizkesseln nicht mehr zu hohen Verlusten bei Teillastnutzungsgraden führt, werden zwei Kesselgrößen unterschieden (vgl. Abschnitt 4.2.3).

Eine Möglichkeit, regenerative Energien zu nutzen, besteht darin, Heizungstechniken in Kombination mit Biobrennstoffen, wie beispielsweise Holzpellets oder Hackschnitzel einzusetzen. In dieser Arbeit wird der Einsatz einer Holzpelletanlage (P1) und einer Holzpelletanlage mit solarer Warmwasserbereitung (P1 - Sol) als Sanierungsvariante gewählt. Des Weiteren ermöglicht der Einsatz von Wärmepumpen die Nutzung regenerativer Energien. Es werden daher zwei Sanierungsvarianten, die eine Wärmepumpe beinhalten, formuliert. Erstens wird eine Außenluft/Wasser-Wärmepumpe (LWP) berücksichtigt, die als monovalentes Heizungssystem eingebaut wird. Die zweite Sanierungsvariante beinhaltet eine Sole/Wasser-Wärmepumpe (SWP), die über eine Jahresarbeitszahl von 3,5 verfügt.

6.2.3 Technisch zulässige Kombinationen

Aus den vorab einzeln definierten Sanierungsvarianten (vgl. Abschnitte 6.2.1 und 6.2.2) lassen sich durch Kombinationen technisch zulässige und damit sinnvolle Sanierungs-programme erstellen, wie beispielweise 0_G3 - NT, A_O1 - BW, B_P1 oder C_SWP.

Die Sanierungsvarianten an der Gebäudehülle geben den Heizwärmebedarf vor, wonach sich die Wahl des Wärmeerzeugers richtet. Die Heizleistung wird mit gängigen Verfahren ermittelt und bildet die Basis für die Wahl der Kesselgröße. Hieraus ergeben sich bereits zahlreiche Kombinationsmöglichkeiten (vgl. auch Abschnitt 4.2.3), die dann zusätzlich mit Wärmeerzeugern auf Basis fossiler und regenerativer Energieträger ausgestattet werden können. Ein gut gedämmtes Gebäude (Niedrigenergiehausstandard) weist in der Regel nur eine Heizlast von 6 kW auf. Allerdings ist ein solcher Kessel aufgrund der Warmwasser-bereitung nicht zu empfehlen [Schrameck et al., 2005]. Daher werden zwei Leistungsklassen der Anlagentechnik unterschieden (vgl. Abbildung 6-1). In der Regel wird ein gedämmtes Gebäude mit einer geringeren Wohnfläche einen Wärmeerzeuger geringerer Leistung (< 11 kW) benötigen. In diesem Fall wird ein Heizkessel mit einer Leistung von 11 kW eingesetzt. Wird an der Gebäudehülle keine Maßnahme durchgeführt oder verfügt das Gebäude über eine große Wohnfläche, ist ein Wärmeerzeuger mit höherer Leistung (> 11 kW) zu installieren. Das bedeutet im Rahmen dieser Arbeit, dass ein Heizkessel mit 19 kW zum Einsatz kommt. Solare Trinkwassererwärmung findet nur in Sanierungsvarianten statt, in denen ein Wärmeerzeuger geringerer Leistung zum Einsatz kommt.

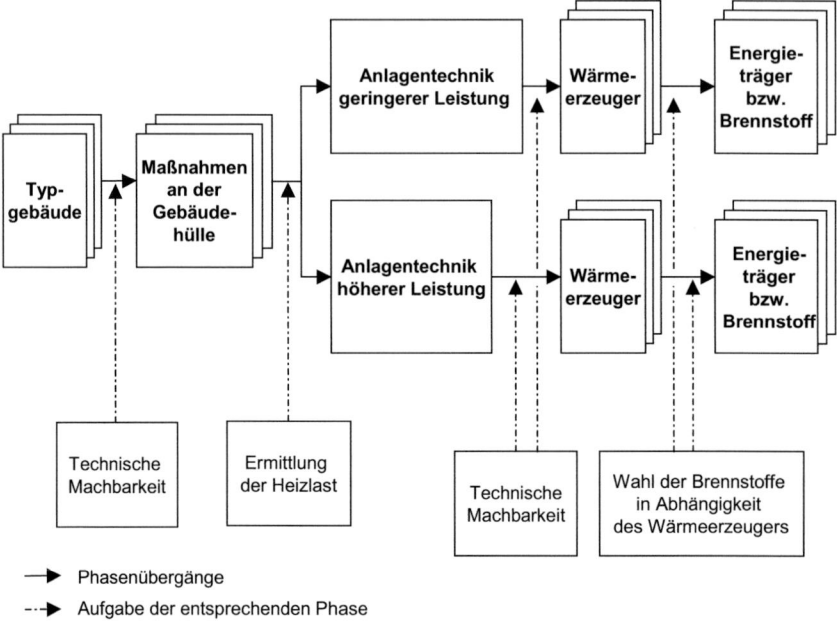

Abbildung 6-1: Vorgehensweise bei der Auswahl der technischen Maßnahmen

In den Berechnungen der Szenarien werden die Ergebnisse der Altersklassen AK4 als Vertreter der Altersklassen ohne Berücksichtigung des Mindestwärmeschutzes und AK8 als Vertreter der Altersklassen mit Berücksichtigung eines Mindestwärmeschutzes aufgezeigt. Des Weiteren werden in den Szenarien ausschließlich die Ergebnisse gasbetriebener Wärmeerzeuger im Ausgangszustand berücksichtigt.

6.3 Zugrundeliegende Daten

Zunächst werden relevante Daten für die Anwendung des Planungsmodells bestimmt und erläutert. Diese zugrundeliegenden Daten wurden mit Hilfe anderer Berechnungsverfahren wie beispielsweise dem „Kurzverfahren Energieprofil" [IWU, 2005] für energiebezogenen Parameter oder aus bestehenden Arbeiten und Fachliteratur ermittelt und gehen somit extern in das Planungsmodell ein. Diese Daten beziehen sich im Wesentlichen auf die Energieeinsparverordnung 2007 [EnEV, 2007], wobei die entwickelten Sanierungsmöglichkeiten ebenfalls die energetischen Anforderungen bei wesentlichen Änderungen von Gebäuden der Energieeinsparverordnung 2009 erfüllen, die um ca.30 % verschärft wurden (vgl. Abschnitt 2.2.2.4) [EnEV, 2009].

Kosten werden nach VDI 2067 in kapitalgebundene, bedarfs- bzw. verbrauchsgebundene, betriebsgebundene und sonstige Kosten unterteilt [VDI 2067, 2000]. In Anlehnung an diese

Definition werden im Folgenden die ersten drei Untergruppen berücksichtigt. Sonstige Kosten, worunter beispielsweise Versicherungen zu verbuchen sind, werden außer Acht gelassen. Da in dieser Arbeit nicht der Werteverzehr im Vordergrund steht, sondern die tatsächlichen Mittelabflüsse (bzw. -zuflüsse) eine wichtige Rolle spielen, wird im Weiteren von Ausgaben ausgegangen, die gleichzeitig Auszahlungen darstellen. Daraus ergeben sich nach obiger Definition Ausgaben infolge von Investitionen, wie beispielsweise Anlagenkomponenten und bauliche Anlagen, Ausgaben, die aus dem Verbrauch von Energie und Hilfsenergie resultieren, und betriebsgebundene Ausgaben, die aus der Bedienung, der Wartung und der Reinigung resultieren [VDI 2067, 2000]. Alle Ausgaben enthalten die Umsatzsteuer in Höhe von 19 %. Lediglich für Holzpellets gilt ein Umsatzsteuersatz von 7 %.

Die Investitionen bzw. Erstausgaben der Sanierungsprogramme wurden aus verschiedenen Quellen [BGW, 2007], [Beitzke, 2008], [RWE, 2004] und [König / Mandl, 2005] sowie mittels einer Analyse verschiedener auf dem Markt agierender Anbieter und aktueller Listenpreise ermittelt. Sie umfassen neben den Materialausgaben auch Ausgaben für Lieferung, Montage und Inbetriebnahme.

Die betriebsgebundenen Ausgaben beinhalten alle zur Aufrechterhaltung des Betriebs notwendigen Ausgaben. Darunter sind in Einfamilienhäusern insbesondere die Wartung und Inspektion zu verstehen, die insbesondere die Zustandsprüfung und -beurteilung sowie der Austausch von Verschleißteilen und kleine Reparaturen beinhalten. Durch die dafür notwendigen Fachkenntnisse wird der grundlegende Unterschied zur Bedienung deutlich [Schub / Stark, 1985].

Die Berechnung des Energiebedarfs und somit die Basis für die verbrauchsgebundenen Ausgaben wurden mit dem „Kurzverfahren Energieprofil" durchgeführt [IWU, 2005]. Aufgrund dieses breiten Anwendungsspektrums wurde das „Kurzverfahren Energieprofil" nicht nur für die Festlegung der Zertifikatwerte (vgl. Abschnitt 5.2) verwendet, sondern mit detaillierten Angaben versehen und für die Referenzgebäude der betrachteten Altersklassen AK4 und AK8 angewendet.

Die Restwerte bzw. Restbuchwerte wurden nach gängigen Methoden ermittelt, wobei angenommen wurde, dass bei der AK4 keine Restwerte für die bestehenden Bau- und Anlagenteile anzusetzen sind. Bei der AK8 hingegen wird angenommen, dass die Anlagentechnik zum Sanierungszeitpunkt ebenfalls das Ende der Lebensdauer erreicht hat, die Bauteile jedoch über Restwerte verfügen. Bei Restwerten installierter Bau- und Anlagenteile handelt es sich nicht um Erlöse, sondern um eine Beurteilung der Restnutzungsdauer am Ende des betrachteten Zeitraums. Da der Ausbau der installierten Bau- und Anlagenteile wie eine Wärmedämmung oder ein Kessel zu einer weiteren Wertminderung bzw. zu weiteren Ausgaben führt, wird zusätzlich eine zwanzigprozentige Reduktion des Restwerts einbezogen.

Die Höhe der Zuschüsse wurde auf Basis existierender Förderprogramme des Bundes bestimmt. Hierbei wurden die Zuschussvariante des CO_2-Gebäudesanierungsprogramms der Kreditanstalt für Wiederaufbau [KfW, 2008c] und das Marktanreizprogramm (MAP) zur Förderung von Maßnahmen zur Nutzung erneuerbarer Energien im Wärmemarkt herangezogen [BAFA, 2008b]. Die beim KfW-CO_2-Gebäudesanierungsprogramm geförderten Maßnahmen werden in Kategorie A und Kategorie B unterschieden, wobei Kategorie A die Erreichung des Neubaustandards bzw. des Neubaustandards minus 30 % bezogen auf den Energiebedarf fordert. Kategorie B bezieht sich hingegen auf entsprechende Maßnahmenkombinationen. Das Marktanreizprogramm lässt sich im Wesentlichen in eine Basisförderung sowie erhöhte Förderbeträge bei Erreichung des Neubaustandards bzw. des Neubaustandards minus 30 % einteilen (vgl. Abschnitt 2.3.2.2).

Für die ökologische Bewertung und die Abschätzung zur Zielerreichung verschiedener Programme zur Emissionsminderung werden die Treibhausgasemissionen herangezogen. Dabei stellen die CO_2-Emissionen den wesentlichen Anteil, da sie fast ausschließlich aus der Verbrennung von Brennstoffen resultieren. Die verwendeten CO_2-Emissionsfaktoren der jeweiligen Brennstoffe basieren auf GEMIS 4.4 [GEMIS, 2007].

Weitere Angaben zur Ermittlung der zugrundeliegenden Daten befinden sich in Anhang 2.

6.4 Definition und Anwendung von Szenarien und Maßnahmen

In diesem Abschnitt werden zur Anwendung des entwickelten Planungsmodells zunächst vier realitätsgetreue Szenariengruppen definiert, in denen verschiedene Stufen der ökologischen und ökonomischen Entwicklung untersucht werden, wobei der Fokus auf der Integration Weißer Zertifikate im Vergleich zu ausgewählten bestehenden Förder-instrumenten liegt. Die untersuchten Szenarien sind in Tabelle 6-4 dargestellt.

Tabelle 6-4: Szenarien zur Entwicklung von Anreizinstrumenten

Szenario	Beschreibung
I Basisszenario	Ist-Zustand ohne Anreizinstrumente
II WZ	Einführung Weißer Zertifikate während des Betrachtungszeitraums
III bestehende Förderung	Beachtung von ausgewählten existierenden Förderprogrammen
IV Kombination	Einführung Weißer Zertifikate während des Betrachtungszeitraums und Beachtung von ausgewählten existierenden Förderprogrammen in reduziertem Umfang

Das Basisszenario I stellt den Ist-Zustand ohne Berücksichtigung jeglicher Anreizinstrumente dar. Lediglich die Subventionen, die sich direkt auf den Preis der Energieträger auswirken, wie der reduzierte Umsatzsteuersatz für Pellets, werden berücksichtigt. Das Szenario II ist dadurch gekennzeichnet, dass es eine Einführung des Weiße-Zertifikate-Systems im Betrachtungszeitraum vorsieht. Dabei werden die Rahmenbedingungen und Zertifikatwerte für Standardmaßnahmen aus Kapitel 5 einbezogen. Allerdings wird die Begrenzung der Mindestmenge für den Erhalt von Zertifikaten in der Anwendung des Planungsmodells (vgl. 5.2) nicht berücksichtigt, d. h. jeder Akteur kann für die durchgeführten Maßnahmen unabhängig von der Höhe der Einsparung Zertifikate erhalten. Szenario III zeigt ein Politik-szenario auf, bei dem ausgewählte Fördermöglichkeiten angewandt werden und damit ein Vergleich mit den Auswirkungen der Einführung eines Weiße-Zertifikate-Systems stattfinden kann. Hierbei werden ausschließlich Förderungen durch Zuschüsse betrachtet und anhand von zwei Förderprogrammen auf Bundesebene (CO_2-Gebäudesanierungsprogramm und Marktanreizprogramm) aufgezeigt (vgl. auch Abschnitt 2.3.2.2). Es wurden alle Möglichkeiten der Förderung aus den beiden genannten Förderprogrammen für die Altersklassen AK4 und AK8 ermittelt. Auf Basis von gesetzlichen Vorgaben, die im Wesentlichen aus der Energie-einsparverordnung [EnEV, 2007] resultieren, wurden die höchstmöglichen Förderbeträge für die Berechnungen ausgewählt. Eine mögliche Kombination der Förderinstrumente wurde ebenfalls untersucht, bringt in den betrachteten Fällen jedoch keine Vorteile. Bei der Einführung eines Weiße-Zertifikate-Systems ist zu prüfen, ob Zertifikatzuweisungen mit Investitionszuschüssen und anderen Förderinstrumenten kombiniert werden können oder ob diese Maßnahmen vom Weiße-Zertifikate-System ausgeschlossen werden. Daher wird in Szenario IV untersucht, wie sich eine Kombination aus einem Weiße-Zertifikate-System und zusätzlichen Förderinstrumenten auswirkt. Dabei gelten bezüglich des Systems Weißer Zertifikate die gleichen Annahmen und Voraussetzungen wie in Szenario II, ergänzt durch entsprechend reduzierte Zuschüsse (50 %) aus Szenario III.

Diese Szenarien werden im Folgenden mit mengenbedingten Einschränkungen sowie Budget- und Emissionsbeschränkungen kombiniert, um auf diese Weise Unterschiede bezüglich der optimalen Sanierungsstrategie, des Kapitalwerts und des Sanierungs-zeitpunkts festzustellen. Die Bedingungen bzw. Annahmen zu diesen Restriktionen werden im Folgenden dargelegt.

6.4.1 Einschränkung auf bestimmte Teilmengen der Sanierungsprogramme

Gesetzliche Regelungen erfordern eine zeitliche oder mengenbedingte Einschränkung bei der Umsetzung von Sanierungsmaßnahmen. Im Rahmen des Planungsmodells können diese Vorgaben als Restriktion Eingang finden. Mit den nachfolgenden Gleichungen werden Maßnahmen auf Basis der in Abschnitt 2.2.2 aufgezeigten gesetzlichen Regelungen in das Planungsmodell integriert.

$$\sum_{t=0}^{T} \sum_{s \in EE} x_{s,t}^{\tilde{s},\tilde{i}} = 1 \qquad (6.12)$$

EE: Menge der Sanierungsalternativen, die regenerative Energien beinhalten, $EE \leq \{1,...,S\}$

Mit dieser Nebenbedingung wird ein Sanierungsprogramm s aus einer Teilmenge im gesamten Betrachtungszeitraum T zugelassen. Die Teilmenge kann beispielsweise nur Varianten mit regenerativen Energien oder gewünschten Energieträgern enthalten. Dies kann beispielweise die Zielsetzung des Erneuerbare-Energien-Wärmegesetzes (EEWärmeG) unterstützen (vgl. Abschnitt 2.2.2.5). In diesem Gesetz werden Haus-eigentümer von Neubauten verpflichtet, ihren Wärmebedarf zu einem bestimmten Anteil aus regenerativen Energien bereit zu stellen [EEWärmeG, 2008]. Bestandsgebäude werden durch das bundesweit gültige EEWärmeG nicht einbezogen, können allerdings durch entsprechende Gesetze auf der Ebene der Bundesländer zur Nutzung von regenerativen Energien verpflichtet werden, wie es im Rahmen des Erneuerbare-Wärme-Gesetzes

(EWärmeG) in Baden-Württemberg der Fall ist (vgl. Abschnitt 2.2.2.5). Da andere Bundesländer dem Vorbild von Baden-Württemberg folgen können bzw. werden, wird dieser Fall dem Szenario zugrunde gelegt. Das EWärmeG sieht bei der Wärmeerzeugung für Bestandsgebäude privater Haushalte eine zehnprozentige Nutzungspflicht von regenerativen Energien bezogen auf den jährlichen Wärmebedarf vor, die ab dem 1. Januar 2010 für alle Hauseigentümer bindend ist, sobald die zentrale Heizungsanlage ausgetauscht wird. Dabei kann die Pflicht mit folgenden Maßnahmen erfüllt werden:

- Nutzung einer solarthermischen Anlage, die über eine Größe von 0,04 m^2 Kollektorfläche pro m^2 Wohnfläche verfügt.

- Betrieb einer Wärmepumpe, wobei elektrisch betriebene eine Jahresarbeitszahl von 3,5 und brennstoffbetriebene eine Jahresarbeitszahl von 1,3 erreichen müssen (bei Wohngebäuden mit ein oder zwei Wohneinheiten).

- Betrieb von Heizanlagen, bei denen mindestens 10 % des Wärmebedarfs mit Biogas oder Bioöl gedeckt wird.

Die Sanierungsalternativen, die diese Bedingung erfüllen, sind in der Menge EE enthalten.

Für Bestandsgebäude besteht gemäß EWärmeG zudem die Möglichkeit der ersatzweisen Erfüllung durch Wärmeschutzmaßnahmen an Bauteilen oder durch eine Unterschreitung des Neubau-Niveaus im Sinne der EnEV. Somit kann die Verpflichtung des EWärmeG ersatzweise durch folgende Sanierungsmaßnahmen erfüllt werden:

- Sanierungsmaßnahmen, die zu einer dreißigprozentigen Unterschreitung der Anforderungen an den Primär-Energiebedarf und den Transmissionswärmeverlust führen,

- Sanierung der Bauteile Dach, Dachschrägen und oberste Geschossdecken sowie Außenwände mit Unterschreitung der Wärmedurchgangskoeffizienten [EnEV, 2007] um 30 %.

Diese ersatzweisen Maßnahmen werden zu der Einschränkung der ausschließlichen Verwendung regenerativer Energien hinzugefügt und durch die nachfolgende Nebenbedingung begrenzt.

$$\sum_{t=0}^{T} \sum_{s \in WD} x_{s,t}^{\tilde{s},\tilde{i}} = 1 \qquad\qquad (6.13)$$

WD: Menge der Sanierungsalternativen, die Wärmedämmmaßnahmen beinhalten, $WD \leq \{1,...,S\}$

Die Maßnahmen aus den Mengen EE und WD werden mit einem Basisszenario, das alle betrachteten Programmalternativen beinhaltet, verglichen (vgl. Tabelle 6-5).

Tabelle 6-5: Szenarien mit Einschränkung auf bestimmte Energieträger und ersatzweise Sanierungsmöglichkeiten

	BS	EE	WD
AK4	ohne Einschränkungen	Maßnahmen-kombinationen, die regenerative Energien beinhalten (P, LWP und SWP)	Maßnahmen-kombinationen, die Wärmedämm-maßnahmen beinhalten (A, B und C)
AK8			

Die Ergebnisse der Szenarien mit ausschließlicher Umsetzung von Sanierungsprogrammen, die einerseits regenerative Energien (EE) und andererseits Wärmedämmmaßnahmen (WD) enthalten, sind im Vergleich zum Basisszenario in Tabelle 6-6 dargestellt.

Das Basisszenario liefert für die beiden Altersklassen ähnliche Ergebnisse. Die Einführung eines Zertifikatsystems führt nur bei der Altersklasse AK8 zu einer Verbesserung, denn ohne staatliche Förderung und ohne Zertifikatsystem (BS_I) wird der Einbau eines Nieder-temperaturkessels empfohlen. Dies ändert sich mit der Einführung der Weißen Zertifikate, wobei dann der Einbau eines Brennwertkessels empfohlen wird. Bei den Varianten der staatlichen Förderung (BS_III) und der kombinierten Lösung aus staatlicher Förderung und Zertifikatsystem (BS_IV) wird eine Variante vorgeschlagen, die auf regenerative Energien zurückgreift. Als beste Lösung ist bei beiden Altersklassen die kombinierte Lösung anzusehen.

Tabelle 6-6: Ergebnisse der Modellanwendung bei Einschränkung auf ausgewählte Maßnahmengruppen

	Szenario	Optimales Sanierungs- programm [-]	Kapitalwert [€]	Sanierungs- zeitpunkt [a]	CO_2- Emissionen [kg CO_2]
AK4	BS_I	0_G1	-24.608	t1	86.439
	BS_II	0_G1	-23.886	t2	89.344
	BS_III	0_SWP	-24.089	t1	65.697
	BS_IV	0_SWP	-23.760	t2	70.907
	EE_I	0_SWP	-25.889	t2	70.907
	EE_II	0_SWP	-24.595	t2	70.907
	EE_III	0_SWP	-24.089	t1	65.697
	EE_IV	0_SWP	-23.760	t2	70.907
	WD_I	A_G3	-27.165	t10	112.582
	WD_II	A_G1	-26.003	t4	80.648
	WD_III	B_P1	-25.070	t10	112.582
	WD_IV	A_G1	-26.003	t4	80.648
AK8	BS_I	0_G3	-20.205	t6	91.907
	BS_II	0_G1	-19.398	t2	82.769
	BS_III	0_SWP	-19.366	t2	64.542
	BS_IV	0_SWP	-18.902	t2	64.542
	EE_I	0_SWP	-20.957	t10	99.153
	EE_II	0_SWP	-19.971	t4	73.195
	EE_III	0_SWP	-19.366	t2	64.542
	EE_IV	0_SWP	-18.902	t2	64.542
	WD_I	A_G3	-21.561	t10	99.153
	WD_II	A_G3	-21.561	t10	99.153
	WD_III	A_P1	-20.711	t10	99.153
	WD_IV	A_P1	-21.482	t10	99.153

Bei der Betrachtung aller Sanierungsprogramme und bei einer Beschränkung auf regenerative Energieträger werden Maßnahmen ohne eine Sanierung an der Gebäudehülle als optimale Lösung ausgegeben. Daher ist anzunehmen, dass aus einer Vorgabe in Anlehnung an das EEWärmeG [EEWärmeG, 2008] kaum eine Umsetzung von Wärmedämmmaßnahmen resultiert, wenn dies nicht explizit vorgegeben wird. Allerdings werden zu einem früheren Zeitpunkt durchgeführte Wärmeschutzmaßnahmen angerechnet. Bei den Basisszenarien (BS) der AK4 und der AK8 wird deutlich, dass durch die Einführung eines Weiße-Zertifikate-Systems nicht zwangsweise die Einführung regenerativer Energien als beste Lösung empfohlen wird, obwohl diese über höhere Zertifikatwerte verfügen (vgl. Abschnitt 5.2.1.2). Allerdings hat die Einführung eines Weiße-Zertifikate-Systems eine signifikante Auswirkung auf den Sanierungszeitpunkt, der sich insbesondere bei den Basisszenarien der AK4 und AK8, den Wärmedämmmaßnahmen (WD) der AK4 sowie der Anwendung regenerativer Energien (EE) der AK8 zeigt. Des Weiteren wird im unterschiedlich empfohlenen Sanierungszeitpunkt bei den Wärmedämmmaßnahmen der beiden Altersklassen deutlich, dass sich die Festlegung der Zertifikatwerte und höhere Restwerte aufgrund der zu einem späteren Zeitpunkt errichteten Konstruktionen und Bauteile auswirken und somit die stärkere Einsparung bei älteren Altersklassen deutlich wird. Dies entspricht den Zielen der Programme der Bundesregierung.

Somit ist festzustellen, dass in der Regel sowohl das Weiße-Zertifikate-System als auch die Zuschüsse durch den Staat zu früheren Sanierungszeitpunkten und höheren Kapitalwerten führen. Es wird deutlich, dass eine Kombination der Systeme (Szenario IV) in nahezu allen Szenarien zu der besten Lösung führt. Die Ausnahme bilden die Wärmedämmmaßnahmen bei beiden Altersklassen. Bei der AK4 ergibt sich das gleiche Ergebnis wie bei einer alleinigen Einführung eines Zertifikatsystems. Bei AK8 stellt die Kombination der Instrumente gegenüber der alleinigen Einführung eines Weiße-Zertifikate-Systems den Unterschied dar, dass regenerative Energieträger bevorzugt werden.

Abbildung 6-2 zeigt die Aufteilung der Kapitalwerte auf die alte bzw. neue Anlage und Bauteile, womit die zuvor diskutierten Ergebnisse verdeutlicht werden. Dabei wird deutlich, dass insbesondere bei den Wärmedämmmaßnahmen und zusätzlich bei der Altersklasse AK8 positive Kapitalwerte der neuen Anlage auftreten. Dies resultiert im Wesentlichen aus den Restwerten bei einem Sanierungszeitpunkt gegen Ende des Betrachtungszeitraums.

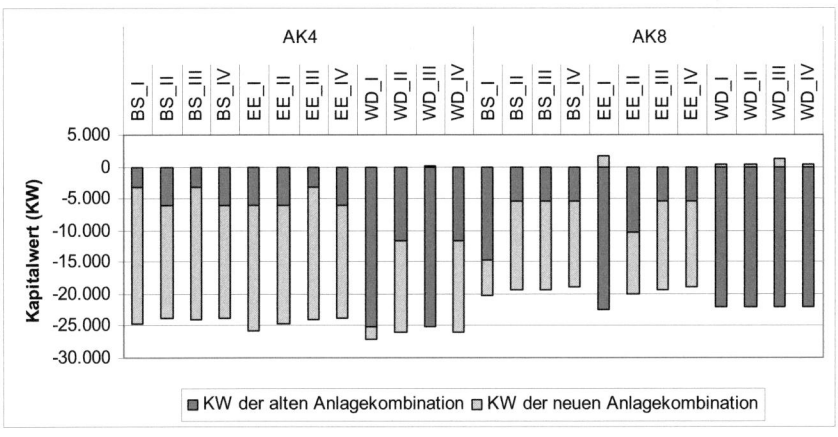

Abbildung 6-2: Aufteilung des Kapitalwerts auf die alte und neue Anlage

6.4.2 Budget- und Emissionsbeschränkungen

Im Rahmen dieser Untersuchungskriterien werden ökonomische Restriktionen und Emissionsminderungsziele integriert. Verschärfte Emissionsminderungsziele auf europäischer und nationaler Ebene begünstigen die Umsetzung des Reduktionspotenzials im Gebäudebereich (vgl. Abschnitt 2.2).

Zunächst werden diese Ziele einzeln betrachtet. Anschließend finden eine Kombination beider Restriktionen und die Hinzunahme weiterer Einschränkungen statt.

a) Beschränkung des Budgets oder der Emissionen

Das verfügbare Budget für Sanierungsmaßnahmen stellt häufig eine wesentliche Restriktion dar und spielt daher insbesondere bei der Aufstellung von Einspar- oder Umrüstverpflichtungen eine wesentliche Rolle. Aus diesem Grund wird untersucht, welche Alternative als optimale Strategie resultiert und wie sich die dazugehörigen Parameter ändern. Die Budgetrestriktionen werden in das Modell wie in Gleichung (6.14) dargestellt hinzugefügt. Danach werden sowohl die Anschaffungsausgaben als auch die verbrauchs- und betriebsbedingten Ausgaben einbezogen.

$$Aansch^s \cdot (1+q)^{-t} + \sum_{j=t+1}^{T} \left(Abetr_j^s + Averbr_j^s \right) \cdot (1+q)^{-j} \leq BudR$$

$$\forall \tilde{t} = 1,...,T \wedge \forall j = t+1,...,T \qquad (6.14)$$

$$BudR \geq 0$$

Die Ergebnisse sind in Tabelle 6-8, Abbildung 6-3 und Abbildung 6-4 dargestellt. Die Budgetrestriktion findet in den Szenarien BR (Budgetrestriktion), BREM (Budget- und Emissionsrestriktion) sowie BREMWD (Budget- und Emissionsrestriktion bei ausschließlichen Sanierungsprogrammen mit Einschluss von Dämmmaßnahmen) Eingang. Die gewählten Restriktionen sind in Tabelle 6-10 dargestellt.

Im Wesentlichen sind die Reduktionsbemühungen hinsichtlich der Emissionen auf die gesetzlichen Regelungen zurückzuführen, die auf den Zielen des Kyoto-Protokolls, weiteren Klimaschutzzielen auf europäischer Ebene und dem kürzlich verabschiedeten Integrierten Energie- und Klimaprogramm (IEKP) basieren. Letzteres soll maßgeblich zur Energie-einsparung und zur Reduzierung des CO_2-Ausstoßes beitragen, so dass Einsparungen von bis zu 40 % erzielt werden können. Für den Gebäudebereich sind dabei beispielsweise eine Verschärfung der Energieeinsparverordnung in zwei Stufen und die Steigerung des Anteils erneuerbarer Energien an der Wärmeerzeugung durch Heizungsanlagen vorgesehen [BMVBS, 2007].

Da die bisherigen Bemühungen zur Reduktion des Ausstoßes von CO_2 im Haushaltssektor keinen wesentlichen Erfolg zeigten und eine Tendenz zu sinkenden Emissionen nicht festzustellen ist [Kleemann, 2003] und diese zu ca. 90 % auf die Raumwärmebereitstellung zurückzuführen sind, werden im Folgenden drei verschiedene Szenarien (EM40, EM60 und EM80) mit Emissionsbeschränkungen formuliert. Dabei wird bei dem Szenario EM40 davon ausgegangen, dass 40 kg CO_2/m^2 jährlich eingespart werden. Dies wurde auch als Voraussetzung für die Förderung im Rahmen des KfW-CO_2-Gebäudesanierungsprogramms formuliert [KfW, 2003]. Die Szenarien EM60 und EM80 gehen entsprechend von einer Reduktion von 60 kg CO_2/m^2 bzw. 80 kg CO_2/m^2 aus, wobei bei der AK8 im letzten Szenario eine Emissionsgrenze von 13 kg CO_2/m^2 festgelegt wurde, da eine weitere Reduzierung keine Ergebnisse hervorbringt (vgl. Tabelle 6-7). Die Einbeziehung von Emissionszielen wurde durch die nachfolgende Restriktion in das Modell eingebracht.

$$\sum_{t=1}^{T}\sum_{s=1}^{S}(Em_{s,t}^{ges} \cdot x_{s,t}^{\tilde{s},\tilde{t}}) \leq EmR \qquad \forall \tilde{t} = 1,...,T \wedge \forall \tilde{s} = 1,...,S \qquad (6.15)$$

Tabelle 6-7 zeigt die dargestellten Szenarien mit ausschließlicher Betrachtung von Budget- oder Emissionsrestriktionen.

Tabelle 6-7: Szenarien mit Budget- und Emissionsrestriktionen

	BR	EM40	EM60	EM80
AK4	20.000 €	83.830 kg CO_2/10a (83 kg CO_2/m² a)	63.630 kg CO_2/10a (63 kg CO_2/m² a)	43.430 kg CO_2/10a (43 kg CO_2/m² a)
AK8	20.000 €	54.800 kg CO_2/10a (40 kg CO_2/m² a)	27.400 kg CO_2/10a (20 kg CO_2/m² a)	17.810 kg CO_2/10a (13 kg CO_2/m² a)

Die Ergebnisse der Budget- oder Emissionsbeschränkungen sind in Tabelle 6-8 für die Altersklasse AK4 und Tabelle 6-9 für die Altersklasse AK8 dargestellt, die jeweils mit dem Basisszenario verglichen werden.

Tabelle 6-8: Ergebnisse der Modellanwendung bei Budget- oder Emissionsrestriktionen für AK4

	Szenario	Optimales Sanierungs- programm [-]	Kapitalwert [€]	Sanierungs- zeitpunkt [a]	CO_2- Emissionen [kg CO_2]
	BS_I	0_G1	-24.608	t1	86.439
	BS_II	0_G1	-23.886	t2	89.344
	BS_III	0_SWP	-24.089	t1	65.697
	BS_IV	0_SWP	-23.760	t2	70.907
	BR_I	0_G1	-24.705	t2	89.344
	BR_II	0_G1	-23.886	t2	89.344
	BR_III	0_SWP	-24.220	t2	70.907
	BR_IV	0_G1	-23.887	t2	89.344
AK4	EM40_I	0_SWP	-25.889	t2	70.907
	EM40_II	0_SWP	-24.595	t2	70.907
	EM40_III	0_SWP	-24.089	t1	65.697
	EM40_IV	0_SWP	-23.760	t2	70.907
	EM60_I	0_P1	-26.784	t5	55.312
	EM60_II	0_P1	-26.159	t4	46.543
	EM60_III	0_P1	-25.539	t4	46.543
	EM60_IV	0_P1	-25.477	t4	46.543
	EM80_I	0_P1	-27.065	t3	37.775
	EM80_II	0_P1	-26.246	t3	37.775
	EM80_III	0_P1	-25.563	t3	37.775
	EM80_IV	0_P1	-25.495	t3	37.775

Bei der Altersklasse AK4 wird deutlich, dass es bei den Szenarien I bis IV unter Berücksichtigung von Emissionsrestriktionen keine Unterschiede der optimalen Sanierungs- programme gibt, die auf die Existenz von staatlicher Förderung oder eines Zertifikatsystems zurückzuführen ist. Lediglich bei den Szenarien, die einer Budgetrestriktion unterliegen, wird bei BR_III eine Variante mit regenerativen Energien als beste Lösung ausgewählt. Für alle anderen Szenarien wird der Einbau eines Brennwertkessels als optimale Lösung vorgeschlagen. Die Sanierungszeitpunkte unterscheiden sich nicht wesentlich. Abgesehen vom Basisszenario werden bei den Emissionsbeschränkungen EM40 und EM60 unterschiedliche Sanierungszeitpunkte ausgegeben. Bei EM40 führt die Existenz der staatlichen Förderung zu der Empfehlung, die Sanierung früher zu realisieren. Bei EM60 ergeben sich bei allen Anreizinstrumenten frühere Sanierungszeitpunkte. Auch bei diesen Szenarien ist festzustellen, dass die Kombination aus staatlicher Förderung und einem Zertifikatsystem die beste Lösung mit dem höchsten Kapitalwert darstellt. Dies rührt daher, dass die Sanierungszeitpunkte in der Periode liegen, in der die erste Zwischenperiode des Zertifikatsystems angesetzt wurde.

Tabelle 6-9: Ergebnisse der Modellanwendung bei Budget- oder Emissionsrestriktionen für AK8

	Szenario	Optimales Sanierungs- programm [-]	Kapitalwert [€]	Sanierungs- zeitpunkt [a]	CO_2- Emissionen [kg CO_2]
	BS_I	0_G3	-20.205	t6	91.907
	BS_II	0_G1	-19.398	t2	82.769
	BS_III	0_SWP	-19.366	t2	64.542
	BS_IV	0_SWP	-18.902	t2	64.542
	BR_I	0_G3	-20.205	t6	91.907
	BR_II	0_G1	-19.398	t2	82.769
	BR_III	0_SWP	-19.366	t2	64.542
	BR_IV	0_SWP	-18.902	t2	64.542
AK8	EM40_I	0_P1	-22.225	t4	46.543
	EM40_II	0_P1	-21.303	t4	46.543
	EM40_III	0_P1	-19.493	t4	46.543
	EM40_IV	0_P1	-19.937	t4	46.543
	EM60_I	0_P1	-23.406	t1	20.239
	EM60_II	0_P1	-23.406	t1	20.239
	EM60_III	0_P1	-19.770	t1	20.239
	EM60_IV	0_P1	-21.588	t1	20.239
	EM80_I	C_P1	-34.665	t1	14.214
	EM80_II	C_P1	-34.665	t1	14.214
	EM80_III	C_P1	-31.029	t1	14.214
	EM80_IV	C_P1	-32.847	t1	14.214

Die Altersklasse AK8 weist im Vergleich zu den Ergebnissen der Altersklasse AK4 wesentliche Unterschiede auf. In diesem Fall wird bei der kombinierten Lösung von staatlicher Förderung und Zertifikatsystem des Szenarios BR eine Alternative mit regenerativen Energien gewählt. Die Unterschiede bezüglich der Sanierungszeitpunkte fallen bei den Szenarien der Altersklasse AK8 noch geringer aus. Bei dieser Altersklasse wird jedoch deutlich, dass die Kapitalwerte der staatlichen Förderung höher ausfallen als die des kombinierten Szenarios. Das ist im Wesentlichen darauf zurückzuführen, dass bei Gebäuden neuerer Altersklassen häufiger der Neubaustandard bzw. Neubaustandard minus 30 %

erreicht wird. Insgesamt fallen die Kapitalwerte der Altersklasse AK8 höher aus. Dies lässt sich mit den Restwerten der bestehenden Bauteile erklären.

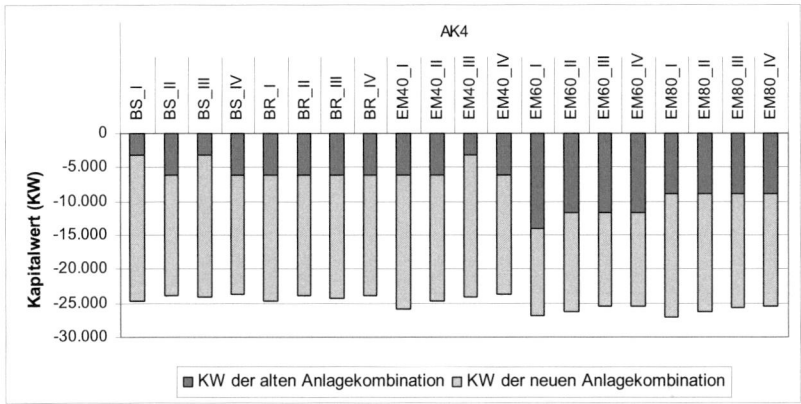

Abbildung 6-3: Aufteilung des Kapitalwerts auf die alte und neue Anlage der AK4 bei Budget- oder Emissionsbeschränkungen

Abbildung 6-5 und Abbildung 6-6 zeigen die Aufteilung der Kapitalwerte, die sich einerseits auf die alte Anlage und andererseits auf die neu Anlage beziehen. Diese Aufteilung der beiden Altersklassen unterscheidet sich wesentlich. Dies resultiert insbesondere daraus, dass sich die geforderte Reduktion der CO_2-Emissionen bei der Altersklasse AK8 stärker bemerkbar macht, die unter anderem auf die niedrigeren CO_2-Emissionen im Ausgangs-zustand zurückzuführen sind. Dies führt gleichzeitig dazu, dass nur eine geringe Anzahl an Programmalternativen diese Bedingung erfüllt. Wie auch in Tabelle 6-9 wird hier die Bandbreite der möglichen Kapitalwerte deutlich.

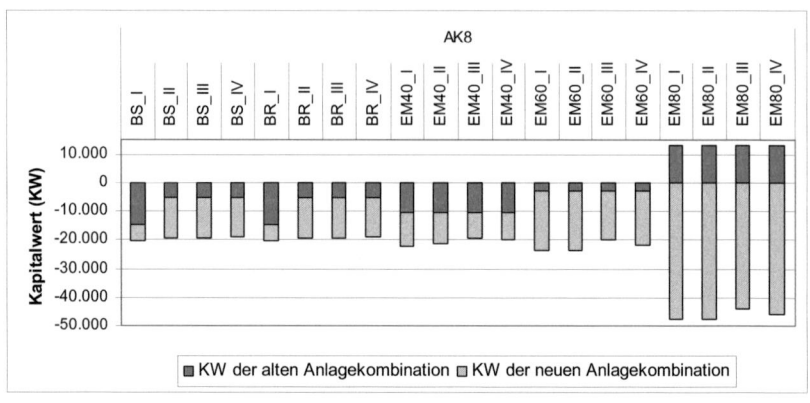

Abbildung 6-4: Aufteilung des Kapitalwerts auf die alte und neue Anlage der AK8 bei Budget- oder Emissionsbeschränkungen

b) Kombinierte Betrachtung von Budget- und Emissionsbeschränkungen

Ergänzend zu den bisher betrachteten Szenarien werden unterschiedliche Kombinationen untersucht und diskutiert. Die kombinierte Betrachtung setzt sich zum einen aus den Gleichungen (6.14) und (6.15) zusammen (Szenarien BREM1 und BREM2). Zum anderen wird zusätzlich aus Abschnitt 6.4.1. die Einschränkung auf bestimmte Sanierungsmöglichkeiten integriert (Szenarien BREMWD und EMWD). Die Randbedingungen sind in Tabelle 6-10 aufgeführt.

Tabelle 6-10: Szenarien mit kombinierten Restriktionen

	BREM1	BREM2	EMWD	BREMWD
AK4	15.000 € 83.830 kg CO_2/10a (83 kg CO_2/m^2 a)	50.000 € 35.350 kg CO_2/10a (35 kg CO_2/m^2 a)	30.000 kg CO_2/10a Wärmedämm-maßnahmen	30.000 € 60.000 kg CO_2/10a Wärmedämm-maßnahmen
AK8	20.000 € 54.800 kg CO_2/10a (40 kg CO_2/m^2 a)	50.000 € 47.950 kg CO_2/10a (35 kg CO_2/m^2 a)	25.000 kg CO_2/10a Wärmedämm-maßnahmen	30.000 € 40.000 kg CO_2/10a Wärmedämm-maßnahmen

Die Ergebnisse der kombinierten Betrachtung von Budget- und Emissionsbeschränkungen sind in Tabelle 6-11 und Tabelle 6-12 aufgeführt.

Die optimalen Sanierungsprogramme beider Altersklassen werden bei den kombinierten Budget- und Emissionsbeschränkungen ebenfalls nicht durch die Einführung eines

Zertifikatsystems beeinflusst. Allerdings liegen bei der Altersklasse AK4 alle Sanierungs-zeitpunkte in der Periode, in der die erste Zwischenperiode des Zertifikatsystems definiert ist. Die Ausnahme bildet die extreme Budgetrestriktion in BREM1. Dadurch wird der Sanierungs-zeitpunkt in die Perioden t7 und t5 verschoben. Die Erweiterung des Budgets und die weitere Verschärfung der CO_2-Emissionsrestriktion (BREM2) haben keine Änderung des optimalen Sanierungsprogramms zur Folge.

Tabelle 6-11: Ergebnisse der Modellanwendung bei kombinierten Restriktionen für AK4

	Szenario	Optimales Sanierungs-programm [-]	Kapitalwert [€]	Sanierungs-zeitpunkt [a]	CO_2-Emissionen [kg CO_2]
	BS_I	0_G1	-24.608	t1	86.439
	BS_II	0_G1	-23.886	t2	89.344
	BS_III	0_SWP	-24.089	t1	65.697
	BS_IV	0_SWP	-23.760	t2	70.907
	BREM1_I	0_P1	-26.639	t7	82.529
	BREM1_II	0_P1	-26.637	t7	82.529
	BREM1_III	0_P1	-25.542	t5	62.494
	BREM1_IV	0_P1	-26.125	t7	82.529
	BREM2_I	0_P1	-27.272	t2	29.007
AK4	BREM2_II	0_P1	-26.371	t2	29.007
	BREM2_III	0_P1	-25.619	t2	29.007
	BREM2_IV	0_P1	-25.545	t2	29.007
	EMWD_I	A_P1	-33.127	t2	27.448
	EMWD_II	A_P1	-29.437	t2	27.448
	EMWD_III	B_P1	-28.336	t2	27.121
	EMWD_IV	A_P1	-27.323	t2	27.448
	BREMWD_I	A_P1	-31.237	t4	50.344
	BREMWD_II	A_P1	-28.187	t4	50.344
	BREMWD_III	B_P1	-27.111	t4	50.617
	BREMWD_IV	A_P1	-26.440	t4	50.344

Die Restriktion, dass Wärmedämmmaßnahmen durchgeführt werden müssen, begünstigt die staatlichen Förderungen (EMWD_III und BREMWD_III), da hier im Vergleich zur alleinigen Einführung des Zertifikatsystems (EMWD_II und BREMWD_II) eine weitergehende Sanierung (B_P1) mit gleichzeitig höherem Kapitalwert empfohlen wird.

Bei der Altersklasse AK8 geben die Emissionsrestriktionen wie in den Szenarien EM60 und EM80 in Tabelle 6-9 wenig Spielraum für den Sanierungszeitpunkt. Daher wird hier die Empfehlung ausgegeben, dass direkt in der ersten Periode die Sanierung durchzuführen ist. Auf diese Weise können die Emissionen der alten Anlage von Beginn reduziert werden.

Tabelle 6-12: Ergebnisse der Modellanwendung bei kombinierten Restriktionen für AK8

	Szenario	Optimales Sanierungs-programm [-]	Kapitalwert [€]	Sanierungs-zeitpunkt [a]	CO_2-Emissionen [kg CO_2]
	BS_I	0_G3	-20.205	t6	91.907
	BS_II	0_G1	-19.398	t2	82.769
	BS_III	0_SWP	-19.366	t2	64.542
	BS_IV	0_SWP	-18.902	t2	64.542
	BREM1_I	0_P1	-22.225	t4	46.543
	BREM1_II	0_P1	-21.303	t4	46.543
	BREM1_III	0_P1	-19.493	t4	46.543
	BREM1_IV	0_P1	-19.937	t4	46.543
	BREM2_I	0_P1	-22.225	t4	46.543
AK8	BREM2_II	0_P1	-21.303	t4	46.543
	BREM2_III	0_P1	-19.493	t4	46.543
	BREM2_IV	0_P1	-19.937	t4	46.543
	EMWD_I	A_P1	-27.371	t1	18.485
	EMWD_II	A_P1	-27.371	t1	18.485
	EMWD_III	A_P1	-23.734	t1	18.485
	EMWD_IV	A_P1	-25.553	t1	18.485
	BREMWD_I	A_P1	-25.909	t3	0
	BREMWD_II	A_P1	-24.340	t3	36.411
	BREMWD_III	A_P1	-22.904	t3	36.411
	BREMWD_IV	A_P1	-22.838	t3	36.411

Bei beiden Altersklassen wird deutlich, dass eine zusätzliche Budgetrestriktion bei vorhandener Emissionsrestriktion und der Vorgabe der Umsetzung von Wärmedämm-maßnahmen (Unterschied zwischen EMWD und BREMWD) keine weiteren Vorteile bringt. Diese wirkt sich vielmehr negativ aus, indem ein späterer Sanierungszeitpunkt ausgegeben wird.

Abbildung 6-5 und Abbildung 6-6 zeigen die Aufteilung der Kapitalwerte.

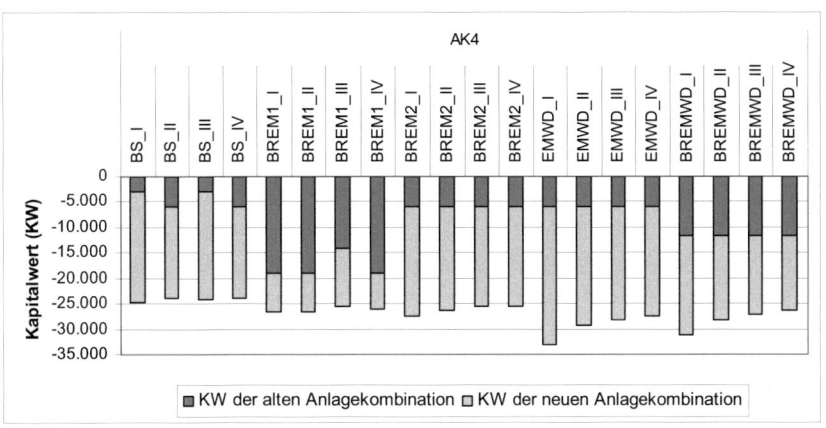

Abbildung 6-5: Aufteilung des Kapitalwerts auf die alte und neue Anlage der AK4 bei kombinierten Restriktionen

Bei der detaillierten Darstellung des Kapitalwertes werden die Unterschiede der beiden Altersklassen deutlich. Durch einen sofortigen Ersatz bzw. Sanierung im Rahmen der Szenarien EMWD nimmt der Kapitalwert der alten Anlage positive Werte an, die im Wesentlichen auf die Restwerte zurückzuführen ist.

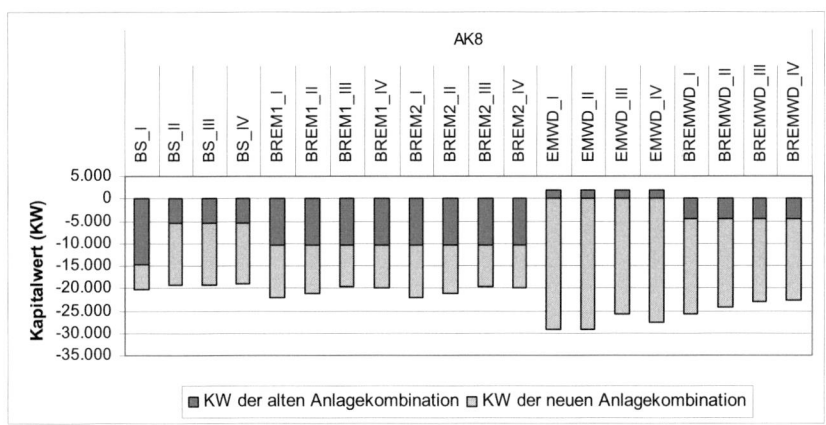

Abbildung 6-6: Aufteilung des Kapitalwerts auf die alte und neue Anlage der AK8 bei kombinierten Restriktionen

6.5 Sensitivitätsanalyse ausgewählter Parameter

Die Sensitivitätsanalyse dient der Ermittlung der Veränderung des Zielfunktionswertes bei Variation eingehender Variablen und Parametern. Dabei werden die Ergebnisgrößen bei schrittweiser Variation einer Eingangsgröße ceteris paribus, d. h. alle anderen Parameter bleiben unverändert, ermittelt. Allerdings wird im Rahmen der linearen Optimierung von einer Sensitivitätsanalyse gesprochen, wenn sich die optimalen Ergebnisgrößen nicht ändern. In den Fällen, in denen sich eine Änderung des optimalen Zielfunktionswertes bzw. der Ergebnisgrößen ergibt, spricht man von parametrischer Optimierung oder globaler Sensitivitätsanalyse [Götze / Bloech, 2004] und [Dinkelbach, 1969]. Im Rahmen dieser Arbeit wird jedoch der Begriff Sensitivitätsanalyse weiterhin verwendet.

Da bei der Einführung eines Weiße-Zertifikate-Systems zum einen der Zertifikatpreis und zum anderen die Preise der Brennstoffe eine wesentliche Rolle spielen, werden die Sensitivitäten dieser Parameter exemplarisch untersucht.

a) Variation des Zertifikatpreises

Der Zertifikatpreis beträgt in den berechneten Szenarien 1 €cent/kWh$_{cert}$. Diese Größe wurde aus den Erfahrungen des Weiße-Zertifikate-Systems in Frankreich abgeleitet (vgl. Abschnitt 3.4.3). Da sich der Zertifikatpreis in Frankreich bisher im Wesentlichen unter dieser Grenze bewegt hat, soll im Rahmen der Sensitivitätsanalyse ein Zertifikatpreis von 0,5 €cent/kWh$_{cert}$ angenommen werden. Ferner wird aufgrund der Tatsache, dass im französischen System bei Nichterfüllung der Verpflichtung eine Sanktion von 2 €cent/kWh$_{cert}$ erhoben wird, diese Größe als höherer Zertifikatpreis untersucht. Tabelle 6-13 zeigt die Ergebnisse der Variation des Zertifikatpreises.

Tabelle 6-13: Vergleich des optimalen Sanierungsprogramms, der Kapitalwerte und der Sanierungszeitpunkte bei unterschiedlichen Zertifikatpreisen

	Szenario	AK4			AK8		
		Optimales Sanierungsprogramm [-]	Kapital-wert [€]	Sanierungs-zeitpunkt [a]	Optimales Sanierungsprogramm [-]	Kapital-wert [€]	Sanierungs-zeitpunkt [a]
Zertifikatpreis 0,5 €cent/kWh$_{cert}$	BS_II	0_G1	-24.329	t2	0_G1	-19.901	t4
	BS_IV	0_G1	-24.329	t2	0_SWP	-19.715	t3
	BREM1_II	0_P1	-26.637	t7	0_P1	-21.791	t4
	BREM1_IV	0_P1	-26.125	t7	0_P1	-20.425	t4
	EMWD_II	A_P1	-31.315	t2	A_P1	-27.371	t1
	EMWD_IV	A_P1	-29.201	t2	A_P1	-25.553	t1
Zertifikatpreis 2 €cent/kWh$_{cert}$	BS_II	A_G1	-22.850	t2	0_G1	-18.317	t2
	BS_IV	0_SWP	-22.400	t2	0_SWP	-17.239	t2
	BREM1_II	0_P1	-26.637	t7	0_P1	-20.326	t4
	BREM1_IV	0_P1	-26.125	t7	0_P1	-18.960	t4
	EMWD_II	A_P1	-25.681	t2	C_P1	-25.661	t2
	EMWD_IV	A_P1	-23.567	t2	C_P1	-24.008	t2

Bei einem Zertifikatpreis von 0,5 €cent/kWh$_{cert}$ ändert sich die Wahl des optimalen Sanierungsprogramms bei der Altersklasse AK8 nicht und bei der Altersklasse AK4 wird das Sanierungsprogramm 0_G1 statt 0_SWP im Szenario BS_IV als optimal ausgegeben. Bei einem Zertifikatpreis von 2 €cent/kWh$_{cert}$ verändert sich die Empfehlung des optimalen Sanierungsprogramms bei Altersklasse AK4 ebenfalls im Basisszenario. Allerdings geschieht dies in dem Szenario BS_II, in dem nun eine zusätzliche Wärmedämmung des Dachs bei Beibehaltung des Wärmeerzeugers (A_G1) empfohlen wird. In der Altersklasse AK8 wird bei zwei Szenarien ebenfalls eine weitere Maßnahme in das optimale Sanierungsprogramm hinzugefügt und es ergibt sich bei Szenario EMWD_II und EMWD_IV C_P1 als optimales Sanierungsprogramm. Während sich bei beiden Zertifikatpreisen die optimalen Sanierungszeitpunkte der Altersklasse AK4 nicht ändern, ist bei der Altersklasse AK8 eine zeitliche Verschiebung bei den Szenarien BS_II und BS_IV (0,5 €cent/kWh$_{cert}$) und bei EMWD_II und EMWD_IV (2 €cent/kWh$_{cert}$) festzustellen. Somit wirkt sich die Variation des Zertifikatpreises auf den Sanierungszeitpunkt und die Maßnahmen an der Gebäudehülle einiger Szenarien aus, wohingegen die Wahl des Wärmeerzeugers konstant bleibt.

b) Variation der Energiepreise

Da die Prognosen zu der Entwicklung von Energiepreisen durchgängig eine Steigerung der Preise voraussagen (vgl. beispielsweise [EWI / Prognos, 2006]), werden in der Sensitivitäts-analyse ebenfalls nur höhere Preise als die im Modell verwendeten untersucht. In den Szenarien wurden in Anlehnung an aktuelle Durchschnittspreise für Gas ein Preis von 0,06 €/kWh, für Heizöl ein Preis von 0,07 €/kWh, für Pellets ein Preis von 0,04 €/kWh und für Strom ein Preis von 0,16 €/kWh festgelegt. Bei allen Preisen ist eine fünfprozentige Teuerungsrate hinterlegt.

In der Sensitivitätsanalyse wird eine Variation des Heizölpreises nicht betrachtet, da bei der Gesamtheit der aufgezeigten Szenarien kein Sanierungsprogramm als optimale Lösung ausgegeben wurde, das den Brennstoff Heizöl enthält. Daher wird der Gas-, Pellet- und Strompreis variiert, wobei die Erhöhung jeweils 15 % beträgt. Dabei werden zunächst die Preiserhöhungen der einzelnen Energieträger und in einem zweiten Schritt eine Preis-erhöhung aller genannten Energieträger untersucht. Tabelle 6-14 zeigt die Ergebnisse der Wahl der optimalen Sanierungsprogramme unter Variation der Energiepreise.

Tabelle 6-14: Vergleich des optimalen Sanierungsprogramms, der Kapitalwerte und der Sanierungszeitpunkte bei unterschiedlichen Energiepreisen

	Szenario	AK4			AK8		
		Optimales Sanierungsprogramm [-]	Kapital-wert [€]	Sanierungs-zeitpunkt [a]	Optimales Sanierungsprogramm [-]	Kapital-wert [€]	Sanierungs-zeitpunkt [a]
0,07 €/kWh Gas	BS_I	0_SWP	-26.378	t1	0_SWP	-22.268	t1
	BS_II	0_SWP	-25.480	t2	0_SWP	-20.814	t2
	BS_III	0_SWP	-24.541	t1	0_SWP	-19.777	t1
	BS_IV	0_SWP	-24.645	t2	0_SWP	-19.682	t2
0,18 €/kWh Strom	BS_I	0_G1	-24.608	t1	0_G3	-20.205	t6
	BS_II	0_G1	-23.886	t2	0_G1	-19.398	t2
	BS_III	0_G1	-24.608	t1	0_P1	-19.424	t7
	BS_IV	0_G1	-23.887	t2	0_G1	-19.398	t2
0,05 €/kWh Pellets	BREM1_I	0_P1	-27.472	t7	0_P1	-23.882	t4
	BREM1_II	0_P1	-27.470	t7	0_P1	-22.960	t4
	BREM1_III	0_P1	-26.446	t7	0_P1	-21.150	t4
	BREM1_IV	0_P1	-26.959	t7	0_P1	-21.594	t4
+15% alle Energie-träger	BS_I	0_G1	-27.475	t1	0_G3	-23.162	t2
	BS_II	0_SWP	-26.625	t2	0_SWP	-21.872	t2
	BS_III	0_SWP	-25.863	t1	0_SWP	-20.998	t1
	BS_IV	0_SWP	-25.791	t2	0_SWP	-20.740	t2

Bei einer Erhöhung des Gaspreises um 15 % werden sowohl in der Altersklasse AK4 als auch in der Altersklasse AK8 die optimalen Sanierungsprogramme mit einem gasbetriebenen Wärmeerzeuger durch die Lösung einer Wärmepumpe ersetzt (0_SWP). Ähnliche Ergebnisse resultieren aus einer Erhöhung der Strompreise. Hierbei wird auf Sanierungsprogramme mit gas- und pellet betriebenen Wärmeerzeugern zurückgegriffen. Bei einer Erhöhung des Pelletpreises bleiben weiterhin die Sanierungsprogramme mit Pelletkesseln als optimale Sanierungsprogramme bestehen. Bei der Erhöhung aller Energiepreise um 15 % ist in der überwiegenden Anzahl der Szenarien ein verstärkter Einsatz der Wärmepumpen zu verzeichnen. Die Änderung zum Ausgangszustand des Basisszenarios betrifft hier das Szenario II, in dem das Weiße-Zertifikate-System eingeführt wird.

6.6 Zusammenfassung der Ergebnisse und Potenzialabschätzung

In der überwiegenden Anzahl der Fälle wirkt sich die Einführung eines Zertifikatsystems auf das Investitionsverhalten aus. Wenn die Restriktionen eine ausreichende Auswahl an Sanierungsprogrammen zulassen, sind daraus resultierende Änderungen festzustellen. In der Modellanwendung wurde deutlich, dass die Einführung eines Weiße-Zertifikate-Systems in der Regel zu einer Verschiebung des Sanierungszeitpunkts führt, wobei in der überwiegenden Zahl der Fälle der frühestmögliche Sanierungszeitpunkt als optimal angegeben wird. Regenerative Energien werden in der Regel bei explizierter Forderung, starker Einschränkung der Emissionen und der Kombination mit bestehenden Förderinstrumenten bevorzugt. In den Fällen der kombinierten Szenarien (z. B. Budget-, Emissions-

und Wärmedämmrestriktion) lassen die Restriktionen häufig nur einen beschränkten Betrieb der vorhandenen Anlagenkombination zu, so dass dabei unabhängig von einen Zertifikatsystem oder bestehenden Förderinstrumenten die gleichen Sanierungszeitpunkte festzustellen sind. Des Weiteren sind die Ergebnisse der Altersklasse AK4 inhomogener, da bei der Altersklasse AK8 die Höhe der Restwerte und die Tatsache, dass bereits Wärmeschutzbestimmungen berücksichtigt wurden, einschränkendere Ausgangs-bedingungen darstellen. Die Sensitivitätsanalyse zeigt, dass bei Änderungen der Parameter sowohl die optimalen Sanierungsprogramme als auch die Sanierungszeitpunkte differieren.

Ausgehend von dem Gebäudebestand (vgl. Tabelle 2-1) und den angenommenen Sanierungsraten (vgl. beispielsweise [BBR, 2005]) können Rückschlüsse auf das Sanierungspotenzial gezogen werden, das in Tabelle 6-15 dargestellt ist.

Tabelle 6-15: Sanierungsbedarf der unterschiedlichen Altersklassen

Bauteile	Soll-sanierungs-rate [%/a]	Ist-sanierungs-rate [%/a]	Verhältnis Ist/Soll [%]	Potenzial bei Einfamilienhäusern	
				vor 1978 erbaut	nach 1978 erbaut
Vollsanierung d. Gebäudehülle	2,57	1,34	52	3.946.387	1.369.267
Außenputz, Fassaden	1,91	0,80	42	4.768.551	1.654.531
Geneigtes Dach	1,70	0,64	38	k.A.	k.A.
Flachdach	2,99	0,53	18	k.A.	k.A.
Fenster	2,57	2,20	86	1.151.030	399.370
Heizung	3,95	3,08	78	1.808.761	627.581

Quelle: In Anlehnung an [BBR, 2005]

Somit ergibt sich bei einer Vollsanierung[57] eine Sanierungsrate von 1,34 %/a [BBR, 2005] und daher ein Potenzial von 3.946.387 zu sanierenden Gebäuden aus den Jahren vor dem Inkrafttreten der Wärmeschutzverordnung und von 1.369.267 zu sanierenden Gebäuden aus den Jahren, in denen gesetzlich festgelegte Wärmeschutzbestimmungen bereits galten. Dabei wurde die Annahme getroffen, dass ca. 28 % des Wohnungsbaus aus Einfamilien-häusern besteht [Statistisches Bundesamt, 2008b]. Allerdings ist zu beachten, dass lediglich in 34 % der größeren Modernisierungsarbeiten an der Außenwand eine Wärmedämmung angebracht wurde. Bei Maßnahmen am Dach betrug dieser Anteil 42 % [BBR, 2005]. Daher ist im Rahmen einer energetischen Gebäudesanierung das Potenzial höher einzuschätzen.
Im Bereich der Heizungsmodernisierung ergibt sich eine Sanierungsrate von 3,08 %/a und führt zu einem Sanierungspotenzial von 2.436.342 Heizungen in Einfamilienhäusern aller Altersklassen.

---

[57] Die Vollsanierung beinhaltet in diesem Fall Maßnahmen an der Fassade, am Dach und an den Fenstern [BBR, 2005].

7 Schlussfolgerungen und Ausblick

In dieser Arbeit wurde ein Investitionsplanungsmodell zur Ermittlung der optimalen Investitionsstrategie und somit der Ermittlung des optimalen Sanierungsprogramms und des Sanierungszeitpunkts für Einfamilienhäuser in Deutschland entwickelt. Ein Schwerpunkt lag dabei auf der Ausgestaltung und Integration eines Weiße-Zertifikate-Systems in das Modell.

In diesem Kapitel werden zunächst Erkenntnisse aus der Ermittlung und der Aufbereitung der Daten für das Modell dargestellt. Ferner werden Schlussfolgerungen gezogen, die sich aus der Ausgestaltung eines Weiße-Zertifikate-Systems für Deutschland sowie der Modellentwicklung und -anwendung ergeben. Hierbei stellte sich insbesondere auch die Herausforderung, ein neues Anreizinstrument in die vorhandene Struktur zu integrieren und gegebenenfalls Änderungen umzusetzen. Die mit Hilfe des Modells abgeschätzten Energie-einsparpotenziale durch optimale Sanierungsprogramme im Gebäudebestand werden im Anschluss dargestellt. Abschließend werden Möglichkeiten der weiteren methodischen Entwicklungen und Erweiterungen sowie der Übertragbarkeit des Instrumentariums auf weitere Einsatzgebiete diskutiert.

7.1 Erkenntnisse aus der Datenermittlung und -aufbereitung

Die Ermittlung der benötigten Daten zur bestehenden Situation des Gebäudebestands, zu den Verbräuchen und Preisen sowie die Detaillierung dieser Daten ist häufig problem-behaftet und mit einem hohen Aufwand verbunden. Im Rahmen der energetischen Gebäudesanierung handelt es sich um sehr langlebige Güter, deren Bandbreite aus der Gebäudetypologie ersichtlich wird. Des Weiteren können Gebäude bei der Ermittlung der Daten einerseits nicht als ein in sich geschlossenes „Produkt" betrachtet werden, da Einzelteile der Anlagen und Bauteile im Laufe der Zeit ausgetauscht bzw. saniert werden. Andererseits sind die möglichen Sanierungsprogramme ganzheitlich auszurichten. Häufig führt die Wahl des Sanierungsprogramms auch zu Interdependenzen der Ziele bzw. der gewünschten Effekte, z. B. bei monetären und nicht monetären Zielen. Daher sollen im Folgenden einige Punkte näher erläutert werden.

Die Daten zu verbrauchs- und betriebsbedingten Ausgaben insbesondere der bestehenden Anlagenkombinationen sind in vielen Fällen nicht als repräsentative Datenbasis vorhanden. Die bestehenden Daten sind häufig sehr lückenhaft und heterogen, so dass eine Zusammenführung bzw. der Vergleich bestehender und teilweise nicht mehr dem Stand der Technik entsprechende Anlagen mit innovativen Systemen schwierig ist. Selbst in vielen bestehenden Berechnungsprogrammen sind Datenbanken hinterlegt, die ausschließlich Daten zu aktuellen Anlagen und Bauteilen enthalten. Hinzu kommt die Problematik, dass die Gebäude durch die unterschiedlichen Gegebenheiten, die zahlreichen Kombinations-möglichkeiten und den technologischen Fortschritt auf die langen Zeiträume betrachtet sehr individuell ausgestaltet sind und somit über sehr unterschiedliche Ist-Zustände verfügen können. Daher stellt die Aggregation der Daten, z. B. im Rahmen einer Gebäudetypologie, eine Herausforderung dar. Des Weiteren ist bei langlebigen Gütern wie Gebäuden das Festlegen des Endes der Lebensdauer von Anlagen- und Bauteilen problematisch und nicht immer unabhängig von anderen Bauteilen zu realisieren.

Ein weiterer Problembereich, der die Festlegung der notwendigen Daten betrifft, ergibt sich aus den regional sehr unterschiedlichen Angeboten der Unternehmen, die sich insbesondere im Baubereich zeigen. In der Regel werden Mittelwerte für unterschiedlich großräumige Einheiten erstellt, wobei einige Datenaufstellungen eine Unterteilung angeben, z. B. niedrig, mittel, hoch [König / Mandl, 2005].

In dieser Arbeit wurde für das Modell eine Datenbank entwickelt, die auf eine Auswertung zahlreicher wissenschaftlicher Publikationen sowie Handlungsempfehlungen für Akteure der energetischen Gebäudesanierung basiert. Da im Rahmen der Untersuchungen dieser Arbeit ein bundesweiter Durchschnitt (z. B. Gebäudetypologie) betrachtet wurde, wurden ebenfalls Mittelwerte der oben genannten Daten verwendet. Diese wurden mit Hilfe von Analysen aktueller Daten, die teilweise aus kleinräumigen Datensätzen stammen, ergänzt.

Eine ständige Anpassung, Erweiterung und stärkere Detaillierung der Datenbank stellt einen hohen Aufwand dar, ist jedoch für eine Weiterentwicklung des in dieser Arbeit entwickelten Planungsintrumentariums unumgänglich. Die Weiterentwicklung der Datenbanken könnte durch die Zusammenführung weiterer Datensätze durchgeführt werden. Von besonderem Interesse sind dabei Datengrundlagen von genehmigten und umgesetzten Förderungen der energetischen Sanierung auf Bundes-, Landes- und Kommunalebene. Schließlich sind die Entwicklungen bzgl. neuer und innovativer Technologien einzubinden und somit deren Marktdurchdringung zu unterstützen.

7.2 Erkenntnisse aus der Ausgestaltung eines Weiße-Zertifikate-Systems für Deutschland

Aufgrund aktueller Entwicklungen der rechtlichen Vorgaben im Bereich der Energieeinsparung und des Vorhabens, ein EU-weites Zertifikatsystem zu etablieren sowie ungenutzte Energieeinsparpotenziale im Gebäudebereich stärker zu nutzen, führen zu einem Einsatz weiterer Anreizinstrumente bzw. zu einer Änderung der bestehenden Instrumentenkombinationen. Daher wurde die Ausgestaltung eines Weiße-Zertifikate-Systems für Deutschland vorgenommen, das sich auf den Raumwärmebereich bezieht.

Es hat sich gezeigt, dass die Ausgestaltung eines Weiße-Zertifikate-Systems in sehr unterschiedlicher Weise erfolgen kann, da sich dessen Auswirkungen in verschiedene Bereiche bestehender Strukturen bemerkbar machen. Hieraus können folgende Schluss-folgerungen gezogen werden:

- Es konnten auf Basis der Erfahrungen anderer europäischer Länder und des gesetzlichen Rahmens in Deutschland zahlreiche Kernelemente eines Weiße-Zertifikate-Systems für Deutschland festgelegt werden. Dabei handelt es sich beispielsweise um die Festlegung der Bemessungsgrundlage der Weißen Zertifikate, die Festlegung der Energieeinsparverpflichtung bezogen auf Energieträger und Akteure sowie die zeitliche Festlegung der Verpflichtungen. Dabei ist zu beachten, dass diese Kriterien so ausgewählt werden, dass ein gemeinschaftlicher Zertifikat-handel in der Europäischen Union möglich bleibt. Aus diesem Grund ist eine Analyse bestehender Systeme in der EU unabdingbar. Des Weiteren sind diese Kriterien mit dem Ziel eines höchstmöglichen Umsetzungsgrades auszugestalten, d. h. dass eine große Anzahl von nachfrageseitigen Energieeinsparungen realisiert werden kann.

Bezüglich der Akteure ist es wichtig, sowohl verpflichtete Akteure, die als Zertifikatnachfrager am Zertifikatmarkt teilnehmen, als auch freiwillige Akteure, die als Zertifikatanbieter am Zertifikatmarkt teilnehmen, zu integrieren.

- Die Definition der Zertifikatzuweisung von Standardmaßnahmen erfordert die Untersuchung einer Reihe von Kriterien wie beispielsweise Unterscheidung nach Gebäudeform und Gebäudeart, Klimaeinflüssen und Berücksichtigung regenerativer Energien (vgl. Abschnitt 5.2.1.1). Eine adäquate und systemabhängige Zertifikatzuweisung ist nicht nur von standortbedingten Gegebenheiten wie Gebäudeart und Klimaeinflüssen abhängig, sondern erfordert zusätzlich eine Gewichtung und Korrektur durch verschiedene Faktoren, die zusätzlich Kriterien berücksichtigen, die beispielsweise nicht in der primären Zielsetzung des Weiße-Zertifikate-Systems formuliert sind. Dabei könnte es sich um eine erwünschte Emissionsreduzierung handeln, die nicht zwangsweise eine Energieeinsparung zur Folge hat. Daher wurden drei Faktoren integriert. Dabei handelt es sich zum einen um Faktoren, die eine Einbeziehung regenerativer Energien sowie die unterschiedlichen Technologien berücksichtigen und zum anderen um einen Korrekturfaktor, der sich auf die Größe des Gebäudes bezieht. Erstere ermöglichen die Einbeziehung von politischen Zielen und fehlender Marktdurchdringung und letzterer trägt zu einer Größenunterscheidung bei, ohne direkte Leistungsgrößen einbeziehen zu müssen.

- In dieser Arbeit wurden auf Basis der Kriterien und der gesetzlichen Regelungen Zertifikatwerte für Standardmaßnahmen der Raumwärme ermittelt. Diese erleichtern die Zuweisung bei üblichen energetischen Sanierungsmaßnahmen und führen somit zu einer Senkung der Transaktionskosten und der Bearbeitungszeiten. Die Zertifikatwerte für Standardmaßnahmen basieren auf Berechnungen von Angaben aus der Gebäudetypologie und stellen somit eine gute Abbildung unter den gegeben Daten dar. Der Katalog der Standardmaßnahmen, der sich derzeit auf den Bereich der Raumwärme beschränkt, ist durch weitere Maßnahmen, z. B. aus dem Strombereich, bzw. Kombination der Maßnahmen zu ergänzen.

- Die Zuweisung von Zertifikatwerten bei speziellen Maßnahmen (nicht häufig beantragte bzw. außergewöhnliche Maßnahmen) erfordert fallspezifische Berechnungen, um Zertifikatwerte zuweisen zu können. Es können die gleichen Berechnungsverfahren verwendet werden, die den Zertifikatzuweisungen von Standardmaßnahmen zugrunde liegen.

- Des Weiteren wurde die Ausgestaltung des Weiße-Zertifikate-Systems auf die erste Teilperiode von drei Jahren begrenzt. In dieser Periode sind bereits weitere Planungen für die Weiterführung bzw. die Festlegung der Ziele für die zweite Teilperiode auszuarbeiten. Dabei ist es wichtig, dass die Erkenntnisse bzw. erste Ergebnisse der ersten Teilperiode in diese Planung eingehen.

7.3 Schlussfolgerungen aus der Modellentwicklung und -anwendung

Ausgangspunkte des entwickelten Planungsmodells sind die Entwicklung des Energieverbrauchs und die unausgeschöpften Energie- und Emissionseinsparungen im Gebäudebereich. Mit existierenden innovativen Energie- und Gebäudekonzepten kann ein Großteil des bestehenden Potenzials ausgeschöpft werden. Einen weiteren Ansatzpunkt stellt die anvisierte Einführung eines EU-weiten Weiße-Zertifikate-Systems dar, wobei bereits auf Erfahrungen im Ausland zurückgegriffen werden konnte. Entsprechend der Zielsetzungen dieser Arbeit wurde daher ein Modell entwickelt, das eine ökonomische und ökologische Bewertung von Sanierungsprogrammen und deren Sanierungszeitpunkten mit Einbindung eines neuen Anreizinstruments, dem Weiße-Zertifikate-System, ermöglicht. In einer Erweiterung wurden bereits existierende Förderungen in Form von Zuschüssen integriert, die eine Kombination mit dem Weiße-Zertifikate-System und den Vergleich von Beibehaltung der bisherigen Förderung oder der Einführung eines Weiße-Zertifikate-Systems ermöglichen.

Das entwickelte Planungsmodell stellt insgesamt ein leistungsstarkes Instrumentarium zur Entscheidungsunterstützung für die Umsetzung von Sanierungsprogrammen dar. Damit steht den verschieden eingebundenen Akteuren, z. B. Privatpersonen, zum Nachweis Weißer Zertifikate verpflichteten Akteuren und politischen Entscheidungträgern, ein Planungswerkzeug zur Umsetzung der Energieeinsparungen auf der Nachfrageseite zur Verfügung. Im Folgenden werden die aus den Ergebnissen resultierenden Erkenntnisse im Einzelnen dargestellt und Schlussfolgerungen gezogen.

7.3.1 Zertifikatbezogene Auswirkungen

Die Ergebnisse der Modellanwendung zeigten, wie sich die Wahl des optimalen Sanierungsprogramms, des optimalen Sanierungszeitpunkts und des Kapitalwerts unter den betrachteten Restriktionen verändern. Daraus können Rückschlüsse für die Ausgestaltung und Umsetzung der verschiedenen Elemente des Weiße-Zertifikate-Systems gezogen werden.

- In dieser Arbeit werden erstmals Auswirkungen von der Einbeziehung Weißer Zertifikate in der energetischen Gebäudesanierung mit Hilfe der Methoden der Investitionsrechnung aufgezeigt. Diese können von verschiedenen Akteuren zur Entscheidungsunterstützung herangezogen werden. Privatpersonen bzw. Eigentümer von Einfamilienhäusern können über einen Eintritt in den Zertifikathandel als eigenständige Partei oder im Rahmen eines Zusammenschlusses entscheiden. Verpflichtete Akteure, wie beispielsweise Energieversorger, können auf dieser Grundlage neue Anreizprogramme für ihre Kunden aufstellen und durch diese Maßnahmen von den dafür bezogenen Weißen Zertifikaten profitieren. Schließlich können politische Entscheidungträger eine Modifizierung der aktuellen Förderprogramme initiieren, die sich mit einem Weiße-Zertifikate-System vorteilhaft ergänzt.

- Bei den verschiedenen Szenarien der Modellanwendung wird deutlich, dass in der Regel keine Sanierungsprogramme inklusive Wärmedämmmaßnahmen ohne die explizite Forderung bzw. ohne eine strenge Emissionsrestriktion als optimales Sanierungsprogramm ausgegeben werden. Daraus folgt, dass neben den Zertifikatwerten für Einzelmaßnahmen zusätzlich Faktoren oder absolute Zertifikatwerte für die Berücksichtigung der ganzheitlichen Sanierung eingeführt werden sollten. Dies könnte im Rahmen einer Erweiterung umgesetzt werden (vgl. hierzu Abschnitt 7.4).

7.3.2 Ökonomische und ökologische Auswirkungen der Einführung eines Weiße-Zertifikate-Systems

Die Modellanwendung brachte detaillierte Ergebnisse zu ökonomischen und ökologischen Auswirkungen bei der Einführung eines Weiße-Zertifikate-Systems, der Anwendung bestehender Förderprogramme am Beispiel der Zuschussvariante sowie der kombinierten Anwendung der Anreizinstrumente hervor. Im Folgenden werden zentrale Schlussfolgerungen aus den Erkenntnissen gezogen.

- Es zeigte sich, dass die Einführung eines Weiße-Zertifikate-Systems zu einer Verschiebung der optimalen Sanierungszeitpunkte führt. Daher werden bei einer zeitnahen Einführung des Zertifikatsystems insbesondere Sanierungen, die in der Regel zu einem späteren Zeitpunkt durchgeführt worden wären, vorgezogen. Dadurch können frühzeitige Energie- und Emissionseinsparungen umgesetzt werden.

- Bei der überwiegenden Anzahl der Modellergebnisse ist festzustellen, dass sich bei dem Szenario der Kombination eines Weiße-Zertifikate-Systems und gekürzter bestehender Förderprogramme die höchsten Kapitalwerte ergeben. Im Rahmen der Modellergebnisse, in denen dies nicht der Fall ist, wird meistens das Szenario der reinen Zuschussvariante als optimale Lösung ausgegeben.

- Bei den Modellläufen wurde die Annahme getroffen, dass die staatlichen Zuschüsse über den gesamten Betrachtungszeitraum von 10 Jahren bestehen und im Betrag konstant bleiben. Bei einer Kürzung bzw. einem Wegfall dieser Beträge ist zu erwarten, dass sich einige optimale Sanierungsprogramme aufgrund veränderter Kapitalwerte ändern, da deren optimaler Sanierungszeitpunkt in späteren Perioden angegeben wird. Durch die Erweiterungsmöglichkeit, weitere Anreiz- bzw. Förderinstrumente wie beispielsweise zinsgünstige Darlehen einzubeziehen, könnten auch bestehende Zuschussprogramme bei Kenntnis der möglichen Fortführung differenzierter betrachtet werden.

- Aus den Ergebnissen der Modellanwendung sowie der Abbildung 7-1 und Abbildung 7-2 geht hervor, dass sich die resultierenden Kapitalwerte teilweise nur geringfügig unterscheiden, was insbesondere in den Perioden gegen Ende des Betrachtungszeitraums der Fall ist. Dies ermöglicht eine erweiterte Zielsetzung für weitere Forschungsarbeiten festzulegen (vgl. Abschnitt 7.4).

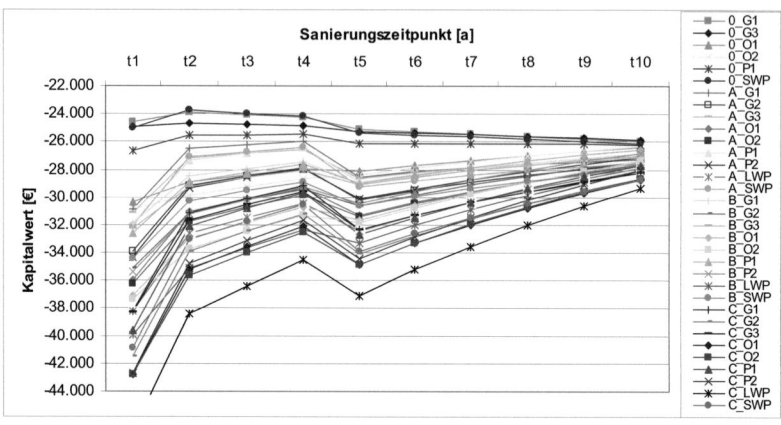

Abbildung 7-1: Zusammenfassende Darstellung der Kapitalwerte des Szenarios IV der AK4

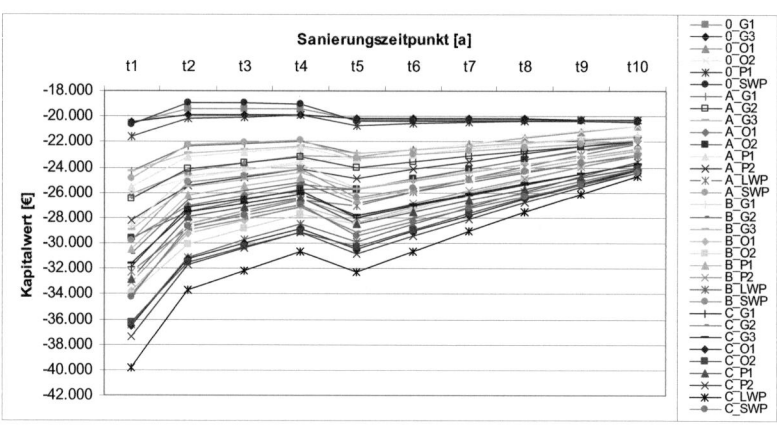

Abbildung 7-2: Zusammenfassende Darstellung der Kapitalwerte des Szenarios IV der AK8

7.4 Weitere methodische Entwicklungen und Erweiterungen

Das in dieser Arbeit entwickelte Planungsmodell kann neben dem verfolgten Ziel der Integration eines Weiße-Zertifikate-Systems in die Investitionsplanung generell auf verschiedene Planungsprobleme, insbesondere mit Integration von Anreizinstrumenten angewandt werden. Eine Erweiterung des ausbaufähig konzipierten Modells kann beispielsweise in den nachfolgend erläuterten Bereichen stattfinden:

- Das Modell kann zusätzlich zu freiwilligen Akteuren durch die Einbeziehung quotenverpflichteter Akteure erweitert werden. Dazu ist es notwendig, die Sanktionen bei Nichterfüllung am Ende der ersten Teilperiode und die Möglichkeit des Zukaufs von Zertifikaten zu integrieren. In der Regel sind in diesem Fall die bestehenden Förderinstrumente zu entfernen, da verpflichtete Akteur nicht von diesen profitieren können.

- Des Weiteren können zusätzliche staatliche oder private Anreiz- bzw. Förder-programme integriert werden. Dazu zählen beispielsweise zinsvergünstigte Darlehen und Steuererleichterungen. Auf diese Weise können ferner weitere Kombinationen der Anreiz- bzw. Förderprogrammen entwickelt und untersucht werden.

- Nichtmonetäre Faktoren (z. B. Komfort, einfache Handhabung der technischen Anlagen usw.) können insbesondere in der energetischen Gebäudesanierung auch eine wesentliche Rolle spielen. Daher ist es sinnvoll, das entwickelte Instrumentarium entweder mit weiteren zur Bewertung von nichtmonetären Faktoren geeigneten Ansätzen zu kombinieren bzw. in ein Mehrzielentscheidungsunterstützungsmodell zu integrieren.

- Im Rahmen der Modellanwendung wurden nur bei expliziter Forderung bzw. bei einer strengen Emissionsrestriktion Sanierungsprogramme mit Wärmedämmmaßnahmen als optimale Lösung generiert. Wenn das Ziel einer ganzheitlichen energetischen Gebäudesanierung verfolgt wird, kann in diesem Bereich eine Erweiterung des Modells vorgenommen werden. Dabei kann ein weiterer Faktor oder zusätzliche absolute Zertifikatwerte für die Berücksichtigung der ganzheitlichen Sanierung in das Zertifikatsystem eingeführt werden. Der Faktor kann analog der Kombinierbarkeit von Sanierungsmaßnahmen im Rahmen des KfW-CO_2-Gebäudesanierungsprogramms formuliert werden (vgl. Abschnitt 2.3.2.2). Tabelle 7-1 zeigt mögliche Beispiele für die Ausgestaltung des Faktors, wobei eine weitergehende Bewertung bzw. Überprüfung notwendig ist. Wahlweise kann die Kombinierbarkeit der Maßnahmen im Rahmen einer ganzheitlichen Sanierung auch durch absolute Zertifikatwerte ersetzt werden. Der Vorteil ist eine weitere Differenzierung nach Maßnahmenkombinationen, die allerdings die Nachteile der schlechteren Nachvollziehbarkeit und einen subjektive Einfluss mit sich bringt. Bei beiden Varianten ist darauf zu achten, dass die Zertifikatzuweisung für die Maßnahmen im Wärmebereich gewisse Grenzen nicht überschreitet, da weitere Bereiche wie beispielsweise Einsparungen aus dem Elektrizitätsbereich ebenfalls in das Weiße-Zertifikate-System zu integrieren sind.

Tabelle 7-1: Berücksichtigung der ganzheitlichen Sanierung durch Kombination von Maßnahmen in Anlehnung an das KfW-CO_2-Gebäudesanierungsprogramm

Maßnahmen	Kombinationen									
Wärmedämmung										
der Außenwände	x		x		x	x		x	x	x
des Daches oder der obersten Geschossdecke		x	x	x		x	x		x	x
Erneuerung der Fenster	x		x		x	x		x	x	x
Austausch der Heizung					x	x	x	x	x		x
Einbau einer Lüftungsanlage							x	x	x	x
Faktor zur Begünstigung der ganzheitlichen energetischen Sanierung	1,2	1	1,5	1,2	1,5	1,7	1,5	1,7	1,7	2

Quelle: Kombinationen der Maßnahmen in Anlehnung an [KfW, 2008c]

- Im Rahmen der Modellanwendung kann beispielsweise eine Realisierung eines Sanierungsprogramms bis zu einem bestimmten Zeitpunkt gefordert werden. Diese zeitlichen Restriktionen können auf gesetzliche Regelungen zurückgeführt werden, wie beispielsweise die Außerbetriebnahme bestimmter Technologien, die dem Stand der Technik nicht entsprechen und zu einer Umweltbelastung beitragen. Eine weitere Anwendung der zeitlichen Begrenzung bei der Nutzung aktueller Technologien stellt die Begrenzung durch den Ablauf der Lebensdauer von Technologien bzw. eine begrenzte Überschreitung der angenommenen Lebensdauer dar. In diesem Fall kann ein Austausch der Technologie bzw. des Bauteils bis zu einer bestimmten Periode gefordert werden. Da es sich bei den unterschiedlichen Alternativen um technisch zulässige Programme handelt, die vorab in einer separaten Analyse ermittelt wurden, liegt in der zweiten Anwendung der zeitlichen Restriktion zugleich eine Beschränkung auf eine Teilmenge vor.

- Um eine Basis für eine Abschätzung weiterer Potenziale zu schaffen, ist es sinnvoll, weitere Gebäudetypen im Wohngebäudebereich aber auch im Nichtwohngebäudebereich und die entsprechenden Altersklassen zu integrieren.

- Des Weiteren kann die Datenbank durch weitere Sanierungsalternativen und Sanierungsprogramme sowie andere Bereiche, z. B. Nichtwohnungsbau, erweitert werden. Diese Erweiterung ermöglicht weitere Zielformulierungen insbesondere im Hinblick auf die weitere Ausgestaltung des Zertifikatsystems und eine gleichzeitig erweiterte Potenzialanalyse der Einsparungen im Gebäudebereich. Weiterer Bedarf besteht beispielsweise auch im Rahmen der Ermittlung von energetischen Sanierungstätigkeiten und -häufigkeiten. Hierbei bestehen erhebliche Unsicherheiten bzgl. der Sanierungsraten im Bestand und der Umsetzung der in der EnEV geforderten Bestimmungen.

Eine Ausweitung des Einsatzbereiches ergibt sich entweder aufgrund einer Erweiterung der Zertifikatzuweisungen von Standardmaßnahmen oder bei Integration weiterer Anreizinstrumente. Im Rahmen der erweiterten Zertifikatzuweisungen von Standardmaßnahmen könnten weitere Maßnahmen im Gebäudebereich (z. B. Büro- und Verwaltungsgebäude sowie industrielle Gebäude) und Maßnahmen in den Bereichen Netze (Wärme-Kälte, Beleuchtung) und Transport integriert werden.

8 Zusammenfassung

Vor dem Hintergrund des hohen und weiterhin steigenden Energieverbrauchs und der begrenzten Reserven fossiler Energieträger haben Energieeinsparungen und der Einsatz regenerativer Energien in Gebäuden in den letzten Jahren erheblich an Bedeutung gewonnen. Bisher sind zwar Erfolge bei der Reduzierung des Energieverbrauchs und der Emissionen zu verzeichnen, die Einsparungen können jedoch durch eine wirkungsvollere Kombination bestehender bzw. durch Einführung neuer Anreizinstrumente erheblich erhöht werden. Daher stellt sich die Frage, ob die Einführung eines Weiße-Zertifikate-Systems ein geeignetes ergänzendes oder auch ersetzendes Instrument darstellt. Da dieses Instrument in einigen europäischen Ländern bereits implementiert wurde und die Europäische Kommission die Einführung eines gemeinschaftlichen Energieeinsparzertifikatmarktes erwägt, ist es vorteilhaft, seine Auswirkungen auf Investitionsentscheidungen und mögliche Wechselwirkungen mit bestehenden Strukturen zu untersuchen.

Ziel der vorliegenden Arbeit ist daher die Entwicklung und exemplarische Anwendung eines modellbasierten methodischen Ansatzes für die Investitionsplanung in der energetischen Wohngebäudesanierung unter Einbeziehung von Weißen Zertifikaten sowie dessen Umsetzung in Form eines rechnergestützten Planungsinstrumentariums. Diese Arbeit zielt vor allem auf die erstmalige Entwicklung dieses Planungsinstruments ab, während die numerischen Ergebnisse exemplarisch zu sehen sind, so dass es bei Verwendung differenzierterer bzw. anderer Eingangsgrößen auch zu entsprechend anderen Ergebnissen kommen kann.

In der Arbeit ergeben sich zwei Schwerpunkte. Der erste Schwerpunkt liegt auf der Ausgestaltung eines handelbaren Weiße-Zertifikate-Systems und der zweite Schwerpunkt stellt die Entwicklung sowie Umsetzung des formalen Modells zur energieeffizienten Investitionsprogrammplanung dar.

Hierzu werden in der vorliegenden Arbeit zunächst die Grundlagen und Rahmen-bedingungen der energieeffizienten Investitionsplanung im Gebäudebereich erläutert. Dabei wird deutlich, dass trotz existierender energieeffizienter Gebäudekonzepte ein erhebliches Einsparpotenzial besteht, das nicht umgesetzt wird. Um den Gebäudebestand systematisch abbilden zu können, werden bestehende Gebäudetypologien analysiert und entsprechend auf die Anwendung vorbereitet. Ergänzend werden die Entwicklung der energiesparenden Bauweise sowie die entsprechenden Input- und Outputströme aufgezeigt. Vorbereitend auf den Vergleich mit einem Weiße-Zertifikate-System werden ausgewählte Klimaschutz- und Energieeffizienzinstrumente aufgezeigt, wobei es sich insbesondere um Förderinstrumente und weitere Zertifikatsysteme handelt.

Den Ausgangspunkt für die Ausgestaltung des Systems Weißer Zertifikate bilden eine Darstellung der allgemeinen Rahmenbedingungen sowie der Funktionsweise eines Weiße-Zertifikate-Systems. Ergänzend werden Weiße-Zertifikat-Systeme von EU-Staaten, die bereits ein Zertifikatsystem eingeführt haben, analysiert, um daraus Erfahrungen für ein mögliches Weiße-Zertifikate-System in Deutschland zu gewinnen. Dabei stellt sich heraus, dass das in Frankreich umgesetzte Zertifikatsystem eine gute Basis für die Ausgestaltung eines Zertifikatsystems in Deutschland bildet. Daher werden in Anlehnung an diese

Erfahrungen Kernelemente für die Einführung eines Weiße-Zertifikate-Systems analysiert und bewertet, woraus konkrete Vorschläge für die Umsetzung resultieren. Für den Vergleich mit anderen bestehenden Klimaschutz- und Energieeffizienzinstrumenten besteht die Notwendigkeit, Zertifikatwerte für die gängigen Maßnahmen im Bereich der Raumwärme- und Warmwasserbereitstellung zu generieren. Dies geschieht auf Basis energierelevanter Berechnungen von Wohngebäuden verschiedener Altersklassen. Diese Zertifikatwerte werden mit definierten Korrekturfaktoren, die beispielsweise die Berücksichtigung regenerativer Energien und die Größe der jeweiligen Gebäude berücksichtigen, ergänzt und können in das entwickelte Planungsmodell eingehen. Abschließend werden Wechselwirkungen mit ausgewählten Klimaschutz- und Energieeffizienzinstrumenten diskutiert und aufgezeigt.

Die Grundlage für die Entwicklung des Planungsmodells zur energieeffizienzorientierten Investitionsplanung bilden die Verfahren der Investitionsrechnung. Dabei wird zunächst das Lebenszyklusmodell dargestellt, um darauf aufbauend allgemeine Alterungsverläufe und mögliche Lebensdauerverlängerungen durch Instandhaltung aufzuzeigen. Für die Fragestellung der ökonomischen Bewertung und Auswahl der energetischen Sanierungsmaßnahmen wurden unterschiedliche Ansätze aus der betriebswirtschaftlichen Investitionsplanung untersucht. Dabei wurde deutlich, dass in der Regel eine objektorientierte Entscheidungsunterstützung einzelner Investitionen mit unmittelbar bevorstehender Investitionsentscheidung im Mittelpunkt steht. In der vorliegenden Arbeit steht jedoch die Fragestellung nach dem optimalen Sanierungsprogramm, das ein Investitionsprogramm im Rahmen der energetischen Gebäudesanierung darstellt, und dem optimalen Sanierungszeitpunkt, d. h. dem Ersatzzeitpunkt des Investitionsprogramms, im Vordergrund. Daher erweisen sich Verfahren zur Investitionsdauerentscheidung als geeignete Verfahren und dienen als Grundlage für die entwickelte Methodik des Planungsmodells. Der methodische Ansatz zur Investitionsplanung mit Integration des ausgestalteten Systems Weißer Zertifikate wird in Form eines binären Optimierungsproblems formuliert. Dieses Modell wird exemplarisch auf die energetische Wohngebäudesanierung angewandt, indem Gebäudeprototypen ausgewählter Altersklassen zugrundegelegt werden. Diese Anwendung basiert auf einer Analyse von geeigneten Maßnahmen, die vorab als zulässige und damit sinnvolle Kombinationsmöglichkeiten von Sanierungsmaßnahmen, die Sanierungsprogramme, festgelegt werden. Durch die langen Lebensdauern im Gebäudebereich ist es erforderlich, zusätzlich technische Fortschritte einzubeziehen und somit von nicht-identischen Ersatz- bzw. Sanierungselementen auszugehen.

Das entwickelte Modell integriert zusätzlich zum Weiße-Zertifikate-System auch ausgewählte bestehende Klimaschutz- und Energieeffizienzinstrumente. Dies geschieht in Form von Zuschüssen, wobei sowohl pauschale als auch investitionsabhängige Zuschüsse integriert werden. Ferner wird eine Kombination von Weißen Zertifikaten und reduzierten Zuschüssen untersucht.

Mit dem entwickelten und implementierten Planungsmodell steht erstmals ein Konzept zur vergleichenden ökonomischen Bewertung eines Weiße-Zertifikate-Systems und bestehenden Klimaschutz- und Energieeffizienzinstrumenten zur Verfügung. Damit steht verschiedenen Akteuren wie Privatpersonen und Eigentümern von Einfamilienhäusern, verpflichteten Akteuren (beispielsweise Energieversorgern) und politischen Entscheidungsträgern ein Hilfsmittel zur Entscheidungsunterstützung zur Verfügung.

Literaturverzeichnis

[Adam, 1996]	Adam, Dietrich (1996): Planung und Entscheidung, Modelle – Ziele – Methoden, 4. vollständig überarbeitete und wesentlich erweiterte Auflage, Gabler Verlag, Wiesbaden
[ADEME, 2008]	Agence de l'Environnement et de la Maîtrise de l'Energie (ADEME) (2008): Les Certificats d'économie d'énergie: un mécanisme innovant de promotion de l'efficacité énergétique, ADEME&vous, N°10, in: http://www2.ademe.fr, zuletzt abgerufen am 09. Dezember 2008
[Adnot et al., 2007]	Adnot, Jérôme; Duplessis, Bruno; Almeida, Anibal; Fonseca, Paula; Moura, Pedro; Ferreira, Carlos; Labanca, Nicola; Dupont, Maxime und Rezessy, Silvia (2007): Supply side: measurement and verification of energy efficiency projects, Work package 4.1, in http://www.ewc.polimi.it, zuletzt abgerufen am 09. Dezember 2008.
[AGEB, 2006]	Arbeitsgemeinschaft Energiebilanzen (AGEB) (2006): Energieflussbild 2006 (vereinfacht), in: http://www.ag-energiebilanzen.de/, zuletzt abgerufen am 10. Juni 2008
[Altrogge, 1992]	Altrogge, Günter: Kriterien der Nutzungsdauer von Investitionsprojekten, in: WISU 8-9/92, S. 639-647.
[AMORCE, 2007]	Association de collectivités territoriales et de professionnels (AMORCE) (Hrsg.) (2007): Guide pour la mise en œuvre des Certificats d'économie d'énergie, Lyon
[Arrêté, 2006a]	Ministère de l'économie, des finances et de l'industrie: Arrêté du 30 mai 2006 relatif aux modalités d'application du dispositif de certificats d'économies d'énergie; Journal Officiel n° 126 du 1 juin 2006, page 8180 texte n°17
[Arrêté, 2006b]	Ministère de l'économie, des finances et de l'industrie: Arrêté du 26 septembre 2006 fixant la répartition par énergie de l'objectif national d'économies d'énergie pour la période du 1er juillet 2006 au 30 juin 2009; Journal Officiel n° 230 du 4 octobre 2006
[Arrêté, 2006c]	Ministère de l'économie, des finances et de l'industrie: Arrêté du 19 juin 2006 définissant les opérations standardisées d'économie d'énergie; Journal Officiel n°156 du 7 juillet 2006, page 10178 texte n° 28
[Arrêté, 2006d]	Ministère de l'économie, des finances et de l'industrie: Arrêté du 19 décembre 2006 définissant les opérations standardisées d'économie d'énergie; Journal Officiel n°303 du 31 décembre 2006, page 20352 texte n° 60
[ASUE, 2005]	Arbeitsgemeinschaft für sparsamen und umweltfreundlichen Energieverbrauch e.V. (ASUE) (2005): Erdgas für Haus und Auto - Vorteile für die Umwelt, Kaiserslautern. in: http://www.asue.de, zuletzt abgerufen am 11. Dezember 2008
[BAFA, 2008a]	Bundesamt für Wirtschaft und Ausfuhrkontrolle (BAFA) (Hrsg.) (2008): Förderung von Solarkollektoranlagen, Eschborn, in: http://www.bafa.de, zuletzt abgerufen am 19. Dezember 2008
[BAFA, 2008b]	Bundesamt für Wirtschaft und Ausfuhrkontrolle (BAFA) (Hrsg.) (2008): Marktanreizprogramm zur Förderung von Maßnahmen zur Nutzung erneuerbarer Energien im Wärmemarkt, Eschborn, in: http://www.bafa.de, zuletzt abgerufen am 19. Dezember 2008
[BBR, 2005]	Bundesamt für Bauwesen und Raumordnung (BBR) (Hrsg.) (2005): Evaluierung der CO_2-Minderungsmaßnahmen im Gebäudebereich. Langfassung des Endberichts. Online Ressorce, BBR-Online-Publikation
[BDH, 2005a]	Bundesindustrieverband Deutschland Haus-, Energie- und Umwelttechnik e.V. (2005): Wärmepumpen, Anlagenkonfigurationen und Informationen

zur Kundenberatung, Informationsblatt Nr. 25, in: http://www.bdh-koeln.de, zuletzt abgerufen am 20. Oktober 2008

[BDH, 2005b] Bundesindustrieverband Deutschland Haus-, Energie- und Umwelttechnik e.V. (2005): Nutzung erneuerbarer Energien mit Holz- und Pelletheizungen, Informationsblatt Nr. 26, in: http://www.bdh-koeln.de, zuletzt abgerufen am 20. Oktober 2008

[Beitzke, 2008] Beitzke, Dietrich (2008): Was bedeuten die technischen Begriffe?, in http://www.heizungsbetrieb.de/de/index.html, zuletzt abgerufen am 06.Oktober 2008

[Bertoldi / Rezessi 2006] Bertoldi, Paolo.; Rezessy, Silvia (2006): Tradable Certificates for Energy Savings (White Certificates): Theory and Practice, European, Joint Research Centre of the European Commission, Institute for Environment and Sustainability, in: http://re.jrc.ec.europa.eu/energyefficiency/, zuletzt abgerufen am 24.November 2008

[Betge, 2000] Betge, Peter (2000): Investitionsplanung, Methoden – Modelle - Anwendungen, 4. überarbeitete Auflage, Verlag Vahlen, München

[Betz, 1995] Betz, Stefan (1995): Die Berücksichtigung von technischem Fortschritt im Konzept der investitionstheoretisch fundierten Abschreibung, in: Zeitschrift für Betriebswirtschaft (65), S. 425-444

[BGW, 2007] Bundesverband der deutschen Gas- und Wasserwirtschaft (BGW) (Hrsg.) (2007): BGW-Heizkostenvergleich Altbausanierung 2007, Ein Vergleich der Gesamtkosten verschiedener Systeme zur Heizung und Warmwasserbereitung für die Altbausanierung 2007, Berlin

[Bingel, 1997] Bingel, Erik (1997): Integrierte versus additive Umweltschutzmaßnahmen: Konzeption einer investitionsrechnerischen Beurteilung, Dissertation, München

[Blohm / Lüder, 1995] Blohm, Hans; Lüder, Klaus (1995): Investition, 8.Auflage, Verlag Vahlen, München

[BMU, 2007a] Bundesministerium für Umwelt, Naturschutz und Reaktorsicherheit (BMU) (Hrsg.) (2007): CO$_2$-Gebäudesanierungsprogramm, Berlin, in: http://www.bmu.de, zuletzt abgerufen am 15.September 2008

[BMU, 2007b] Bundesministerium für Umwelt, Naturschutz und Reaktorsicherheit (BMU) (Hrsg.) (2007): Das Bundesumweltministerium: Für Umweltschutz und nachhaltige Entwicklung, Berlin, in: http://www.bmu.de, zuletzt abgerufen am 15.September 2008

[BMU, 2008a] Bundesministerium für Umwelt, Naturschutz und Reaktorsicherheit (BMU) (Hrsg.) (2008): Erneuerbare Energien, Berlin, in: http://www.bmu.de, zuletzt abrufen am 10. September 2008

[BMU, 2008b] Bundesministerium für Umwelt, Naturschutz und Reaktorsicherheit (BMU) (Hrsg.) (2008): Förderung im Marktanreizprogramm 2008 des Bundesumweltministeriums. Teil A – Abwicklung über das Bundesamt für Wirtschaft und Ausfuhrkontrolle, Berlin, in: http://www.bmu.de, zuletzt abgerufen am 02. Februar 2009

[BMU / BINE, 2006] Bundesministerium für Umwelt, Naturschutz und Reaktorsicherheit (BMU) und BINE Informationsdienst (Hrsg.) (2006): Geld vom Staat für Energiesparen und erneuerbare Energien, Paderborn

[BMVBS, 2007] Bundesministerium für Verkehr, Bau und Stadtentwicklung (BMVBS) (Hrsg.) (2007): CO$_2$ Gebäudereport 2007. Berlin in: http://www.bmvbs.de, zuletzt abgerufen am 10. Juli 2008

[BMVBW, 2001] Bundesministerium für Verkehr, Bau- und Wohnungswesen (BMVBW) (Hrsg.) (2001): Leitfaden Nachhaltiges Bauen, in: http://www.bmvbs.de/Anlage/original_8183/Leitfaden-Nachhaltiges-Bauen.pdf, zuletzt abgerufen am 16. Oktober 2008

[BRBS, 1995]　　　　　Bundesministerium für Raumordnung, Bauwesen und Städtebau: Dritter Bericht über Schäden an Gebäuden, in: http://www.bbr.bund.de/cln_005/nn_22076/DE/ForschenBeraten/Bauwese n/Bauqualitaet/DialogBauqualitaet/3.Bauschadensbericht,templateId=raw,p roperty=publicationFile.pdf/3.pdf, zuletzt abgerufen am 08. Februar 2007

[Bruhnke / Kübler, 2002]　Bruhnke, Karl-Heinz; Kübler, Reinhard (2002): Der Lebenszyklus einer Immobilie, in: Leipzig Annual Civil Engineering Report Nr. 7, Leipzig, S. 497-504

[Bürger / Wiegmann, 2007] Bürger, Veit; Wiegmann, Kirsten (2007): Energieeinsparquote und Weiße Zertifikate, Potenziale und Grenzen einer Quotenregelung als marktorientiertes und budgetunabhängiges Lenkungsinstrument zur verstärkten Durchdringung von nach-frageseitigen Energieeinsparmaßnahmen, Arbeitspapier, Freiburg/Darmstadt

[Capozza et al., 2006]　Capozza, Antonio; Enge, Andreas K.; Grattieri, Walter; Monjon, Stéphanie; Mundaca, Luis; Neij, Lena; Oikonomou, Vlasis; Tarbé, Magali (2006): Market Mechanisms for White Certificates Trading, Endbericht der IEA Task XIV, Mailand

[CARMEN, 2008]　　　Centrales Agrar-Rohstoff-Marketing- und Entwicklungs-Netzwerk e.V. (C.A.R.M.E.N. e.V.) (2008): Preisentwicklung bei Holzpellets, Heizöl und Erdgas, in: http://www.carmen-ev.de, zuletzt abgerufen am 06. Oktober 2008

[Child et al., 2008]　　Child, Rachel; Langniss, Ole; Klink, Julita; Gaudioso, Domenico (2008): Interactions of white certificates with other policy instruments in Europe. In: Energy Efficiency Journal. Nr. 4/November 2008. http://www.springerlink.com/content/v12t80911584v42r/fulltext.pdf, zuletzt abgerufen am 12.November 2008

[Christen / Meyer-Meierling, 1999] Christen, Kurt; Meyer-Meierling, Paul (1999): Optimierung von Instandhaltungszyklen und deren Finanzierung bei Wohnbauten, Forschungsbericht, vdf Hochschulverlag AG an der ETH Zürich

[Circulaire, 2006]　　Ministère de l'économie, des finances et de l'industrie: Circulaire relative à la délivrance des certificats d'économies d'énergie du 18 juillet 2006, Réf : DGEMP/DIDEME 5/CS/32b/

[Décret, 2006]　　　Ministère de l'économie, des finances et de l'industrie: Décret n°2006-600 du 23 mai 2006 relatif aux obligations d'économies d'énergie dans le cadre du dispositif des certificats d'économie d'énergie; Journal officiel de la république française du 27 mai 2006

[dena, 2006]　　　　Deutsche Energie-Agentur (dena) (Hrsg.) (2006): Besser als ein Neubau: „EnEV minus 30 %", Planungshilfe zur energieeffizienten Sanierung im Rahmen des KfW-CO2-Gebäudesanierungsprogramms, Berlin

[DGEMP, 2008]　　　Direction Générale de l'Énergie et des Matières Premières (DGEMP)- Direction de la Demande et des Marchés Énergétiques (DIDEME) (2008): La mise en oeuvre des certificats d'économies d'énergie : un nouvel outil pour inciter les Français à économiser l'énergie, in: http://www.industrie.gouv.fr, zuletzt abgerufen am 06. Oktober 2008

[Diederichs, 2003]　　Diederichs, Claus Jürgen (2003): Entwicklung eines Bewertungssystems für die ökonomische und ökologische Erneuerung von Wohnungsbeständen (ÖÖS), Fraunhofer-IRB-Verlag, Stuttgart

[DIN V 276, 1993]　　Deutsches Institut für Normung e.V. (Hrsg.) (1999): DIN V 276, Kosten im Hochbau, Beuth Verlag GmbH, Berlin

[DIN EN 14511-3, 2008] Deutsches Institut für Normung e.V. (Hrsg.) (2008): DIN EN 14511-3, Luftkonditionierer, Flüssigkeitskühlsätze und Wärmepumpen mit elektrisch angetriebenen Verdichtern für die Raumbeheizung und Kühlung - Teil 3: Prüfverfahren; Beuth Verlag GmbH, Berlin

[DIN V 18960, 1999]   Deutsches Institut für Normung e.V. (Hrsg.) (1999): DIN V 18960, Nutzungskosten im Hochbau, Beuth Verlag GmbH, Berlin

[DIN V 31051, 2003]   Deutsches Institut für Normung e.V. (Hrsg.) (2003): DIN V 31051, Grundlagen der Instandhaltung, Beuth Verlag GmbH, Berlin

[DIN V 32736, 2000]   Deutsches Institut für Normung e.V. (Hrsg.) (2000): DIN V 32736, Gebäudemanagement, Begriffe und Leistungen, Beuth Verlag GmbH, Berlin

[DIN V 4108-2, 2001]   Deutsches Institut für Normung e.V. (Hrsg.) (2001): DIN V 4108-2, Wärmeschutz und Energieeinsparung in Gebäuden, Teil 2: Mindestanforderungen an den Wärmeschutz, Beuth Verlag GmbH, Berlin

[DIN V 4701-10, 2001]   DIN/Deutsches Institut für Normung e.V. (2001): DIN V 4701-10, Energetische Bewertung von heiz- und raumlufttechnischen Anlagen, Teil 10: Heizung, Trinkwassererwärmung, Lüftung, Beuth Verlag GmbH, Berlin

[DIN V 4710, 2003]   DIN/Deutsches Institut für Normung e.V. (2003): DIN V 4710, Statistiken meteorologischer Daten zur Berechnung des Energiebedarfs von heiz- und raumlufttechnischen Anlagen in Deutschland, Beuth Verlag GmbH, Berlin

[Dinkelbach, 1969]   Dinkelbach, Werner (1969): Sensitivitätsanalysen und parametrische Programmierung, Springer-Verlag, Berlin, Heidelberg

[DPG, 2005]   Deutschen Physikalischen Gesellschaft e. V. (DPG) (Hrsg.) (2005): Klimaschutz und Energieversorgung in Deutschland 1990-2020, in: http://www.iup.uni-heidelberg.de/institut/studium/lehre/Uphysik/paleo_climate/DPG-Klimastudie_2005.pdf, zuletzt abgerufen am 17. Februar 2009

[Drexl, 1990]   Drexl, Andreas (1990): Nutzungsdauerentscheidungen bei Sicherheit und Risiko, n: Schmalenbachs. Zeitschrift für betriebswirtschaftliche Forschung (ZfbF), 1990, Band 42, S. 50-66

[Drillisch, 1999]   Drillisch, Jens (1999): Quotenregelung für regenerative Stromerzeugung, Schriften des Energiewirtschaftlichen Instituts, Band 55, R. Oldenbourg Verlag, München

[Ebel et al., 2000]   Ebel, Witta; Eicke-Henning, Werner; Feist, Wolfgang; Groscurth, Helmuth M. (2000): Energieeinsparung bei Alt- und Neubauten, C.F. Müller Verlag, Heidelberg

[Ederer, 1980]   Ederer, Othmar (1980): Die Ermittlung des optimalen Ersatztermines von Anlagen unter Verwendung optimaler Reparaturkostengrenzen, Schriften zur wirtschaftswissenschaftlichen Forschung Band 134, Verlag Anton Hain Meisenheim GmbH, Königstein

[EEWärmeG, 2008]   Gesetz zur Förderung Erneuerbarer Energien im Wärmebereich (Erneuerbare-Energien-Wärmegesetz - EEWärmeG), veröffentlicht im Bundesgesetzblatt Jahrgang 2008 Teil I Nr. 36 vom 18. August 2008, S. 1658

[EnEG, 1980]   Energieeinspargesetz (EnEG) – Gesetz zur Einsparung von Energie in Gebäuden: vom 22. Juli 1976 (BGBl. I S.1873, 1978), geändert durch das Erste Änderungsgesetz vom 20. Juni 1980 (BGBl. I S. 701, 1980)

[EnEV, 2004]   Verordnung über energiesparenden Wärmeschutz und energiesparende Anlagentechnik bei Gebäuden (Energieeinsparverordnung - EnEV), Bekanntmachung der Neufassung der Energieeinsparverordnung vom 2. Dezember 2004, Bundesgesetzblatt I S. 3146

[EnEV, 2007]   Verordnung über energiesparenden Wärmeschutz und energiesparende Anlagentechnik bei Gebäuden (Energieeinsparverordnung - EnEV), Bekanntmachung vom 1. September 2005, Bundesgesetzblatt I S. 2684

[EnEV, 2009]   Verordnung über energiesparenden Wärmeschutz und energiesparende Anlagentechnik bei Gebäuden (Energieeinsparverordnung - EnEV),

Entwurf, von der Bundesregierung am 18. Juni 2008 beschlossene Fassung

[Enzensberger / Wietschel, 2002]   Enzensberger, Norbert; Wietschel, Martin (2002): Klassifizierung umweltpolitischer Instrumente und Bewertungskriterien, in: Wietschel, Martin; Fichtner, Wolf; Rentz, Otto (2002): Regenerative Energien, Der Beitrag und die Förderung regenerativer Energieträger im Rahmen einer Nachhaltigen Energieversorgung, ecomed Verlagsgesellschaft AG & Co. KG, Landsberg

[EuroWhiteCert, 2006]   EuroWhiteCert Project; Intelligent Energy Europe (2006): Weiße Zertifikate: Konzept und Erfahrungen, in: http://www.ewc.polimi.it/rdocu.php, zuletzt abgerufen am 11. Juli 2007

[EWärmeG, 2007]   Gesetz zur Nutzung erneuerbarer Wärmeenergie in Baden-Württemberg (Erneuerbare - Wärme Gesetz - EWärmeG), GBl. vom 23. November 2007

[EWI / Prognos, 2005]   Energiewirtschaftliches Institut (EWI) / Prognos (2005): Die Entwicklung der Energiemärkte bis zum Jahr 2030, Studie im Auftrag des Bundesministeriums für Wirtschaft und Arbeit, Berlin

[EWI / Prognos, 2006]   Energiewirtschaftliches Institut (EWI) / Prognos (2006): Auswirkungen höherer Ölpreise auf Energieangebot und –nachfragen, Ölpreisvariante der energiewirtschaftlichen Referenzprognosen 2030, Studie im Auftrag des Bundesministeriums für Wirtschaft und Arbeit, Berlin

[EWI / Prognos, 2007]   Energiewirtschaftliches Institut (EWI) / Prognos (2007): Energieszenarien für den Energiegipfel 2007, Endbericht im Auftrag des Bundesministeriums für Wirtschaft und Technologie, Basel und Köln, in: http://www.bmwi.de, zuletzt abgerufen am 11. April 2008

[Feess, 2007]   Feess, Eberhard (2007): Umweltökonomie und Umweltpolitik, Vahlen, München, 2007

[FGSV, 1989]   Forschungsgesellschaft für Straßen – und Verkehrswesen (FGSV) (1989): Richtlinien für die Standardisierung des Oberbaus von Verkehrsflächen (RStO 86/89), Köln

[Fichtner, 2005]   Fichtner, Wolf (2005): Emissionsrechte, Energie und Produktion, Verknappung der Umweltnutzung und produktionswirtschaftliche Planung, Erich Schmidt Verlag, Berlin

[Fichtner, 2007]   Fichtner, Wolf (2007): Der CO_2-Emissionsrechtehandel im Zentrum der umweltpolitischen Diskussion, in: Zeitschrift für Umweltpolitik und Umweltrecht, 2007, Band 30, Heft 2, S. 149-160

[Friedemann, 1997]   Friedemann, Christian (1997): Umweltorientierte Investitionsplanung, Betriebswirtschaftliche Forschung zur Unternehmensführung, Band 34, Gabler-Verlag, Wiesbaden

[Friedrich, 2005]   Friedrich, Götz (2005): Analyse der Mechanismen und möglichen Wechselwirkungen der Märkte für CO_2-Zertifikate, handelbare Energieeffizienzzertifikate und Grüne Zertifikate, Diplomarbeit des Studiengangs Wirtschaftsingenieurwesen, Karlsruhe

[Gänßmantel et al., 2006]   Gänßmantel, Jürgen; Geburtig, Gerd; Essmann, Frank (2006): EnEV und Bauen im Bestand : Energieeffiziente Gebäudeinstandsetzung, HUSS-Medien GmbH, Berlin

[Geenen, 1969]   Geenen, Heinz (1969): Zur Bestimmung des optimalen Ersatzzeitpunktes von Anlagen bei einwertigen Erwartungen, Dissertation, Gießen

[Geldermann, 2006]   Geldermann, Jutta (2006): Mehrzielentscheidung in der industriellen Produktion, Universitätsverlag Karlsruhe, Karlsruhe

[GEMIS, 2007]   Gesamt-Emissions-Modell Integrierter Systeme (GEMIS) (2007), Version 4.4, Ein Computer-Instrument zur Umwelt- und Kostenanalyse von Energie-, Transport- und Stoffsystemen, Öko-Institut, im Auftrag des

	Hessischen Ministers für Umwelt, Energie, Jugend, Familie und Gesundheit; Darmstadt, Freiburg, Berlin
[Götze / Bloech, 2004]	Götze, Uwe; Bloech, Jürgen (2004): Investitionsrechnung, 4. durchges. Auflage, Springer-Verlag, Berlin, Heidelberg, New York
[Grüning / Kühn, 2004]	Grünig, Rudolf; Kühn, Richard (2004): Entscheidungsverfahren für komplexe Probleme: ein heuristischer Ansatz, Springer Verlag, Berlin, Heidelberg (u.a.)
[Guardiola et. al. 2004]	Guardiola, Molla Pablo; Naturel, Benoît; Perret, Loic; Renaudie, Guilhem (2004): Les Certificats d'Economies d'Energie, Ecole nationale des ponts et chaussées, Champs-sur-Marne, in: http://www.enpc.fr/fr/formations/ecole_virt/trav-eleves/cc/cc0304/certificats/certificats.htm, zuletzt abgerufen am 07. Juli 2008
[Günther, 1994]	Günther, Edeltraud (1994): Ökologieorientiertes Controlling: Konzeption eines Systems zur ökologieorientierten Steuerung und empirische Validierung, Verlag Franz Vahlen GmbH, München
[Guyonnet, 2005]	Guyonnet, Pierre (2005) : Le dispositif français des Certificats d'Economie d'Energie, atee, Vortrag vom 27. Oktober 2005, in : http://www.industrie.gouv.fr, zuletzt abgerufen am 11. Juli 2007
[HeizAnlV, 1998]	Heizungsanlagen-Verordnung (HeizAnlV) (1998): Verordnung über energiesparende Anforderungen an heizungstechnische Anlagen und Warmwasseranlagen, Neufassung vom 4. Mai 1998, BGBl. I 1998 S. 851
[Hempelmann, 1982]	Hempelmann, Rainer (1982): Investitionen und Kostenfunktionen für Emissionsminderungsmaßnahmen im Energieumwandlungssektor, Dissertation, Karlsruhe
[Herzog, 2005]	Herzog, Kati (2005): Lebenszykluskosten von Baukonstruktionen, Entwicklung eines Modells und einer Softwarekomponente zur ökonomischen Analyse und Nachhaltigkeitsbeurteilung von Gebäuden, Dissertation, Darmstadt
[Hille, 1999]	Hille Maren (1999): Wärmeversorgung von Gebäuden – Stand und Entwicklung von Angebot und Nachfrage, Bremer Energie Institut (BEI), in: http://www.bei.uni-bremen.de, zuletzt abgerufen am 11. Dezember 2008
[Homann, 1998]	Homann, Klaus (1998): Bau-Projektmanagement, in Schulte, Karl-Werner (Hrsg.): Immobilienökonomie, München.
[IEA, 2006]	International Energy Agency (IEA) (2006): Market Mechanism for White Certificates Trading, Task XIV Final Report, Italy, in: http://www.ieadsm.org, abgerufen am 16. Juni 2008
[IP BAU, 1994]	IP Bau (1994): Alterungsverhalten von Bauteilen und Unterhaltskosten, Grundlagendaten für den Unterhalt und die Erneuerung von Wohnbauten, Bern
[Irrek / Thomas, 2006]	Irrek, Wolfagang; Thomas, Stefan (2006): Der EnergieSparFonds für Deutschland, Hans-Böckler-Stiftung, Düsseldorf
[IWU, 2003]	Institut für Wohnen und Umwelt (IWU) (2003): Systematik und Datensätze der Deutschen Gebäudetypologie, Darmstadt, http://www.iwu.de, zuletzt abgerufen am 30. April 2007
[IWU, 2005]	Institut für Wohnen und Umwelt (IWU) (2005): Kurzverfahren Energieprofil, in: http://www.iwu.de/forschung/energie/abgeschlossen/kurzverfahren-energieprofil, zuletzt abgerufen am 06. Oktober 2008
[Jaspersen, 1997]	Jaspersen, Thomas (1997): Investition, Computergestützte Verfahren und Controlling im Investitionsprozess, R. Oldenbourg Verlag, München und Wien

[Jochum, 2001]   Jochum, Rainer (2001): Zur stoffstrombasierten Investitionsplanung im Rahmen integrierter Emissionsminderungskonzepte, Fortschritt-Berichte VDI, Reihe 16, Nr. 135, VDI Verlag Düsseldorf

[Joos, 2004]   Joos, Lajos (Hrsg.) (2004): Energieeinsparung in Gebäuden, Stand der Technik, Entwicklungstendenzen, Vulkan-Verlag, Essen

[Kahle, 1993]   Kahle, Egbert (1993): Betriebliche Entscheidungen, R. Oldenbourg Verlag, München und Wien

[Kaltschmitt et al., 2006] Kaltschmitt, Martin; Streicher, Wolfgang; Wiese, Andreas (Hrsg.) (2006): Erneuerbare Energien, Systemtechnik, Wirtschaftlichkeit, Umweltaspekte, 4. aktualisierte, korrigierte und ergänzte Auflage, Springer Verlag, Berlin, Heidelberg, New York

[Kern, 1974]   Kern, Werner (1974): Investitionsrechnung, Poeschel-Verlag, Stuttgart

[KfW, 2003]   Kreditanstalt für Wiederaufbau (2003): KfW-CO_2-Gebäudesanierungsprogramm, in : http://www.kfw-foerderbank.de, zuletzt abgerufen am 23. Januar 2009

[KfW, 2008a]   Kreditanstalt für Wiederaufbau (2008): KfW-Umweltprogramm, in : http://www.kfw-foerderbank.de, zuletzt abgerufen am 23. Juli 2008

[KfW, 2008b]   Kreditanstalt für Wiederaufbau (KfW) (Hrsg.) (2008): CO_2-Gebäudesanierungsprogramm: Kredit-Variante. Frankfurt am Main, in: http://www.kfw-foerderbank.de, zuletzt abgerufen am 10. Dezember 2008

[KfW, 2008c]   Kreditanstalt für Wiederaufbau (KfW) (Hrsg.) (2008): CO_2-Gebäudesanierungsprogramm: Zuschuss-Variante. Frankfurt am Main, in: http://www.kfw-foerderbank.de, zuletzt abgerufen am 10. Dezember 2008

[Kistner, 1993]   Kistner, Klaus-Peter (1993): Produktions- und Kostentheorie, 2. Auflage, Physica Verlag, Heidelberg

[Kleemann et al., 2000] Kleemann, Manfred; Heckler, Rainer; Kolb, Gerhard; Hille, Maren (2000): Die Entwicklung des Energiebedarfs zur Wärmebereitstellung in Gebäuden – Szenarioanalysen mit dem IKARUS-Raumwärmemodell, Materialien, Bremer Energie Institut, Bremen, in: http://www.bei.uni-bremen.de, zuletzt abgerufen am 18. Juni 2008

[Kleemann, 2003]   Kleemann, Manfred (2003): Aktuelle Einschätzung der CO_2-Minderungspotenziale im Gebäudebereich, Gutachten im Auftrag von dena und BMWA, Jülich

[Kloock, 1969]   Kloock, J. (1969): Betriebswirtschaftliche Input/Output-Modelle, Gabler-Verlag, Wiesbaden

[Kohler et al., 1999]   Kohler, Nikolaus; Hassler, Uta; Paschen, Herbert (1999): Stoffströme und Kosten in den Bereichen Bauen und Wohnen, Studie für die Enquête-Kommission "Schutz des Menschen und der Umwelt" des 13. Deutschen Bundestages, Springer Verlag, Berlin, Heidelberg, New York

[Kohler, 2006]   Kohler, Stephan (2006): Energieeffizienz in Gebäuden in Deutschland: Stand und Perspektiven, in: Pöschk, Jürgen (2006): Energieeffizienz in Gebäuden – Jahrbuch 2006, Verlag und Medienservice Energie, Berlin

[KOM, 2003, 739]   Europäische Kommission (2003): Vorschlag für eine Richtlinie des Europäischen Parlaments und des Rates zur Endenergieeffizienz und zu Energiedienstleistungen. Brüssel: KOM (2003) 739 endgültig, 2003/0300 (COD)

[KOM, 2006, 545]   Europäische Kommission (2006): Aktionsplan für Energieeffizienz: Das Potential ausschöpfen, Mitteilung der Kommission der europäischen Gemeinschaft, Brüssel: KOM (2006) 545 endgültig, 19. Oktober 2006

[König / Mandl, 2005]   König, Holger; Mandl, Wolfgang (2005): Baukosten-Atlas 2006, WEKA MEDIA GmbH & Co. KG, Augsburg

[Kruschwitz, 2005]   Kruschwitz, Lutz (2005): Investitionsrechnung, 10., überarbeitete und erweiterte Auflage, R. Oldenbourg Verlag, München, Wien

[Langniss / Praetorius, 2004] Langniss, Ole; Praetorius, Barbara (2004): How much market do market-based instruments create? An analysis for the case of "white" certificates. Deutsches Institut für Wirtschaftsforschung (DIW), Berlin

[Laux, 2007]   Laux, Helmut (2007): Entscheidungstheorie, 7., überarbeitete und erweiterte Auflage, Springer Verlag, Berlin und Heidelberg

[Lees, 2006]   Lees, Eoin (2006): Evaluation of the Energy Efficiency Commitment 2002-05, Bericht an DEFRA, Wantage

[LfU, 2001]   Landesamt für Umweltschutz Baden-Württemberg (LfU) (Hrsg.) (2001): Abbruch von Wohn- und Verwaltungsgebäuden, Handlungshilfe, Karlsruhe

[Locasystem, 2008]   Locasystem International (2008): Registre National des Certificats d'Economies d'Energie, in: https://www.emmy.fr, zuletzt abgerufen am 18. November 2008

[Lochmann, 2000]   Lochmann, Hans-Dieter (Hrsg.) (2000): Facility Management: strategisches Immobilienmanagement in der Praxis, Gabler, Wiesbaden

[Loga et al., 2005]   Loga, Tobias; Diefenbach, Nikolaus; Knissel, Jens; Born, Rolf (2005): Kurzverfahren Energieprofil, Ein vereinfachtes, statistisch abgesichertes Verfahren zur Erhebung von Gebäudedaten für die energetische Bewertung von Gebäuden, Bauforschung für die Praxis, Band 72, Fraunhofer IRB Verlag, Stuttgart

[Lücke, 1991]   Lücke, Wolfgang (Hrsg.): Investitionslexikon, 2. Auflage, München

[Lüder, 1984]   Lüder, Klaus (1984): Zum Einfluß staatlicher Investitionsfördermaßnahmen auf unternehmerische Investitionsentscheidungen, in: Zeitschrift für Betriebswirtschaft (Zfb), 1984, Band 54, Heft 6, S. 531-547

[MacGill / Outhred, 2003]   MacGill, Ian; Outhred, Hugh (2003): Energy Efficiency Certificate Trading and the NSW Greenhouse Benchmark scheme, New South Wales: Electricity Restructuring Group (ERGO), The University of New South Wales (UNSW)

[MEDAD, 2008]   Ministère de l'Ecologie, du Développement et de l'Aménagement durables (2008): Lettre d'information Certificats d'économies d'énergie. in: http://www.aleab33.fr/CMS/modules/dl/635996913/lettreceenov08.pdf, zuletzt abgerufen am 10. Januar 2009.

[Mehlis, 2005]   Mehlis, Jörg (2004): Analyse des Datenentstehungsprozesses und Entwicklung eines Modells für eine wirtschaftliche Vorgehensweise bei der lebenszyklusorientierten Immobiliendatenerfassung und –pflege, Dissertation, Leipzig

[Mensch, 2002]   Mensch, Gerhard (2002): Investition, Investitionsrechnung in der Planung und Beurteilung von Investitionen, R. Oldenbourg Verlag, München und Wien

[Möller, 1996]   Möller, Dietrich-Alexander (1996): Planungs- und Bauökonomie, Band 1: Grundlagen der wirtschaftlichen Bauplanung, R. Oldenbourg Verlag GmbH, München

[Muhmann 2007]   Muhmann, C. (2007): Effiziente Energieversorgung nach EnEV – technische Möglichkeiten im Alt- und Neubau, Müller C.F., Heidelberg

[OFGEM, 2005]   Office of Gas and Electricity Markets (OFGEM) (2005): A review of the Energy Efficiency Commitment 2002-05, report for the Secretary of State for Environment, Food and Rural Affaires, London

[Oikonomou et al., 2004]   Oikonomou, Vlasis; Patel, Martin; Mundaca, Luis; Johansson, Thomas; Farinelli, Ugo (2004): A qualitative analysis of White, Green Certificates and EU CO2 allowances, Phase II of the White and Green project. Copernicus Institute, Utrecht University

[Oikonomou et al., 2007]   Oikonomou, Vlasis; Rietbergen, Martijn; Patel, Martin (2007): An ex-ante evaluation of a White Certificates scheme in The Netherlands: A case study for the household sector, Energy Policy 35 (2007), S. 1147-1163

[Pavan, 2004]   Pavan, Marcella (2004): The Italian White Certificate System: Measurement and Verification Protocols, Presentation at the EU and EDEEE Expert Seminar on Measurement and Verification in the European Commission's Proposal for a Directive on Energy Efficiency and Energy Services, Bruxelles

[Perrels et al., 2005]   Perrrels, Adriaan; Oranen, Anna; Rajala, Rami (2005): White Certificates & interactions with other policy instruments. EuroWhiteCert Project. Task report work package 3.3, in http://www.ewc.polimi.it, zuletzt abgerufen am 10. Oktober 2008)

[Perridon / Steiner, 2007]   Perridon, Louis; Steiner, Manfred (2007): Finanzwirtschaft der Unternehmen, Verlag Franz Vahlen, München

[Pfeiffer, 2008]   Pfeiffer, Martin (2008): Energetische Gebäudemodernisierung, Fraunhofer-IRB-Verlag, Stuttgart

[Pohl, 1998]   Pohl, Indre (1998): Die Bewertung von Umweltschutzinvestitionen aus Sicht der Investitionsrechnung, Institut für Wirtschaftsforschung Halle, Halle

[Prognos, 2006]   Prognos AG (2006): Potenziale für Energieeinsparung und Energieeffizienz im Lichte aktueller Preisentwicklungen, Endbericht 18/06, Basel und Berlin

[Ranft / Haas-Arndt, 2004]   Ranft, Fred; Haas-Arndt, Doris (2004): Energieeffiziente Altbauten, Durch Sanierung zum Niedrigenergiehaus, Fachinformationszentrum Karlsruhe, TÜV-Verlag GmbH, Köln

[Reiche, 2005]   Reiche, D. (Hrsg.) (2005): Grundlagen der Energiepolitik, Peter Lang GmbH Europäischer Verlag der Wissenschaften, Frankfurt

[Remmers, 1991]   Remmers, Jürgen (1991): Zur Ex-ante-Bestimmung von Investitionen bzw. Kosten für Emissionsminderungstechniken und den Auswirkungen der Datenqualität in mesoskaligen Energie-Umwelt-Modellen, Dissertation, Karlsruhe

[Rentz et al., 1994a]   Rentz, Otto; Nicolai, Marcus; Ruch, Marc; Spengler, Thomas; Hamidovic, Jasna; Schultmann, Frank; Valdivia, Sonia (1994): Strategien zum selektiven Rückbau und Recycling von Wohngebäuden im Oberrheingraben (Deutschland-Frankreich), Forschungsbericht des Deutsch-Französischen Instituts für Umweltforschung

[Rentz et al., 1994b]   Rentz, Otto; Ruch, Marc; Nicolai, Marcus; Spengler, Thomas; Schultmann, Frank (1994): Selektiver Rückbau und Recycling von Gebäuden, dargestellt am Beispiel des Hotel Post in Dobel, Ecomed Verlag, Landsberg

[Rentz et al., 1997]   Rentz, Otto; Schultmann, Frank; Ruch, Marc; Sindt, Valerie (1997): Demontage und Recycling von Gebäuden - Entwicklung integrierter Demontage- und Verwertungskonzepte unter besonderer Berücksichtigung der Umweltverträglichkeit, Ecomed Verlag Landsberg

[Rentz et al., 1998]   Rentz, Otto; Spengler, Thomas; Geldermann, Jutta (1998): Entwicklung eines multikriteriellen Entscheidungsunterstützungssystems zur optimalen Allokation produktionsintegrierter Umweltschutzmaßnahmen, Endbericht des gleichnamigen Projekts im Auftrag der Volkswagenstiftung, Karlsruhe.

[Rentz et al., 2006]   Rentz, Otto; Cypra, Sonja; Hiete, Michael (2006): Sustainable Development of Cities: Feasibility of innovative financing schemes in France by means of case studies. - Report on Behalf of the European Institute for Energy Research (EIfER)

[Rogall, 2002]   Rogall, Holger (2002): Neue Umweltökonomie – Ökologische Ökonomie. Leske + Budrich, Opladen, 2002

[Rottke / Wernecke, 2008]   Rottke, Nico; Wernecke, Martin (2008): Lebenszyklus von Immobilien, in: Schulte, Karl-Werner (2008): Immobilienökonomie, Band 1, Betriebswirtschaftliche Grundlagen, 4. Auflage, Oldenbourg Verlag, München, Wien

[RWE, 2004]   RWE (Hrsg.) (2004): RWE-Bau-Handbuch, 13. Ausgabe, VWEW Energieverlag, Frankfurt, Berlin, Heidelberg

[RWI, 2006]   Rheinisch-Westfälisches Institut für Wirtschaftsforschung (RWI) (Hrsg.) (2006): Marktkonforme Möglichkeiten zur Forcierung privatwirtschaftlicher Investitionen in den Wohngebäudebestand zum Zwecke einer effizienten Energieverwendung, Gutachten im Auftrag von Ener-tec, Büro für Energie und Technik im Bauwesen, Endbericht, Essen

[Schafhausen, 2004]   Schafhausen, Franzjosef (2004): Der Markt für CO_2-Zertifikate, in: Zeitschrift für Energiewirtschaft, 2004, Band 28, Heft 4, S. 239-254

[Schneider, 1961]   Schneider, Erich (1961): Wirtschaftlichkeitsrechnung, Theorie der Investitionen, J.C.B. Mohr (Paul Siebeck)/Polygraphischer Verlag A.G., Tübingen, Zürich, 3. Auflage

[Schrameck et al., 2005]   Schrameck, Ernst-Rudolf; Sprenger, Eberhard; Recknagel, Hermann (2005): Taschenbuch für Heizung und Klimatechnik 2005/06, 72. Auflage, Oldenbourg Verlag, München

[Schröder, 1996]   Schröder, Achim (1996): Investition und Finanzierung bei Umweltschutzprojekten. Entwicklung eines fünfstufigen erweiterten Wirtschaftlichkeitsanalysemodells (FEWA) zur Bewertung von Umweltschutzinvestitionen, Peter Lang Verlag, Frankfurt a.M.

[Schub / Stark, 1985]   Schub, Adolf, Stark, Karlhans (1985): Life Cycle Cost von Bauobjekten – Methode zur Planung von Erst- und Folgekosten, Verlag TÜV Rheinland GmbH, Köln

[Schulte, 1975]   Schulte, Karl-Werner (1975): Optimale Nutzungsdauer und optimaler Ersatzzeitpunkt bei Entnahmemaximierung, Verlag Anton Hain Meisenheim GmbH, Königstein

[Schultmann, 1998]   Schultmann, Frank (1998): Kreislaufführung von Baustoffen – Stoffflußbasiertes Projektmanagement für die operative Demontage- und Recyclingplanung von Gebäuden, Erich Schmidt Verlag, Berlin

[Schultmann, 2003]   Schultmann, Frank (2003): Stoffstrombasiertes Produktionsmanagement – Betriebswirtschaftliche Planung und Steuerung industrieller Kreislaufwirtschaftssysteme, Erich Schmidt Verlag, Berlin

[Schultmann et al., 2002]   Schultmann, Frank; Jochum Rainer; Rentz, Otto (2002): Stoffstrombasierte Investitionsplanung für industrielle Produktionsanlagen zur Bewertung betrieblicher Emissionsminderungsmaßnahmen, in: Zeitschrift für Planung 13 (2002) 1, S. 1-26

[Seelbach, 1984]   Seelbach, Horst (1984): Ersatztheorie, in: Zeitschrift für Betriebswirtschaft (Zfb), 1984, Band 54, Heft 1, S. 106-127

[Sicre, 2005]   Sicre, Benoit Ghislain (2005): Nachhaltige Energieversorgung von Niedrigstenergiehäusern auf Basis der Kraft-Wärme-Kopplung im Kleinstleistungsbereich und der Solarthermie, Dissertation, Chemnitz

[Sorrell, 2003]   Sorrell, Steve (2003): Who owns the carbon? Interactions between the EU Emissions Trading Scheme and the UK Renewables Obligation and Energy Efficiency Commitment, in: Energy & Environment, 14 (2003), Heft 5, S. 677-703

[Spengler, 1994]   Spengler, Thomas (1994): Industrielle Demontage- und Recyclingkonzepte, Erich Schmidt Verlag, Berlin

[Spengler, 1998]   Spengler, Thomas (1998): Industrielles Stoffstrommanagement – betriebswirtschaftliche Planung und Steuerung von Stoff- und Energieströmen in Produktionsunternehmen, Erich Schmidt Verlag, Berlin

[SRU, 2004] Der Rat von Sachverständigen für Umweltfragen (2004): Umweltgutachten 2004, Umweltpolitische Handlungsfähigkeit sichern, Berlin, www.umweltrat.de, zuletzt abgerufen am 06. Juli 2007

[SRU, 2008] Sachverständigenrat für Umweltfragen (SRU) (Hrsg.) (2008): Umweltgutachten 2008: Umweltschutz im Zeichen des Klimawandels, in: http://www.umweltrat.de/02gutach/downlo02/umweltg/UG_2008.pdf, zuletzt abgerufen am 10.Januar 2009

[Staiß, 2003] Staiß, Frithjof (2003): Jahrbuch Erneuerbare Energien 02/03, Bieberstein-Fachbuchverlag, Radebeul

[Staiß, 2007] Staiß, Frithjof (2007): Jahrbuch Erneuerbare Energien 2007, Bieberstein-Fachbuchverlag, Radebeul

[Statistisches Bundesamt, 2006] Statistisches Bundesamt Deutschland (2006): Bauen und Wohnen, in: www.destatis.de, zuletzt abgerufen am 05. Dezember2008

[Statistisches Bundesamt, 2008a] Statistisches Bundesamt Deutschland (2008): Verbraucherpreis-index, in: www.destatis.de, zuletzt abgerufen am 05. Dezember 2008

[Statistisches Bundesamt, 2008b] Statistisches Bundesamt Deutschland (Hrsg.) (2008): Wohnsituation in Deutschland 2006, Ergebnisse der Mikrozensus-Zusatzerhebung, korrigierte Fassung, in: www.destatis.de, zuletzt abgerufen am 05. Dezember 2008

[Steven, 1998] Steven, Marion (1998): Produktionstheorie, Gabler-Verlag, Wiesbaden

[Swoboda, 1992] Swoboda, Peter (1992): Investition und Finanzierung, 4., neu bearbeitete Auflage, Vandenhoeck & Ruprecht, Göttingen

[Thommen, 1991] Thommen, Jean-Paul (1991) : Allgemeine Betriebswirtschaftslehre, Gabler-Verlag, Wiesbaden

[Tiefensee, 2006] Tiefensee, Wolfgang (2006): Energieeffizient bauen für die Zukunft, in: Pöschk, Jürgen (2006): Energieeffizienz in Gebäuden – Jahrbuch 2006, Verlag und Medienservice Energie, Berlin

[Timpe et al. 2001] Timpe, Christof, Bergmann, Heide; Klann, Uwe; Langniß, Ole; Nitsch, Joachim; Cames, Martin; Voß, Jan-Peter (Arbeitsgemeinschaft Öko-Institut e.V.; Deutsches Zentrum für Luft- und Raumfahrt e.V. (DLR); Bergmann Heidi) (2001): Umsetzungsaspekte eines Quotenmodells für Strom aus erneuerbaren Energien, Abschlussbericht im Auftrag des Ministeriums für Umwelt und Verkehr Baden-Württemberg, Freiburg, Stuttgart, Heidelberg

[Treber, 1993] Treber, Manfred (1993): Steigerung der Effizienz der Energienutzung als Vorsorgemaßnahme, Fortschrittberichte VDI Reihe 16 Nr. 67, VDI-Verlag, Düsseldorf

[Troßmann, 1998] Troßmann, Ernst (1998): Investition, Lucius & Lucius Verlagsgesellschaft mbH, Stuttgart

[Usemann, 2005] Usemann, Klaus W. (2005): Energieeinsparende Gebäude und Anlagentechnik, Grundlagen, Auswirkungen, Probleme und Schwachstellen, Wege und Lösungen bei der Anwendung der EnEV, Springer-Verlag, Berlin, Heidelberg

[VDI 2067, 2000] Verein Deutscher Ingenieure (VDI) (Hrsg.) (2000): Wirtschaftlichkeit gebäudetechnischer Anlagen - Grundlagen und Kostenberechnung, VDI-Richtlinie 2067, Blatt 1, VDI Verlag, Düsseldorf

[VDI 6025, 1996] Verein Deutscher Ingenieure (VDI) (Hrsg.) (1996): Betriebswirtschaftliche Berechnungen für Investitionsgüter und Anlagen, VDI-Richtlinie 6025, VDI Verlag, Düsseldorf

[Voogt et al., 2004] Voogt, Monique; Luttmer, Maxim; de Visser, Erika (2004): Review and analysis of national and regional certificate schemes, Euro White Cert Project, Work package 2, in: http://www.ewc.polimi.it/dl.php?file=Report%20on%20certificate%20trading %20schemes.pdf, zuletzt abgerufen am 06. Oktober 2008.

[Wöhe/Döring, 2008]   Wöhe, Günter; Döring, Ulrich (2008): Einführung in die Allgemeine Betriebswirtschaftslehre, Vahlen

[WSchVO, 1994]   Wärmeschutzverordnung (WärmeschutzVO) (1994) in der Fassung der Bekanntmachung vom 16. August 1994 (BGBl. I 1994 S. 2121)

[Zangemeister, 2000]   Zangemeister, Christof (2000): Erweiterte Wirtschaftlichkeitsanalyse (EWA): Grundlagen und Leitfaden für ein "3-Stufen-Verfahren" zur Arbeitssystembewertung, Schriftenreihe der Bundesanstalt für Arbeitsschutz, Fb 676, Wirtschaftsverlag NW, Bremerhaven

[1996/61/EG]   Richtlinie 1996/61/EG des Rates vom 24. September 1996 über die integrierte Vermeidung und Verminderung der Umweltverschmutzung, in: Amtsblatt Nr. L 257 vom 10/10/1996 S. 0026-0040

[2002/91/EG]   Richtlinie 2002/91/EG über die Gesamtenergieeffizienz von Gebäuden des Europäischen Parlaments und des Rates vom 16. Dezember 2002, Amtsblatt der Europäischen Gemeinschaft Nr. L 1/65 vom 04/01/2003

[2002/358/EG]   Entscheidung des Rates vom 25. April 2002 über die Genehmigung des Protokolls von Kyoto zum Rahmenübereinkommen der Vereinten Nationen über Klimaänderungen im Namen der Europäischen Gemeinschaft sowie die gemeinsame Erfüllung der daraus erwachsenden Verpflichtungen, Amtsblatt Nr. L 130 vom 15/05/2002

[2003/87/EG]   Entscheidung des Rates vom 13. Oktober 2003 über ein System für den Handel mit Treibhausgasemissionszertifikaten in der Gemeinschaft und zur Änderung der Richtlinie 96/61/EG des Rates, Amtsblatt Nr. L 275/32 vom 25/10/2003

[2006/32/EG]   Richtlinie 2006/32/EG über die Endenergieeffizienz und Energiedienstleistungen und zur Aufhebung der Richtlinie93/76/EWG des Europäischen Parlaments und des Rates vom 05. April 2006, Amtsblatt der Europäischen Gemeinschaft Nr. L 114/64

[2008/1/EG]   Richtlinie 2008/1/EG des Europäischen Parlaments und des Rates vom 15. Januar 2008 über die integrierte Vermeidung und Verminderung der Umweltverschmutzung (kodifizierte Fassung), in: Amtsblatt Nr. L 24 vom 29/01/2008

Anhang

Anhang 1: Ermittlung der Gewichtungsfaktoren im Rahmen der Zertifikatwerte

Nachfolgend wird aufgezeigt, wie die Gewichtungsfaktoren für regenerative Wärmeerzeugung, für die Art der Technologie und für die Größe des Gebäudes im Rahmen der Konzeption der Zertifikatwerte ermittelt wurden.

Der Gewichtungsfaktor für regenerative Wärmeerzeugung wurde von entsprechenden CO_2-Emissionen abgeleitet (vgl. Tabelle A 1). Dabei wurde ausgehend von dem höchsten Wert (Elektrizität mit 598 g/kWh) die Differenz zu den jeweiligen Energieträgern (Erdgas, Heizöl, Fernwärme und Pellets) herangezogen. Diese wurden als relativer Anteil dargestellt und bilden somit den Gewichtungsfaktor für regenerative Wärmeerzeugung.

Tabelle A 1: Verwendete CO_2-Emissionsfaktoren

Energieträger	CO_2-Emissionsfaktor [g/kWh]
Erdgas	226
Heizöl	317
Fernwärme	218
Elektrizität	598
Holzpellets	28

Quelle: [GEMIS, 2007]

Der Gewichtungsfaktor für die Art der Technologie berücksichtigt neben der unzureichenden Marktdurchdringung einiger Technologien die politische Zielsetzung. Es soll davon ausgegangen werden, dass eine Wärmeerzeugung auf Basis der Brennwerttechnik den Standard darstellt. Daher wird hier der Faktor 1,0 gewählt. Daraus resultiert, dass Wärmeerzeuger auf Basis der Niedertemperaturtechnik diesem Standard nicht entsprechen, was mit einer geringeren Gewichtung berücksichtigt wurde. Zur weiteren Differenzierung der Gewichtungsfaktoren wurden verschiedene Programme der Bundesregierung und der Bundesländer zur Energieeinsparung, Minderung der CO_2-Emissionen und Erhöhung des Anteils erneuerbarer Energien wie z. B. das Integrierte Energie- und Klimaprogramm (IEKP) und EEWärmeG analysiert. Dabei hat sich herausgestellt, dass Heizungsvarianten mit solarer Unterstützung und auf Basis von Holzenergie besonders hervorgehoben werden. So ist z. B. beim Einsatz solarer Strahlungsenergie eine Nutzungspflicht von 15 % im Neubau und 10 % im Bestand bei einer grundlegenden Sanierung vorgesehen [EEWärmeG, 2008]. Des Weiteren ist eine wesentliche Erhöhung des Anteils der solaren Warmwassererzeugung und der solaren Heizungsunterstützung prognostiziert [EWI / Prognos, 2005] und [EWI / Prognos, 2006]. Daher werden diese Technologien mit den Faktoren 3,0 (Solarenergie) und 2,3 (biomassebasierte Technologie) versehen.

Die Gewichtungsfaktoren für die Größe des Gebäudes wurden aus statistischen Daten abgeleitet. So wurde die durchschnittliche Wohnfläche, die bei der Mikrozensus-Zusatzerhebung 2006 mit 130 m^2 ermittelt wurde, als Referenz herangezogen [Statistisches Bundesamt, 2008b] und bildet somit den Gewichtungsfaktor 1,0. Diese Fläche entspricht ca. 5 Zimmern. Ausgehend von diesem Durchschnittswert wurden die Abstufungen für geringere und höhere Wohnflächen vorgenommen. Da Einfamilienhäuser mit einer Fläche von weniger als 60 m^2 respektive 3 Zimmern kaum anzutreffen sind, wurde diese nicht weiter unterteilt. Als obere Schranke, worüber der Gewichtungsfaktor nicht weiter differenziert wird, wurde eine Wohnfläche von größer 160 m^2 gewählt.

Anhang 2: Darstellung der verwendeten Rechengrößen

In diesem Abschnitt werden die zur Berechnung herangezogenen Rechengrößen dargestellt. Dabei handelt es sich um Investitionen sowie betriebsbedingte Ausgaben (vgl. Tabelle A 2 und Tabelle A 3).

Tabelle A 2: Daten der betrachteten Maßnahmen an der Gebäudehülle

		U-Wert der Bauteile im Ist-Zustand [W/m²K]	Sanierungs-Maßnahme	U-Wert nach Sanierung [W/m²K]	Lebens-dauer [a]	Spezifische Anschaffungs-auszahlung [€/m²]	Anschaffungs-auszahlung [€]	Zertifikatswert [kWh$_{cert}$/m²]
AK4 (1949 - 1957)	Dämmung_Wand	1,4	17 cm WDVS	0,2	30	93	11.191	1.650
	Dämmung_Dach	1,6	30 cm Dämmung	0,12	30	121	15.191	2.700
	Fenster	2,57	PVC-Rahmen, 5-Kammer-Profil	0,9	50	345	6.350	600
AK8 (1984 - 1994)	Dämmung_Wand	0,6	17 cm WDVS	0,17	30	91	19.418	1.100
	Dämmung_Dach	0,4	25 cm Dämmung	0,12	30	121	14.925	600
	Fenster	2,57	PVC-Rahmen, 5-Kammer-Profil	0,9	50	345	10.239	600

Quelle: in Anlehnung an Leitfäden wie z. B. [dena, 2006] und einer Analyse von Herstellerangaben

Bezüglich der Gebäudehülle wurden keine betriebsgebundenen Auszahlungen ange-nommen. Die Restwerte der bestehenden Anlagen- und Bauteile wurden mit einer gängigen Methode ermittelt, die von der Länge des Betrachtungszeitraums abhängen und einem kontinuierlichen Werteverzehr unterliegen. Um zu unterstreichen, dass es sich dabei nicht um einen tatsächlichen Wiederverkaufswert handelt, wurde der Restwert entsprechend verringert.

Die zertifikatbezogenen Rechengrößen sind die aus Abschnitt 5.2 resultierenden Zertifikatwerte, die Zertifikatpreise sowie die Transaktionskosten. Die Annahmen zur Höhe der Transaktionskosten orientieren sich an den für Frankreich aufgezeigten Kosten [Locasystem, 2008]. Bei der Einbeziehung von quotenverpflichteten Akteuren sind dabei höhere Transaktionskosten anzunehmen.

Tabelle A 3: Daten der betrachteten Maßnahmen an der Anlagentechnik

Art der Wärmeversorgung	Leistung [kW]	Anschaffungs-auszahlung [€]	Betriebsbedingte Ausgaben [€/a]	Zertifikatswert [kWh_cert]
AK4 (1949 - 1957)				
Erdgas-Brennwertkessel	19	7.800	78	107.010
Niedertemperaturkessel Erdgas		6.800	102	51.390
Heizöl-Brennwertkessel		12.500	140	102.060
Niedertemperaturkessel Heizöl		11.500	160	48.960
Pelletkessel		15.000	235	117.000
Sole-Wasser-Wärmepumpe		13.630	136	164.610
Erdgas-Brennwertkessel	11	7.500	75	107.010
Erdgas-Brennwertkessel und solare WW-Bereitung		11.700	96	113.760
Niedertemperaturkessel Erdgas		6.700	101	51.390
Heizöl-Brennwertkessel		12.400	130	102.060
Niedertemperaturkessel Heizöl		11.400	155	48.960
Pelletkessel		14.300	220	117.000
Pelletkessel und solare WW-Bereitung		18.500	241	123.750
Luft-Wasser-Wärmepumpe		18.050	181	147.150
Sole-Wasser-Wärmepumpe		12.425	124	164.610
AK8 (1984 - 1994)				
Erdgas-Brennwertkessel	19	7.800	78	130.790
Niedertemperaturkessel Erdgas		6.800	102	62.810
Heizöl-Brennwertkessel		12.500	140	124.740
Niedertemperaturkessel Heizöl		11.500	160	59.840
Pelletkessel		15.000	235	143.000
Sole-Wasser-Wärmepumpe		13.630	136	201.190
Erdgas-Brennwertkessel	11	7.500	75	130.790
Erdgas-Brennwertkessel und solare WW-Bereitung		11.700	96	137.540
Niedertemperaturkessel Erdgas		6.700	101	62.810
Heizöl-Brennwertkessel		12.400	130	124.740
Niedertemperaturkessel Heizöl		11.400	155	59.840
Pelletkessel		14.300	220	143.000
Pelletkessel und solare WW-Bereitung		18.500	241	149.750
Luft-Wasser-Wärmepumpe		18.050	181	179.850
Sole-Wasser-Wärmepumpe		12.425	124	201.190

Quelle: in Anlehnung an Leitfäden wie z. B. [ASUE, 2005], [BGW, 2007] und einer Analyse von Herstellerangaben

Die verbrauchsbedingten Ausgaben ergeben sich aus den Kombinationen der Maßnahmen und basieren auf den Daten aus Tabelle A 4.

Die den verbrauchsbedingten Ausgaben und den Zertifikatwerten zugrundeliegenden technischen Angaben wurden mit dem „Kurzverfahren Energieprofil" [IWU, 2005] berechnet, wobei Angaben und Werte der jeweiligen Gebäude- und Anlagenkomponenten hinterlegt sind, die bei Bedarf durch detailliertere Angaben ersetzt werden können.

Tabelle A 4: Energiepreise

Art der Wärmever-sorgung	Arbeitspreis [€/kWh]	Grundpreis [€/a]
Erdgas	0,06	120
Heizöl	0,07	-
Elektrizität	0,16	72
Holzpellets	0,04	-

Quelle: in Anlehnung an [BGW, 2007] und [CARMEN, 2008]

Die Ergebnisse bei variierenden Energie- und Zertifikatpreisen sind Abschnitt 6.5 zu entnehmen.